高等职业教育公共基础课新形态一体化教材

应用经济数学

主　编　傅小波　马　越　黄　飞
参　编　王　兰　汤菊萍　杨先伟　战学秋
　　　　朱永强　王先婷　朱寿国　屈寅春
　　　　戴培培　吴吟吟　魏思凡

机械工业出版社

本书是根据教育部等九部门印发的《职业教育提质培优行动计划（2020—2023年）》文件的精神要求，结合当前高等职业教育的人才培养目标和学生自我全面发展需要，面向高等职业院校经济管理类专业学生而编写的教材．

本书采用活页一体化教材模式，由40个知识模块组成，每个模块相对独立，主要内容包括函数与极限，一元微积分，微积分在经济领域的应用，线性代数初步．

本书立意新颖，材料丰富，深入浅出，融入课程思政元素，以学生为中心，力求实现教、学、做一体化．本书注重培养学生运用数学概念、思想和方法理解相关的经济概念的能力，注重培养学生将实际问题转化为数学模型的能力．本书可作为高等职业院校经济管理类专业的通用数学教材，也可作为从事经济管理工作人员的参考用书．

图书在版编目（CIP）数据

应用经济数学/傅小波，马越，黄飞主编．—北京：机械工业出版社，2024.4

高等职业教育公共基础课新形态一体化教材

ISBN 978-7-111-75638-5

Ⅰ．①应… Ⅱ．①傅… ②马… ③黄… Ⅲ．①经济数学—高等职业教育—教材 Ⅳ．①F224.0

中国国家版本馆CIP数据核字（2024）第076072号

机械工业出版社（北京市百万庄大街22号 邮政编码100037）

策划编辑：赵志鹏　　　　责任编辑：赵志鹏　王华庆
责任校对：高凯月　张　征　　封面设计：马精明
责任印制：刘　媛

涿州市般润文化传播有限公司印刷

2024年12月第1版第1次印刷

184mm×260mm・14.5印张・311千字

标准书号：ISBN 978-7-111-75638-5

定价：49.00元

电话服务　　　　　　　　网络服务

客服电话：010-88361066　　机 工 官 网：www.cmpbook.com
　　　　　010-88379833　　机 工 官 博：weibo.com/cmp1952
　　　　　010-68326294　　金 书 网：www.golden-book.com

封底无防伪标均为盗版　机工教育服务网：www.cmpedu.com

前言

本书是在"加强职业教育教材建设"的大背景下，为适应当前高等职业院校公共基础课的改革要求，结合高等职业教育的现状和发展趋势，主要面向高等职业院校经济管理类专业而编写的数学教材．

本书以满足高等职业院校经济管理类专业经济数学教学需求和学生自我发展为目标，内容适中，深度适宜，广度适当，符合认知规律，富有启发性，有利于激发学生的学习兴趣．本书还具有如下特色：

（1）优化教学内容，降低理论难度，扩充知识容量，知识模块相对独立，教学内容可自由组合，适合不同课时的需求；教材排版科学，兼顾教材和笔记特点，便于学生课堂记录教学内容，以便于后续复习．

（2）注重数学概念的严谨性，尽量借助几何图形，将抽象的数学概念形象化，便于读者理解，同时配备相关的例题、习题，适合高等职业院校学生学习．

（3）注重理论联系实际问题，特别是与经济问题的联系，深入浅出，采用独立模块，既加深了和其他学科的联系，也体现了用数学思想和方法解决实际应用问题，培养学生解决实际问题的能力，达到学以致用的最终目的．

（4）融入思政元素．本书在模块中渗透了思政元素，将爱国情怀、民族精神、工匠精神、创新思想等融入教学过程，如"割圆术"等数学文化内容，以落实课程育人的方针．

本书共分40个模块，由无锡职业技术学院傅小波、马越、黄飞主编，王兰、汤菊萍、杨先伟、战学秋、朱永强、王先婷、朱寿国、屈寅春、戴培培、吴吟吟、魏思凡参与了本书的编写．

本书在编写过程中得到了编者所在学校相关领导的支持和关注，在此一并表示衷心的感谢．

由于编者水平有限，书中不妥之处在所难免，欢迎读者提出宝贵意见．

编　者

目 录

前言

模块一 函数 1
模块二 经济函数及其数学模型的建立 12
模块三 数列的极限 17
模块四 函数的极限 23
模块五 无穷小与无穷大 34
模块六 函数的连续性 40
模块七 导数的概念 46
模块八 导数的运算 54
模块九 高阶导数 61
模块十 微分 64
模块十一 微分中值定理 70
模块十二 洛必达法则 74
模块十三 函数的单调性、极值与最值 79
模块十四 曲线的凹凸性与拐点 85
模块十五 导数在经济问题中的应用 88
模块十六 不定积分的概念 94
模块十七 不定积分的换元法 100
模块十八 不定积分的分部积分法 108
模块十九 定积分的概念和性质 112
模块二十 积分上限函数 120
模块二十一 牛顿-莱布尼茨公式 124
模块二十二 定积分的换元积分法和分部积分法 127
模块二十三 无穷限的反常积分 131
模块二十四 元素法 134
模块二十五 定积分几何应用——平面图形面积 136

模块二十六	定积分几何应用——旋转体体积	140
模块二十七	定积分在经济学中的应用	144
模块二十八	微分方程的基本概念	148
模块二十九	一阶微分方程	152
模块三十	二阶常系数线性微分方程	159
模块三十一	行列式	167
模块三十二	矩阵的概念	178
模块三十三	矩阵的线性运算	182
模块三十四	矩阵的乘法与转置	187
模块三十五	逆矩阵	193
模块三十六	矩阵的初等行变换	197
模块三十七	矩阵的秩	201
模块三十八	线性方程组的解	204
模块三十九	向量组的线性相关性	209
模块四十	线性方程组解的结构	217

参考文献 225

模块一 函数

想一想

研究各种实际问题时，在同一个变化过程中，往往有几个变量同时变化，而且它们的变化不是孤立的，而是按照一定的规律相互联系的.

案例1-1 随着5G技术的不断发展，人们借助移动终端上网更加快捷. 某从事电信业务的公司规定的上网流量收费标准：当月流量不超过20GB时，只收月租费25元；超过20GB时，每超过1GB，额外加收2元.

(1) 试表示用户的流量费用和当月所用流量之间的关系；

(2) 若某个用户当月使用了17GB的流量，求该用户的流量费用；

(3) 若某个用户当月使用了26GB的流量，求该用户的流量费用.

分析 设 y 表示该用户的流量费用，x 表示当月所用流量，则 $x \geqslant 0$. 当月流量不超过20GB时，即 $0 \leqslant x \leqslant 20$ 时，$y = 25$；当月流量超过20GB时，即 $x > 20$ 时，则 $y = 25 + 2(x-20)$. 不难发现，流量费用 y 和所用流量 x 是两个互相依赖的变量，当其中一个在某数集内取值时，另一个变量有唯一确定的值与之对应. 变量之间的这种互相依赖的关系，就是我们即将要学习的函数.

学一学

函数思想是随着数学研究事物的运动变化而出现的. 古希腊科学家亚里士多德曾经认为，数学研究的是抽象的概念，而抽象的概念来自于事物静止不动的属性，例如数学中的数、线、形等数学对象都不包括运动变化. 16世纪，由于实践的需要，自然科学开始转向对运动的研究，自然界中的各种变化和各种变化着的量之间的关系成为关注的对象. 牛顿的《自然哲学的数学原理》中提出的生成量就是函数概念的雏形. 笛卡儿引入变量后，他在《几何学》中指出：所谓变量是指未知量和未定的量，同时也注意到一个变量依赖于另一个变量而变，这正是函数思想的萌芽，成为数学发展的里程碑.

函数 (function) 一词最初由德国数学家莱布尼茨在 1692 年开始使用. 1718 年, 瑞士数学家伯努利将函数概念公式化, 给出了一个函数的定义, 同时第一次使用了变量这个词. 1734 年, 他的学生瑞士数学家欧拉引入了函数符号"(x)", 并称变量的函数是一个解析表达式, 认为函数是由一个公式确定的数量关系, 但是, 当时的函数概念仍然是比较模糊. 直到 1837 年, 德国数学家狄利克雷给出的定义才说明了函数的内涵.

1859 年, 我国清代数学家李善兰第一次将 "function" 翻译成 "函数".

19 世纪 70 年代以后, 随着集合概念的出现, 函数概念得以用更加严谨的集合和对应的语言来表达.

一、函数的概念

1. 函数的定义

在同一变化过程中, 往往有几个变量相互联系、相互影响地变化着, 遵循着一定的客观规律. 下面给出刻画这些变量之间的关系——函数的概念.

▶ **定义 1.1** ▶ 设 D 是一个非空数集, 如果对于 D 中的每一个数 x, 按照某种对应法则 f, 变量 y 总有确定的数值与之对应, 那么 y 就称为定义在数集 D 上的 x 的函数, 记作 $y = f(x)$. 其中 x 称为自变量, y 称为因变量, x 的变化范围数集 D 称为函数的定义域.

当 x 取定数值 x_0 时, 与 x_0 对应的 y 的值 $y_0 = f(x_0)$ 称为函数在点 x_0 处的函数值, 记作 $f(x_0)$. 当 x 取遍 D 中的所有值时, 对应的函数值的全体组成的集合 $w=\{y|\ y=f(x), x\in D\}$ 称为函数的值域.

> **注 1.1**
>
> 函数关系可以形象地比拟成 "一台机器", 如图 1-1 所示, 对于每一个允许的输入 x, 确定唯一的输出 y, 函数关系其本质上表明变量之间的一种运算模式或运算结构. 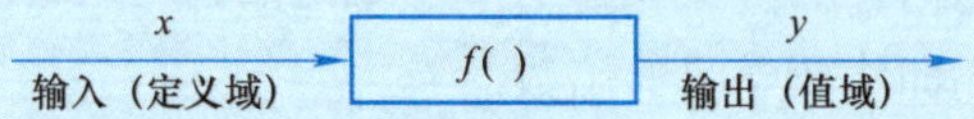
>
> $$\underrightarrow{x}_{\text{输入（定义域）}} \boxed{f(\ )} \underrightarrow{y}_{\text{输出（值域）}}$$
>
> 图 1-1

> **注 1.2**
>
> 确定函数关系的两个要素是定义域和对应法则. 换言之, 一个函数由定义域和对应法则完全确定, 而与自变量, 因变量的记号没有关系.

对应法则: 确定函数的要素之一.

▶ **例 1.1** ▶ 设函数 $f(x) = 3x^2 + 5x - 1$, 则根据函数关系的描述, 对应法则为
$$f(\ ) = 3(\ )^2 + 5(\ ) - 1$$
则
$$f(2) = 3 \times 2^2 + 5 \times 2 - 1 = 21$$
$$f(a) = 3 \times a^2 + 5 \times a - 1 = 3a^2 + 5a - 1$$

$$f(x+1) = 3(x+1)^2 + 5(x+1) - 1 = 3x^2 + 11x + 7$$

定义域：确定函数的要素之二.

对抽象的解析式表达的函数，其定义域是使解析式有意义的一切实数构成的集合. 若是实际问题，则函数的定义域还需根据问题的实际意义来确定. 本书中所研究的函数的定义域一般注意以下情形：

带有分式的函数：$y = \dfrac{f(x)}{g(x)}$，其中 $g(x) \neq 0$.

带有偶次根式的函数：$y = \sqrt[2k]{f(x)}$，其中 $f(x) \geqslant 0$，$k \in Z$.

对数函数：$y = \log_a f(x)$，其中 $f(x) > 0$.

反三角函数：$y = \arcsin f(x)$，其中 $-1 \leqslant f(x) \leqslant 1$.

$y = \arctan f(x)$，其中 $-\infty < f(x) < +\infty$.

例1.2 求下列函数的定义域：

(1) $y = \sqrt{x+5} - \dfrac{1}{x^2 - 1}$； (2) $y = \ln(1-x) + \sqrt{4 - x^2}$.

【解】(1) 要使 $\sqrt{x+5}$ 有意义，必须 $x \geqslant -5$；要使 $\dfrac{1}{x^2-1}$ 有意义，必须 $x^2 - 1 \neq 0$，即 $x \neq \pm 1$. 所以函数 $y = \sqrt{x+5} - \dfrac{1}{x^2-1}$ 的定义域为 $[-5, -1) \cup (-1, 1) \cup (1, +\infty)$.

(2) 要使 $\ln(1-x)$ 有意义，必须 $x < 1$；要使 $\sqrt{4-x^2}$ 有意义，必须 $4 - x^2 \geqslant 0$，即 $-2 \leqslant x \leqslant 2$. 所以函数 $y = \ln(1-x) + \sqrt{4-x^2}$ 的定义域为 $[-2, 1)$.

2. 函数的图形

研究函数，借助于图形的直观形象是很有益的. 为此必须弄清楚什么是函数的图形.

给定函数 $y = f(x)$，动点 $(x, y) = (x, f(x))$ 在 xOy 面上的轨迹一般来说是一条平面曲线，叫作函数 $y = f(x)$ 的图形（见图 1-2）.

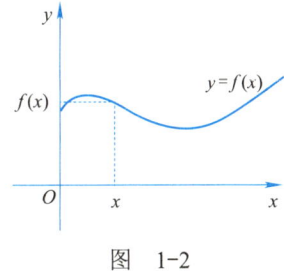

图 1-2

3. 函数举例

函数的形式多种多样，除常见的幂函数、指数函数、三角函数外，还有数列（它是以正整数集为定义域的函数，也称为整标函数）、分段函数等.

例 1.3 设有一笔存款的本金为 A_0,年利率为 r,如果每年结算一次,那么 k 年后的本利和是多少?

【解】存款的本金为 A_0,年利率为 r,如果每年结算一次,那么

一年后的本利和　　$A_1 = A_0 + A_0 r = A_0(1+r)$,

两年后的本利和　　$A_2 = A_1(1+r) = A_0(1+r)^2$,

　　　　$\vdots$　　　　　　　　　$\vdots$

k 年后的本利和　　$A_k = A_{k-1}(1+r) = A_0(1+r)^k$.

则当 $k \in \mathbf{N}_+$ 时,$\{A_0(1+r)^k\}$ 是一个数列.

例 1.4 绝对值函数 $y = |x| = \begin{cases} -x, & x < 0, \\ x, & x \geq 0. \end{cases}$ 其图形如图 1-3 所示.

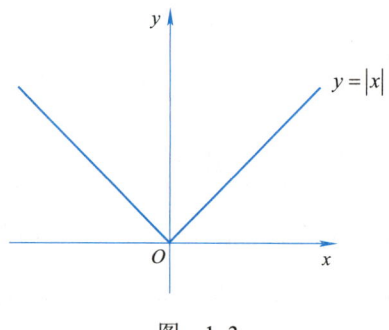

图　1-3

例 1.5 函数 $f(x) = [x]$ 称为取整函数,$[x]$ 表示不超过 x 的最大整数,其图形如图 1-4 所示,称为阶梯曲线.

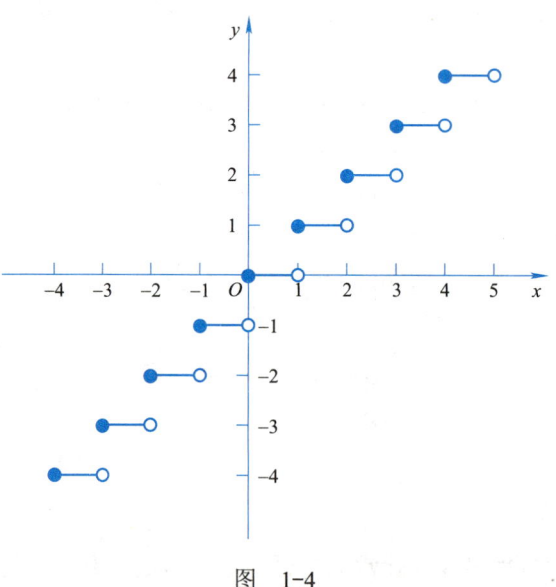

图　1-4

如某厂每 5min 生产一台机器,则在 t 内生产出的机器数为 $f(t)=\left[\dfrac{t}{5}\right]$,就是一个关于时间 t 的取整函数.

由上述例 1.4、例 1.5 不难发现,在不同的区间上,函数的解析式不同,这类函数称为**分段函数**.

> 案例 1-1 的求解

【解】(1) 设 y 表示该用户的流量费用,x 表示当月所用流量,当月流量不超过 20GB 时,即 $0 \leqslant x \leqslant 20$ 时,$y=25$;当月流量超过 20GB 时,即 $x>20$ 时,则 $y=25+2(x-20)$. 所以用户的流量费用和当月所用流量之间的关系可表示为如下函数:

$$y=\begin{cases} 25, & 0 \leqslant x \leqslant 20, \\ y=25+2(x-20), & x>20 \end{cases}.$$

(2) 当 $x=17$ 时,$y=25$,即当用户当月使用 17GB 的流量时,该用户的流量费用为 25 元;

(3) 当 $x=26$ 时,$y=25+2(26-20)=37$,即当用户当月使用 26GB 的流量时,该用户的流量费用为 37 元.

二、函数的几种特性

1. 奇偶性

设 D 关于原点对称,若对于任意 $x \in D$,都有 $f(-x)=-f(x)$,则称 $f(x)$ 为奇函数. 如 $y=x^3$ 在 $(-\infty,+\infty)$ 内就是一个奇函数. 奇函数的图像关于原点对称 (见图 1-5). 若函数满足 $f(-x)=f(x)$,则称 $f(x)$ 为偶函数. 如 $y=x^2+1$ 在 $(-\infty,+\infty)$ 内就是一个偶函数. 偶函数的图像关于 y 轴对称 (见图 1-6).

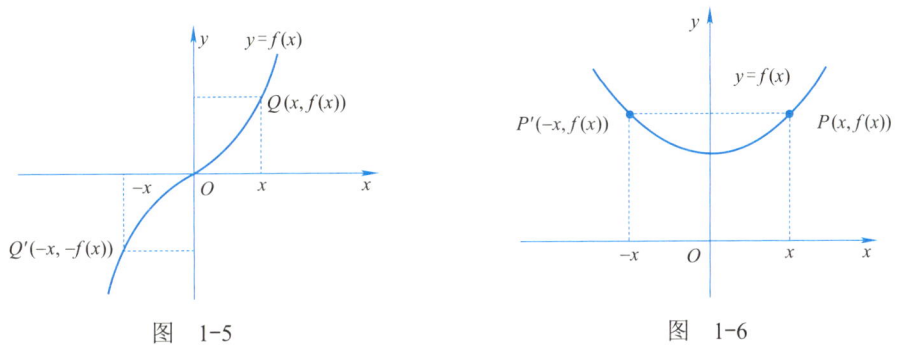

图 1-5   图 1-6

值得注意的是,许多函数既不是奇函数,也不是偶函数. 如 $y=\sin x-\cos x$ 在 $(-\infty,+\infty)$ 内就是非奇非偶函数.

2. 单调性

设区间 $I \subset D$,若对于区间 I 内的任意两点 x_1,x_2,当 $x_1<x_2$ 时,有 $f(x_1)<f(x_2)$ (见

图 1-7），则称 $f(x)$ 在区间 I 上单调增加，区间 I 称为单调增加区间；当 $x_1 < x_2$ 时，有 $f(x_1) > f(x_2)$（见图 1-8），则称 $f(x)$ 在区间 I 上单调减少，区间 I 称为单调减少区间．单调增加区间和单调减少区间统称为函数的单调区间．

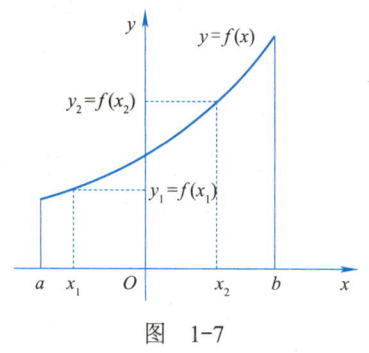

图 1-7

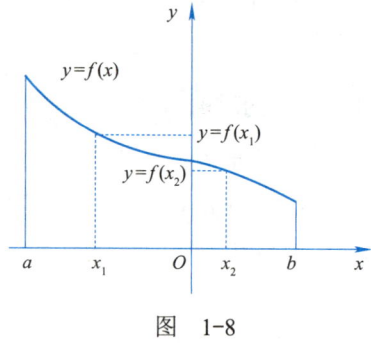

图 1-8

若函数在定义区域上单调增加（或减少），称函数为单调函数．

如 $y = x^2$ 在 $(-\infty, 0]$ 内是单调减少的，在 $(0, +\infty)$ 内是单调增加的，但 $y = x^2$ 在 $(-\infty, +\infty)$ 内不是单调函数．

3. 有界性

若存在一个正数 M，使得对于区间 D 上的任意 x，都有
$$|f(x)| \leqslant M$$
成立，则称函数 $f(x)$ 在 D 上有界，也称 $f(x)$ 是 D 上的有界函数（见图 1-9）．否则称函数 $f(x)$ 在 D 上无界．

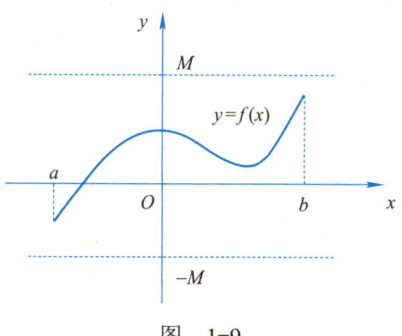

图 1-9

函数 $f(x) = \dfrac{1}{x}$ 在区间 $(0,1)$ 内无界，但在区间 $[1, +\infty)$ 上是有界的．

4. 周期性

若存在一个常数 $T \neq 0$，使得对于任意的 $x \in D$（$(x \pm T) \in D$），都有
$$f(x + T) = f(x)$$
成立，则称函数 $f(x)$ 为周期函数，常数 T 称为函数 $f(x)$ 的周期．周期函数的周期通常是指它的最小正周期．如 $y = A\sin(\omega x + \phi)$ 是以 $\dfrac{2\pi}{\omega}$ 为周期的周期函数．

三、反函数

■ **定义 1.2** ▶ 设 $y=f(x)$ 的定义域为 D，值域为 W. 如果对于 W 中的每一个 y 值，D 中都有唯一且满足 $f(x)=y$ 的 x 值与之相对应，则可得到一个以 W 为定义域、y 为自变量、x 为因变量的函数，称此函数为 $y=f(x)$ 的反函数，记作 $x=f^{-1}(y)$. 习惯上用 x 表示自变量、y 表示因变量，$x=f^{-1}(y)$ 可改成 $y=f^{-1}(x)$.

关于函数和反函数我们有如下结论：

■ **定理 1.1** ▶ 互为反函数的一对函数，其图形关于直线 $y=x$ 对称.

■ **定理 1.2** ▶ 单调函数必有反函数，且具有相同的单调性.

例 1.6 反正弦函数：我们知道，正弦函数 $y=\sin x$ 的定义域为 $(-\infty,+\infty)$，值域为 $[-1,1]$，对于任意的 $y\in[-1,1]$，在 $(-\infty,+\infty)$ 内有无穷多个 x 与之对应，因此，$y=\sin x$ 在 $(-\infty,+\infty)$ 内不存在反函数. 但如果把正弦函数的定义域限定在它的一个单调区间 $\left[-\dfrac{\pi}{2},\dfrac{\pi}{2}\right]$ 上，由反函数的存在定理可知，$y=\sin x$，$-\dfrac{\pi}{2}\leqslant x\leqslant\dfrac{\pi}{2}$，就存在反函数了. 这个反函数称为**反正弦函数**，记作 $y=\arcsin x$. 它的定义域是 $[-1,1]$，值域是 $\left[-\dfrac{\pi}{2},\dfrac{\pi}{2}\right]$. 如图 1-10 所示.

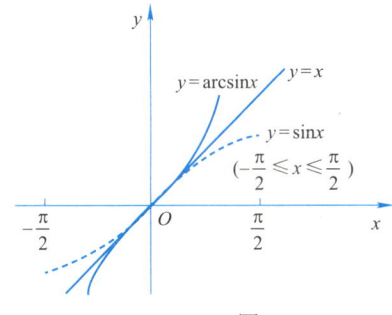

图 1-10

类似地，定义在区间 $[0,\pi]$ 上的余弦函数 $y=\cos x$ 的反函数称为反余弦函数，记作 $y=\arccos x$，它的定义域是 $[-1,1]$，值域是 $[0,\pi]$；定义在区间 $\left(-\dfrac{\pi}{2},\dfrac{\pi}{2}\right)$ 内的正切函数 $y=\tan x$ 的反函数称为反正切函数，记作 $y=\arctan x$. 它的定义域是 $(-\infty,+\infty)$，值域是 $\left(-\dfrac{\pi}{2},\dfrac{\pi}{2}\right)$；定义在区间 $(0,\pi)$ 内的余切函数 $y=\cot x$ 的反函数称为反余切函数，记作 $y=\text{arccot}\, x$，它的定义域是 $(-\infty,+\infty)$，值域是 $(0,\pi)$.

以上四个函数 $y=\arcsin x$，$y=\arccos x$，$y=\arctan x$，$y=\text{arccot}\, x$ 统称为反三角函数.

四、基本初等函数

以下六类函数统称为基本初等函数.

常数函数：$y=c$；

幂函数：$y = x^\alpha (\alpha \in \mathbf{R})$；

指数函数：$y = a^x (a > 0$ 且 $a \neq 1)$；

对数函数：$y = \log_a x (a > 0$ 且 $a \neq 1)$；

三角函数：$y = \sin x, y = \cos x, y = \tan x, y = \cot x, y = \sec x, y = \csc x$；

反三角函数：$y = \arcsin x, y = \arccos x, y = \arctan x, y = \text{arccot}\, x, y = \text{arcsec}\, x, y = \text{arccsc}\, x$.

在函数的研究中，基本初等函数起着基础性作用．这些函数在中学数学中已经讨论过，下面通过一个表格总结部分基本初等函数．

部分基本初等函数的定义域、值域、图像和性质列表如下 (见表 1-1).

表 1-1

函　数	图　像	性　质
常数函数 $y = c$	$y = c (c > 0)$ 的图像	定义域为 $(-\infty, +\infty)$；值域为 $\{c\}$ 偶函数
幂函数 $y = x^\alpha$ $(\alpha \neq 0)$	$y = x^2$, $y = x$, $y = \dfrac{1}{x}$, $y = x^3$ 的图像	定义域、值域与 α 有关，都过点 $(1,1)$ $\alpha > 0$ 时，在 $(0, +\infty)$ 上单调增加 $\alpha < 0$ 时，在 $(0, +\infty)$ 上单调减少
指数函数 $y = a^x$ $(a > 0, a \neq 1)$	$y = a^x$ $(0 < a < 1)$ 与 $y = a^x$ $(a > 1)$ 的图像	定义域为 $(-\infty, +\infty)$ 值域为 $(0, +\infty)$ 都过点 $(0,1)$ $a > 1$ 时是增函数；$0 < a < 1$ 时是减函数
对数函数 $y = \log_a x$ $(a > 0, a \neq 1)$	$y = \log_a x$ $(a > 1)$ 与 $y = \log_a x$ $(0 < a < 1)$ 的图像	定义域为 $(0, +\infty)$ 值域为 $(-\infty, +\infty)$ 都过点 $(1,0)$ $a > 1$ 时是增函数 $0 < a < 1$ 时是减函数

(续)

函　数	图　像	性　质
正弦函数 $y=\sin x$		定义域为 $(-\infty,+\infty)$ 值域为 $[-1,1]$ 奇函数 周期为 2π 在 $\left[-\dfrac{\pi}{2},\dfrac{\pi}{2}\right]$ 上单调增加
余弦函数 $y=\cos x$		定义域为 $(-\infty,+\infty)$ 值域为 $[-1,1]$ 偶函数 周期为 2π 在 $[0,\pi]$ 上单调减少
正切函数 $y=\tan x$		$y=\tan x$ 的定义域为 $\left\{x\,\middle|\,x\neq k\pi+\dfrac{\pi}{2},k\in\mathbf{Z}\right\}$ 值域 $(-\infty,+\infty)$ 奇函数 周期为 π 在 $\left(-\dfrac{\pi}{2},\dfrac{\pi}{2}\right)$ 上单调增加
余切函数 $y=\cot x$		$y=\cot x$ 的定义域为 $\{x\,|\,x\neq k\pi,k\in\mathbf{Z}\}$ 值域 $(-\infty,+\infty)$ 奇函数 周期为 π 在 $(0,\pi)$ 上单调减少
反正弦函数 $y=\arcsin x$		$y=\arcsin x$ 的定义域为 $[-1,1]$ 值域为 $\left[-\dfrac{\pi}{2},\dfrac{\pi}{2}\right]$ 奇函数 增函数 有界函数
反正切函数 $y=\arctan x$		$y=\arctan x$ 的定义域为 $(-\infty,+\infty)$ 值域为 $\left(-\dfrac{\pi}{2},\dfrac{\pi}{2}\right)$ 奇函数 增函数 有界函数

五、复合函数与初等函数

1. 复合函数

▣ **定义 1.3** ▸ 如果 y 是 u 的函数 $y=f(u)$，而 u 又是 x 的函数 $u=\varphi(x)$，且 $u=\varphi(x)$ 的值域包含在函数 $y=f(u)$ 的定义域内，那么 y（通过 u 的关系）也是 x 的函数，我们称这样的函数为由 $y=f(u)$ 与 $u=\varphi(x)$ 复合而成的函数，简称**复合函数**，记作 $y=f(\varphi(x))$，其中 u 称为中间变量．

通过图 1-11 可以直观地认识复合函数的形成过程．

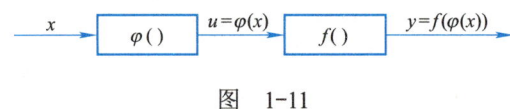

图 1-11

例 1.7 求由下列所给函数构成的复合函数：

(1) $y=u^2, u=\sin x$；　　(2) $y=\ln v, v=u^3, u=\sin x+1$．

【解】(1) 将 $u=\sin x$ 代入 $y=u^2$ 中，得所求复合函数为 $y=\sin^2 x$．

(2) 将 $u=\sin x+1$ 代入 $v=u^3$ 得 $v=(\sin x+1)^3$，再将 $v=(\sin x+1)^3$ 代入 $y=\ln v$ 中，即得所求的复合函数 $y=\ln(\sin x+1)^3$．

注意：并非任意两个函数都能构成复合函数，例如 $y=\arcsin u$ 与 $u=x^2+2$ 便不能复合成一个函数，因为 u 的值域为 $[2,+\infty)$，$y=\arcsin u$ 的定义域为 $[-1,1]$，$[2,+\infty)$ 与 $[-1,1]$ 的交集为 $\varnothing$，因而不能复合．

复合函数的概念可以推广到多个中间变量的情形．例如复合函数 $y=\ln(1+\sqrt{1+x^2})$ 就是由四个函数 $y=\ln u, u=1+v, v=\sqrt{\omega}, \omega=1+x^2$ 复合而成的，它的定义域为 $(-\infty,+\infty)$．

例 1.8 指出下列函数的复合过程：

(1) $y=\cos(2x-1)$；　　(2) $y=\arctan(x^2+1)^2$．

【解】(1) 令 $u=2x-1$，则 $y=\cos u$，所以 $y=\cos(2x-1)$ 由 $y=\cos u$，$u=2x-1$ 复合而成．

(2) 令 $v=x^2+1$，则 $y=\arctan(v^2)$，再令 $u=v^2$，则 $y=\arctan u$，所以 $y=\arctan(x^2+1)^2$ 由 $y=\arctan u$，$u=v^2$，$v=x^2+1$ 复合而成．

复合函数也是产生新函数的一种办法，比借助反函数还要丰富多彩．下面给出初等函数的定义．

2. 初等函数

▣ **定义 1.4** ▸ 由基本初等函数经过有限次的四则运算和复合运算所构成，并能用一个解析式表示的函数称为**初等函数**．

例如 $y=\ln(x^2+\cos x)$，$y=e^{x^2}\tan(x+1)$ 等都是初等函数．

注意：分段函数不是初等函数！

练一练

拓展练习

1 求下列函数的定义域.

(1) $y = \dfrac{x^2 - 4}{x^2 + 4x - 5}$;

(2) $y = \dfrac{1}{\sqrt{1 - |x|}}$;

(3) $y = \ln(x+2) + \sqrt{3-x}$;

(4) $y = \arcsin(2x-1)$.

2 填空.

(1) 判断单调性：$y = \dfrac{1}{x}$ 在区间 $(-1, 0)$ 内单调_____；$y = \arctan x$ 在区间 $(-\infty, +\infty)$ 内单调_____；

(2) 判断奇偶性：$y = 2x^3 + 6x$ 是_____函数；$y = x^2 \cos x$ 是_____函数；

(3) 判断有界性：$y = \sin x + \cos x$ 在区间 $(-\infty, +\infty)$ 内_____.

3 指出下列函数的复合过程.

(1) $y = 2^{x^2 - 1}$;

(2) $y = \ln(1 - x^2)$;

(3) $y = \sin^2(2x - 1)$;

(4) $y = \arctan(2x+5)^3$.

4 某运输公司规定 1t 货物的运价：运输距离在 a km 以内为 k 元/km，超过 a km，则每增加 1km 为 $\dfrac{4}{5}k$ 元，试求运价和里程之间的函数关系.

模块二 经济函数及其数学模型的建立

想一想

在经济和管理领域中，很多现象所涉及的关系错综复杂，一项经济活动中往往会涉及多个经济量．这些经济量之间，可能存在着各种各样的依赖关系，一个量的变化与其他多个量的变化有关．用数学方法解决经济问题时，需要找出经济量之间的函数关系，建立相应的函数模型．

案例 2-1 在经济活动中，供求关系是经济规律的重要组成部分．现设某一种商品的需求函数和供给函数分别为 $Q_d = 200 - 5P$ 和 $Q_s = -10 + 25P$，求商品的均衡价格．

分析 在一定的价格下，如果市场需求量和供给量相等，即需求关系和供给关系之间达到某种平衡，称为市场均衡或供需平衡．

学一学

为了更好地用数学方法研究与解决经济问题，下面我们先来学习几种常见的经济函数．

一、需求量、供给量与价格之间的关系

1. 需求函数

在经济活动中，市场是联系生产和消费的桥梁．需求量 (Quantity Demanded) 是指在特定时间内，消费者购买某种商品的数量，通常用 Q_d 表示．实际上，商品的需求量受到诸多因素的影响，如该商品的市场价格、季节、消费者的购买力、区域以及消费者的偏好等．其中，市场价格是决定需求量的一个重要因素，如果仅考虑主要的因素，则是市场价格 P 与需求量 Q_d 之间的关系，称为需求函数 (Demand Function)，记作 $Q_d = Q(P)$．

一般来说，受需求函数 $Q_d = Q(P)$ 的影响，某种商品的需求量会随着价格的上涨而减少，所以需求量是价格的单调减少函数．在经济和管理学中，常见的需求函数有以下几种类型：

(1) 线性需求函数 $Q_d = a - bP$ ($a > 0, b > 0$);

(2) 二次需求函数 $Q_d = a - bP - cP^2$ ($a > 0, b > 0, c > 0$);

(3) 指数需求函数 $Q_d = ae^{-bP}$ ($a > 0, b > 0$).

相应地,在假定其他因素不变的条件下,商品的市场价格 P 也会受需求量 Q_d 的影响,即为价格函数 (Price Function),记为:

$$P = P(Q_d)$$

价格函数是需求函数的反函数.

2. 供给函数

从生产者的角度,在特定时间内,厂家愿意提供且能够出售的某种商品的数量就是供给量,通常用 Q_s 表示. 供给量也受多种因素的影响,如该商品的市场价格、原材料价格及生产成本等.

通常,供给量 Q_s 与市场价格 P 之间的关系,称为供给函数 (Supply Function),记为

$$Q_s = Q(P)$$

一般来说,供给量 Q_s 随市场价格 P 的上涨而增加,即供给函数是单调增加的函数. 常见的线性供给函数如下:

$$Q_s = -c + dP \ (c > 0, d > 0).$$

3. 市场均衡

对于某种商品,在一定的价格下,如果市场需求量和供给量相等,即需求关系和供给关系之间达到某种平衡,称为市场均衡或供需平衡. 此时的价格称为供需平衡价格或均衡价格,记为 P_0.

当市场价格高于均衡价格时,供给量大于需求量,出现"供过于求"现象;当市场价格低于均衡价格时,需求量大于供给量,出现"供不应求"现象.

例 2.1 某冰箱每台售价为 3000 元时,每月可销售 2000 台,每台售价每降 100 元,每月可增销 400 台,试求该冰箱的线性需求函数.

【解】以 Q_d 表示需求量,P 表示价格,根据线性需求函数公式

$$Q_d = a - bP$$

由题意知

$$\begin{cases} 2000 = a - 3000b, \\ 2400 = a - 2900b. \end{cases}$$

求出 $a = 14000, b = 4$,故该冰箱的线性需求函数为

$$Q_d = 14000 - 4P.$$

▶ 案例 2-1 的求解

【解】由供需均衡条件 $Q_d = Q_s$，可得
$$200 - 5P_0 = -10 + 25P_0$$
因此商品的均衡价格 $P_0 = 7$.

二、成本函数、收益函数和利润函数模型

在生产和产品的经营活动中，人们总希望尽可能降低成本，提高收入和增加利润. 而成本、收入和利润这些经济变量都与产品的产量或销售量 Q 密切相关，它们可以看成 Q 的函数，分别称为成本函数 $C = C(Q)$、收益函数 $R = R(Q)$ 和利润函数 $L = L(Q)$.

1. 成本函数

(1) **成本**：生产一定量产品的投入总额.

在生产过程中，总成本是产量的函数，称为总成本函数，记为
$$C = C(Q).$$

一般总成本由固定成本 C_1 和变动成本 C_2 组成，固定成本 C_1 与产量 Q 无关，变动成本 C_2 随产量 Q 的增加而增加.

(2) **平均成本**：每个单位产品的成本.

总成本的多少不能很好地说明企业生产的好坏. 为了评价企业的生产状况，通常需要计算产品的平均成本，即生产 Q 件产品时，单位产品的成本，称为单位成本函数，记作 $\bar{C}$，即
$$\bar{C} = \frac{C}{Q} = \frac{C_1}{Q} + \frac{C_2}{Q},$$

其中 $\frac{C_1}{Q}$ 称为平均固定成本，$\frac{C_2}{Q}$ 称为平均变动成本.

例2.2 某粮油加工厂，加工花生油日产能力 50t，固定成本 3000 元，每加工 1t 花生油，成本增加 100 元，求每日的成本与日产量之间的函数关系，并求出日产量是 30t 时的总成本及平均成本、平均变动成本.

【解】设每日成本为 C，日产量为 Q，每日的成本与日产量的函数关系为
$$C(Q) = 3000 + 100Q \quad 0 \leqslant Q \leqslant 50;$$

当产量 $Q = 30t$ 时，代入上式得总成本
$$C(30) = 3000 + 100 \times 30 = 6000 \text{（元）},$$

平均成本 $\bar{C} = \dfrac{C(30)}{30} = 200$（元），平均变动成本 $\bar{C}_2 = \dfrac{C_2(30)}{30} = 100$（元）.

2. 收益函数与利润函数

收益函数是销售者销售 Q 单位商品所得的全部销售收入．一般来说，销售某种商品的收益取决于该商品的销售量和市场价格，则收益函数表示为产品的价格与销售量的乘积：

$$R(Q) = PQ \ (\text{其中 } P \text{ 为产品的价格}).$$

利润是收益扣除成本后剩余的部分，故利润函数是收益函数与总成本函数之差，即

$$L(Q) = R(Q) - C(Q).$$

例 2.3 已知生产某种商品 Q 件时的总成本函数（单位：万元）是

$$C(Q) = 10 + 4Q + 0.2Q^2,$$

如果每售出一件该商品的收益是 8 万元，求：

(1) 该商品的利润函数；

(2) 生产 10 件该产品时的总利润；

(3) 生产 20 件该产品时的总利润．

【解】(1) 由题意可知，价格 $P=8$，则该商品的收益函数是

$$R(Q) = 8Q,$$

又已知成本函数为

$$C(Q) = 10 + 4Q + 0.2Q^2,$$

则该商品的利润函数为

$$L(Q) = R(Q) - C(Q) = 8Q - (10 + 4Q + 0.2Q^2) = -0.2Q^2 + 4Q - 10.$$

(2) 生产 10 件该产品时的总利润为

$$L(10) = -0.2 \times (10)^2 + 4 \times 10 - 10 = 10 (\text{万元}).$$

(3) 生产 20 件该产品时的总利润为

$$L(20) = -0.2 \times (20)^2 + 4 \times 20 - 10 = -10 (\text{万元}).$$

从这个例子可知，利润并不总是随产量的增加而增加，有时产量增加，利润反而下降，甚至会亏本．

利润函数的三种情况如下：

(1) $L(Q) = R(Q) - C(Q) > 0$，此时，生产者会盈利；

(2) $L(Q) = R(Q) - C(Q) < 0$，此时，生产者会亏损；

(3) $L(Q) = R(Q) - C(Q) = 0$，此时，生产者没有盈利，也没有亏本．

将满足 $L(Q) = 0$ 的点称为盈亏平衡点（又称为保本点）．

练一练

拓展练习

❶ 生产者向市场提供某种商品的供给函数为 $Q_s = -96 + \dfrac{P}{2}$, 而商品的需求量 Q_d 满足 $Q_d = 204 - P$, 试求该种商品的均衡价格和均衡数量.

❷ 某厂生产某产品 1000t, 定价为 130 元 /t, 若一次性购买不超过 700t, 按原价支付; 超过 700t, 超过部分按原价的九折支付. 试将销售收益表示成销售量的函数.

❸ 某工厂生产某种产品, 固定成本为 2000 元, 每生产一台产品, 成本增加 5 元, 若该产品销售单价为 9 元 / 台, 试求:

(1) 总成本函数, 平均成本函数;
(2) 200 台的总成本和平均成本;
(3) 收益函数;
(4) 利润函数, 并确定盈亏平衡的产量.

❹ 某公司对成本为 492 元 / 件的新产品作试销, 发现销售量 y (单位: 件) 与销售价 x (单位: 元) 之间的一组相关数据如表 2-1 所示:

表 2-1

x	650	662	720	800
y	350	333	281	200

营销人员经过分析认为可以把销售量与销售价之间的关系近似看作一次函数. 试问把销售价定为多少时利润最大? (此题是一个讨论题, 不拟定唯一的正确答案, 只要求提出解题思路和方法, 不同的方案可以有不同的答案) ?

模块三 数列的极限

想一想

极限概念是近代数学微积分的基本思想,其产生源于实际问题的精确解答. 极限理论使微积分有了夯实的理论基础, 极限方法也是微积分的基本思想方法. 微分和积分都借助于极限方法来描述. 所谓极限的思想, 是指用极限概念分析问题和解决问题的一种数学思想.

案例 3-1 "割之弥细,所失弥少,割之又割,以至于不可割,则与圆周合体而无所失矣."

分析 魏晋时期的刘徽注解《九章算术》,提出了"割圆术",用圆的内接正多边形穷竭的方法来推算确定圆的面积的方法. 先作圆的内接正六边形, 面积记为 A_1; 再作圆的内接正十二边形, 面积记为 A_2; 再作圆的内接正二十四边形, 面积记为 A_3; 依次类推, 这样得到一个数列: $A_1, A_2, A_3, \cdots, A_n \cdots$, 其中 A_n 表示圆内接正 $6 \times 2^{n-1}$ 边形的面积.

用数学软件模拟这一过程 (见图 3-1) 不难发现: 随着圆内接正多边形的边数不断增加, 圆内接正多边形的面积与圆的面积越来越接近, 当圆内接正多边形的边数无限增加时, 内接正多边形的面积无限接近于圆的面积.

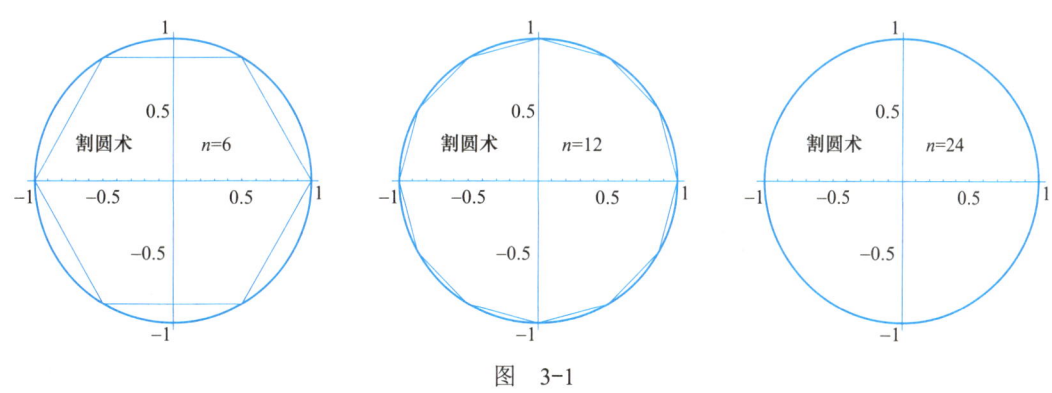

图 3-1

案例 3-2 "一尺之棰, 日取其半, 万世不竭."

分析 这是战国时期哲学家庄周所著《庄子·天下篇》中的一句话, 意思是"一根一

尺之长的木棒,每天截下一半,永远取不尽",每天截下部分的长度可用以下数列表示:

$$\frac{1}{2}, \frac{1}{4}, \cdots, \frac{1}{2^n}, \cdots$$

随着时间的推移,每天截下的木棒的长度越来越短,当天数无限增大时,每天截下的木棒的长度无限缩短,长度越来越接近于数 0.

一、数列的概念

所谓数列,是指按照某一法则,对于每个 $n \in \mathbf{N}_+$,对应着一个确定的实数 x_n,这些实数 x_n 是按照下标 n 由小到大排列的一列数:

$$x_1, x_2, \cdots, x_n, \cdots,$$

简记为 $\{x_n\}$. 数列中的每一个数称为数列的项,第 n 项 x_n 称为数列的通项.

中学里学过:等差数列 $x_n = a_1 + (n-1)d$.

等比数列 $x_n = a_1 q^{n-1}$.

数列是定义在正整数集上的特殊函数 $x_n = f(n)$,也称为整标函数.

例 3.1 写出下列数列的通项,并观察每项取值的变化规律.

(1) $1, \frac{1}{2}, \frac{1}{3}, \cdots, \frac{1}{n}, \cdots$;

【解】通项 $x_n = \frac{1}{n}$,随着 n 的不断增大,数列的值不断减小并且越来越靠近 0.

(2) $\frac{1}{2}, \frac{2}{3}, \frac{3}{4}, \cdots, \frac{n}{n+1}, \cdots$;

【解】通项 $x_n = \frac{n}{n+1}$,随着 n 的不断增大,数列的值不断增大并且越来越靠近 1.

(3) $3, 3, 3, 3, \cdots, 3, \cdots$.

【解】通项 $x_n = 3$,随着 n 的不断增大,数列的值永远等于 3. 这样的数列称为常数数列,简称常数列.

通过上面几个例子,我们认识了一些数列,另外我们认识数列的角度有了变化,即数列通项随 n 增大时,呈现出一定的变化趋势,是否越来越接近于一个数?这就是数列的极限.

二、数列的极限

★ **定义** ▶对于数列 $\{x_n\}$,如果当 n 无限增大时,通项 x_n 无限地趋近于一个确定的常数

A，那么就称常数 A 是数列 $\{x_n\}$ 的 极限，此时称数列 $\{x_n\}$ 收敛于 A，记作

$$\lim_{n\to\infty} x_n = A \text{（或 当 } n \to \infty \text{ 时，} x_n \to A\text{）}.$$

若数列 $\{x_n\}$ 没有极限，就称此数列发散.

根据上述极限的定义，例 3.1 中各数列都存在极限，可分别表示为：

$$\lim_{n\to\infty}\frac{1}{n}=0，\lim_{n\to\infty}\frac{n}{n+1}=1，\lim_{n\to\infty}3=3.$$

一个常数列的极限就是这个常数本身，即 $\lim_{n\to\infty} C = C$.

例 3.2 考察下列数列的极限是否存在？若存在，写出极限.

(1) $x_n = (-1)^n \frac{1}{n}$，$(n=1,2,3,\cdots)$；

(2) $x_n = 1 - 2n$，$(n=1,2,3,\cdots)$；

(3) $x_n = 3^n$，$(n=1,2,3,\cdots)$；

(4) $x_n = (-1)^n$，$(n=1,2,3,\cdots)$.

【解】观察数列当 $n \to \infty$ 时的变化趋势：

(1) x_n 的取值正负间隔，但当 n 不断增大时，无限接近于 0，故

$$\lim_{n\to\infty}(-1)^n\frac{1}{n}=0.$$

(2) 这是一个等差数列，公差 $d = -2 < 0$，随着 n 不断增大，x_n 的取值越来越小，不会无限接近于一个确定的常数，故此数列是发散的. 这种发散的情形对我们的学习很有用，数学上也称为无穷大，记作 $\lim_{n\to\infty}(1-2n)=\infty$.

(3) 这是一个等比数列，公比 $q = 3 > 0$，随着 n 不断增大，x_n 的取值越来越大，也不会无限接近于一个确定的常数，故此数列是发散的. 记作 $\lim_{n\to\infty}3^n = \infty$. 和 (2) 相比，这里无限增大，也称为正无穷大，记作 $\lim_{n\to\infty}3^n = +\infty$. (2) 中的数列称为负无穷大，记作 $\lim_{n\to\infty}(1-2n) = -\infty$.

(4) x_n 的取值正负间隔，但当 n 不断增大时，数列的取值不断地在 1 和 -1 两个数上循环摆动，不会无限接近于一个确定的常数，故此数列也是发散的. 但不同于前面的 (2)(3)，这里没有数学记号.

➤ 案例 3-1 的求解

【解】$\lim_{n\to\infty} A_n = A$，其中 A 表示圆的面积.

➤ 案例 3-2 的求解

【解】$\lim_{n\to\infty}\frac{1}{2^n}=0$.

这里我们给出了一些简单数列，通过观察通项的取值来确定其极限是否存在，关于复杂数列的极限，我们给出一些极限的运算法则来计算极限.

三、数列极限的计算

数列极限的四则运算法则

如果 $\lim\limits_{n\to\infty} a_n = A$，$\lim\limits_{n\to\infty} b_n = B$，那么

(1) $\lim\limits_{n\to\infty}(a_n + b_n) = A + B$； (2) $\lim\limits_{n\to\infty}(a_n - b_n) = A - B$；

(3) $\lim\limits_{n\to\infty}(a_n \cdot b_n) = A \cdot B$； (4) $\lim\limits_{n\to\infty} \dfrac{a_n}{b_n} = \dfrac{A}{B}(B \neq 0)$．

推广：上面法则还可以推广到有限个数列的情况．

例 3.3 求下列极限：

(1) $\lim\limits_{n\to\infty}\left(7 + \dfrac{4}{n}\right)$； (2) $\lim\limits_{n\to\infty}\left(\dfrac{1}{n^2} - 2\right)$．

【解】 (1) $\lim\limits_{n\to\infty}\left(7 + \dfrac{4}{n}\right) = 7 + 0 = 7$．

(2) $\lim\limits_{n\to\infty}\left(\dfrac{1}{n^2} - 2\right) = 0 - 2 = -2$．

例 3.4 ($\dfrac{\infty}{\infty}$ 型) 求下列极限：

(1) $\lim\limits_{n\to\infty} \dfrac{2n^2+1}{-3n^2-2}$； (2) $\lim\limits_{n\to\infty} \dfrac{n}{n^2-1}$．

【解】 (1) $\lim\limits_{n\to\infty} \dfrac{2n^2+1}{-3n^2-2} = \lim\limits_{n\to\infty} \dfrac{2+\dfrac{1}{n^2}}{-3-\dfrac{2}{n^2}} = -\dfrac{2}{3}$．

(2) $\lim\limits_{n\to\infty} \dfrac{n}{n^2-1} = \lim\limits_{n\to\infty} \dfrac{\dfrac{1}{n}}{1-\dfrac{1}{n^2}} = 0$．

例 3.5 (先化简再判断型) 求下列极限：

(1) $\lim\limits_{n\to\infty}\left(\dfrac{1}{2} + \dfrac{1}{4} + \dfrac{1}{8} + \cdots + \dfrac{1}{2^n}\right)$； (2) $\lim\limits_{n\to\infty}\left(\dfrac{1}{n^2} + \dfrac{2}{n^2} + \cdots + \dfrac{n}{n^2}\right)$．

【解】 (1) $\lim\limits_{n\to\infty}\left(\dfrac{1}{2} + \dfrac{1}{4} + \dfrac{1}{8} + \cdots + \dfrac{1}{2^n}\right) = \lim\limits_{n\to\infty} \dfrac{\dfrac{1}{2}\left(1-\dfrac{1}{2^n}\right)}{1-\dfrac{1}{2}} = 1$．

(2) $\lim\limits_{n\to\infty}\left(\dfrac{1}{n^2} + \dfrac{2}{n^2} + \cdots + \dfrac{n}{n^2}\right) = \lim\limits_{n\to\infty} \dfrac{1+2+\cdots+n}{n^2} = \lim\limits_{n\to\infty} \dfrac{n(n+1)}{2n^2} = \dfrac{1}{2}$．

在生活中，我们经常听到校园贷、民间高利贷等给大家带来困扰甚至倾家荡产的危害．这就是连续复利的问题，即以一天（年）作为一个复利结算周期，年利率不变，本金一定时，若干天（年）后的本利和的问题．

例 3.6 某同学借了 5000 元民间借贷，日利率为 1%，请问该同学 100 天后得还多少钱？

【解】第一天还本利：$5000+5000\times 1\%=5000\times(1+1\%)=5050$；

第二天还本利：$5000\times(1+1\%)+5000\times(1+1\%)\times 1\%=5000\times(1+1\%)^2=5100.5$；

第三天还本利：$5000\times(1+1\%)^2+5000\times(1+1\%)^2\times 1\%=5000\times(1+1\%)^3\approx 5151.5$；

$\vdots$

第 100 天还本利：$5000\times(1+1\%)^{100}\approx 13524$；

$\vdots$

第 n 天还本利：$5000\times(1+1\%)^n$；

一年后，$n=365$ 时，应还本利 $5000\times(1+1\%)^{365}\approx 188917$；

当 $n\to\infty$ 时，$5000\times(1+1\%)^n\to\infty$.

这就是我们常说的"利滚利"，像滚雪球一样，越滚越大！

我国 2021 年 1 月 1 日起实施的《民法典》明确禁止高利放贷，借贷的利率不能违反国家的有关规定.

很多复利模型是以年利率计算的，如购房贷款、购车贷款等.

例 3.7（复利问题）设有一笔存款的本金为 A_0，年利率为 r，分别按下面几种计息方式计算将来值：

(1) 如果每年结算一次，则 n 年后的本利和是多少？

(2) 如果每年结算（计息）t 次，年利率仍为 r，则每期的利率为 $\dfrac{r}{t}$，那么 n 年后的本利和是多少？

(3) 如果计息期数无限大 $t\to\infty$（这种结算方式称为连续复利），那么 n 年后的本利和又是多少？

【解】(1) n 年后的本利和 $\qquad A_n=A_0\times(1+r)^n.$

(2) 一年后的本利和为 $\qquad A_1=A_0\left(1+\dfrac{r}{t}\right)^t,$

二年后的本利和为 $\qquad A_2=A_0\left(1+\dfrac{r}{t}\right)^{2t},$

可推知 n 年后的本利和为 $\quad A_n=A_0\left(1+\dfrac{r}{t}\right)^{nt}.$

(3) 连续复利结算可用下式表示

$$A_n=\lim_{t\to\infty}A_0\left(1+\dfrac{r}{t}\right)^{nt}.$$

这个极限的计算涉及一个重要的极限

$$\lim_{n\to\infty}\left(1+\dfrac{1}{n}\right)^n.$$

我们可以通过 n 取一些值，观察 $\left(1+\dfrac{1}{n}\right)^n$ 的取值变化规律，通过计算，由表 3-1 可以看出

表 3-1

n	10	100	1000	10000	100000	1000000	⋯
$\left(1+\dfrac{1}{n}\right)^n$	2.59374	2.70481	2.71692	2.71815	2.71827	2.71828	⋯

从表中可以看出，当 $n \to \infty$ 时，数列 $\left(1+\dfrac{1}{n}\right)^n$ 的对应值无限趋近于无理数 e（2.7182818⋯），于是，有

$$\lim_{n\to\infty}\left(1+\dfrac{1}{n}\right)^n = \mathrm{e}.$$

利用代换，还可以得到下面变形形式

$$\lim_{\square\to+\infty}\left(1+\dfrac{1}{\square}\right)^{\square} = \mathrm{e}.$$

变形形式用起来更方便．下面就利用这个极限解决刚才的连续复利问题．

$$A_n = \lim_{t\to\infty} A_0\left(1+\dfrac{r}{t}\right)^{nt} = \lim_{t\to\infty} A_0\left(\left(1+\dfrac{r}{t}\right)^{\frac{t}{r}}\right)^{nr} = A_0 \mathrm{e}^{nr}.$$

练一练

拓展练习

❶ 观察下列数列当 $n \to \infty$ 时的变化趋势，写出它们的极限．

(1) $a_n = 2 + \dfrac{1}{n^2}$；　　(2) $a_n = \mathrm{e}^{-n}$；　　(3) $a_n = \dfrac{n+(-1)^{n-1}}{n}$．

❷ 求下列数列的极限．

(1) $\lim\limits_{n\to\infty} \dfrac{n^3+2}{4n^3+3n}$；　　(2) $\lim\limits_{n\to\infty}\left(\dfrac{2}{3}+\dfrac{4}{9}+\dfrac{8}{27}+\cdots+\left(\dfrac{2}{3}\right)^n\right)$；

(3) $\lim\limits_{n\to\infty}\left(1+\dfrac{2}{n}\right)^n$；　　(4) $\lim\limits_{n\to\infty}\left(\dfrac{n}{n+1}\right)^n$．

❸ 假定为了孩子的教育，你打算投资一笔资金，你需要这笔投资 10 年后价值 12000 元，如果公司以 9% 的年普通复利付息，你应该投资多少元？若年利率不变，但付息方式改为一年付复利 4 次或连续复利，你又应该投资多少元？

模块四 函数的极限

想一想

上一模块中讨论了数列当 $n \to \infty$ 时的极限. 数列是定义在正整数集上的特殊函数, 数列的极限就是当自变量 n 无限增大时, 函数值 $x_n = f(n)$ 无限趋近于某一确定的常数. 在理解"无限增大, 无限逼近"的基础上, 本模块将沿用数列极限的思想, 讨论函数的极限.

案例 4-1 假定某地区能容纳人口的上限为 1500 万人, 人口自然增长数学模型为

$$N(t) = \frac{1500}{1 + 0.66\mathrm{e}^{-0.2(t-2000)}}$$

考察随时间 t 的变化, 该地区的人口变化趋势.

分析 当 t 不断增大时, $N(t)$ 不断增大, 当 t 无限增大时, $N(t)$ 无限趋近于常数 1500 (见图 4-1).

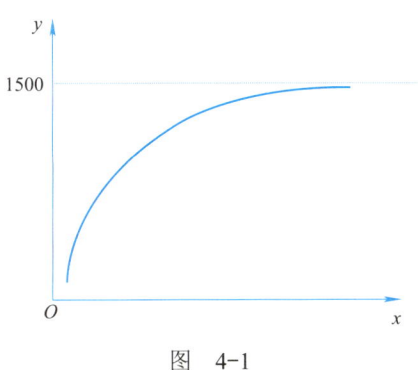

图 4-1

学一学

生活中还有许许多多有关极限的例子, 下面我们就看看在数学上是如何定义函数极限与计算函数极限的.

一、函数的极限

函数的极限是与自变量的变化过程密切相关的．自变量的变化过程不同，函数的变化趋势通常就不同．

1. $x \to \infty$ 时，函数 $f(x)$ 的极限

$x \to \infty$ 是指自变量 x 的绝对值 $|x|$ 无限增大．下面我们来观察几个例子．

例 4.1 观察当 $x \to \infty$ 时，函数 $f(x) = \dfrac{1}{x}$ 的变化趋势．

【解】函数 $f(x) = \dfrac{1}{x}$ 的图像如图 4-2 所示，当 x 的绝对值 $|x|$ 无限增大，即 $x \to \infty$ 时，曲线 $f(x) = \dfrac{1}{x}$ 无限地趋近于 x 轴，因此 $f(x) = \dfrac{1}{x}$ 的值无限趋近于常数 0．

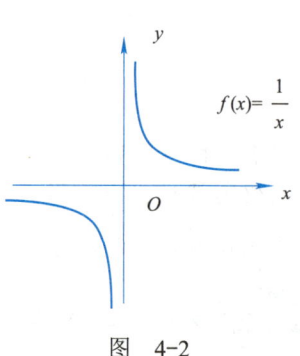

图 4-2

对于这种变化趋势，给出如下极限定义：

▶ 定义 4.1 如果当 x 的绝对值 $|x|$ 无限增大，即 $x \to \infty$ 时，函数 $f(x)$ 无限趋近于一个确定的常数 A，那么就称 A 为函数 $f(x)$ 当 $x \to \infty$ 时的极限，记为

$$\lim_{x \to \infty} f(x) = A \quad (\text{或当 } x \to \infty \text{ 时，} f(x) \to A).$$

否则，称函数 $f(x)$ 当 $x \to \infty$ 时极限不存在．

定义 4.1 中的"x 的绝对值 $|x|$ 无限增大，即 $x \to \infty$"是指 $x \to +\infty$（$x > 0$ 且无限增大），同时 $x \to -\infty$（$x < 0$ 而 $|x|$ 无限增大），但有时我们只能或只需考查 $x \to +\infty$（或 $x \to -\infty$）时函数的变化趋势．对此，类似地有：

▶ 定义 4.2 如果当 $x \to +\infty$（或当 $x \to -\infty$）时，函数 $f(x)$ 无限趋近于一个确定的常数 A，那么就称 A 为函数 $f(x)$ 当 $x \to +\infty$（或当 $x \to -\infty$）时的极限，记为

$$\lim_{x \to +\infty} f(x) = A \quad (\text{或} \lim_{x \to -\infty} f(x) = A).$$

例 4.2 考查函数 e^x 与 e^{-x} 当 $x \to +\infty$ 时的极限．

【解】如图 4-3 所示，当 $x \to +\infty$ 时，e^{-x} 的值无限趋近于常数 0，因此有

$$\lim_{x \to +\infty} e^{-x} = 0;$$

当 $x \to +\infty$ 时，e^x 的值无限增大，所以 e^x 当 $x \to +\infty$ 时没有极限，此时可记作 $\lim\limits_{x \to +\infty} e^x = +\infty$．（当 $x \to -\infty$ 时，$e^x \to 0$，所以有 $\lim\limits_{x \to -\infty} e^x = 0$）．

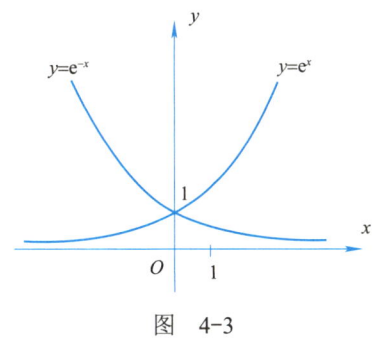

图 4-3

▶ **案例 4-1 的求解**

【解】 $\lim\limits_{x\to+\infty} N(t) = \lim\limits_{x\to+\infty} \dfrac{1500}{1+0.66e^{-0.2(t-2000)}} = 1500$.

例 4.3 讨论当 $x\to\infty$ 时，函数 $y=\arctan x$ 的极限.

【解】 由图 4-4 可见，

$$\lim_{x\to-\infty}\arctan x = -\dfrac{\pi}{2}, \quad \lim_{x\to+\infty}\arctan x = \dfrac{\pi}{2},$$

而当 $x\to\infty$ 时，函数 $y=\arctan x$ 不能无限趋近于一个确定的常数，所以 $x\to\infty$ 时，函数 $y=\arctan x$ 的极限不存在.

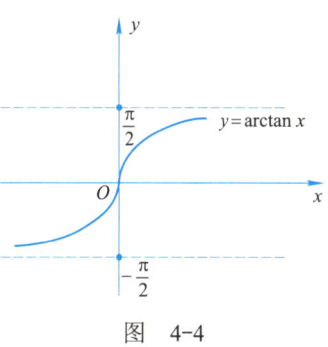

图 4-4

■ **定理 4.1** ▶ $\lim\limits_{x\to\infty} f(x) = A$ 的充分必要条件是

$$\lim_{x\to-\infty} f(x) = \lim_{x\to+\infty} f(x) = A.$$

当 $x\to\infty$ 时，函数 $f(x)\to A$ 的几何意义——水平渐近线.

■ **定义 4.3** ▶ 若 $\lim\limits_{x\to\infty} f(x) = A$（或 $\lim\limits_{x\to+\infty} f(x) = A$，或 $\lim\limits_{x\to-\infty} f(x) = A$），则称直线 $y=A$ 是曲线 $y=f(x)$ 的水平渐近线.

例如 $y=0$ 是双曲线 $y=\dfrac{1}{x}$ 的水平渐近线（见图 4-2）；

$y=\dfrac{\pi}{2}$ 和 $y=-\dfrac{\pi}{2}$ 都是反正切曲线 $y=\arctan x$ 的水平渐近线（见图 4-4）.

2. $x\to x_0$ 时，函数 $f(x)$ 的极限

设 x_0 是一有限值，$x\to x_0$ 是指自变量 x 无限趋近于 x_0.

先介绍点 x_0 的邻域的概念：

设 δ 是任一正数，则区间 $(x_0-\delta, x_0+\delta)$ 称为以 x_0 为中心、δ 为半径的邻域，简称为 x_0 的邻域，记作 $U(x_0, \delta)$. 若 x_0 的邻域去掉中心点 x_0，则区间 $(x_0-\delta, x_0) \cup (x_0, x_0+\delta)$ 称为 x_0 的去心邻域，记作 $\overset{\circ}{U}(x_0, \delta)$.

案例 4-2 考察当 $x \to 1$ 时，函数 $y = \dfrac{x^2-1}{x-1}$ 的变化趋势．

分析 作出函数 $y = \dfrac{x^2-1}{x-1}$ 的图像 (见图 4-5).

函数的定义域为 $(-\infty, 1) \cup (1, +\infty)$，虽然在 $x=1$ 处函数没有定义，但从图 4-5 可以看出，自变量 x 从大于 1 或从小于 1 两个方向趋近于 1 时，函数 $y = \dfrac{x^2-1}{x-1}$ 的值总是无限趋近于常数 2．

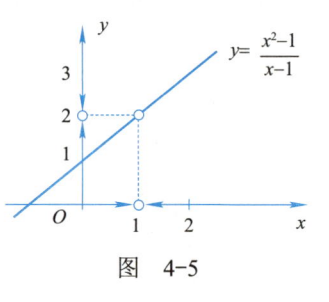

图 4-5

下面我们给出当 $x \to x_0$ 时，函数 $f(x)$ 的极限的一般定义．

定义 4.4 设函数 $f(x)$ 在 x_0 某去心邻域内有定义，如果当 x 无限趋近于 x_0，即 $x \to x_0$ 时，函数 $f(x)$ 无限趋近于一个确定的常数 A，那么就称 A 为函数 $f(x)$ 当 $x \to x_0$ 时的极限，记为

$$\lim_{x \to x_0} f(x) = A \quad (\text{或当 } x \to x_0 \text{ 时，} f(x) \to A).$$

案例 4-2 的求解

【解】 $\lim\limits_{x \to 1} \dfrac{x^2-1}{x-1} = 2$．

注 $\lim\limits_{x \to x_0} f(x)$ 是指 $f(x)$ 当 $x \to x_0$ 时的变化趋势，与 $f(x)$ 在 $x = x_0$ 处的函数值是否存在无关．

例 4.4 求下列极限．

(1) $\lim\limits_{x \to x_0} c$ (c 为常数)；   (2) $\lim\limits_{x \to x_0} x$．

【解】(1) 设 $f(x) = c$，当 $x \to x_0$ 时，$f(x)$ 的值恒等于 c，因此 $\lim\limits_{x \to x_0} c = c$．

(2) 设 $f(x) = x$，当 $x \to x_0$ 时，$f(x)$ 的值无限趋近于定值 x_0，因此

$$\lim_{x \to x_0} x = x_0.$$

结论：若 $f(x)$ 为基本初等函数，x_0 为 $f(x)$ 定义域内的点，则有 $\lim\limits_{x \to x_0} f(x) = f(x_0)$．

讨论函数 $f(x)$ 的极限时，$x \to x_0$ 包含两种情况：

(1) x 从 x_0 的左侧 (小于 x_0) 无限趋近于 x_0，记为：$x \to x_0^-$；

(2) x 从 x_0 的右侧 (大于 x_0) 无限趋近于 x_0，记为：$x \to x_0^+$．

定义 4.5 如果当 $x \to x_0^-$ 时，函数 $f(x)$ 无限趋近于一个确定的常数 A，那么就称 A 为函数 $f(x)$ 当 $x \to x_0^-$ 时的左极限，记为

$$\lim_{x \to x_0^-} f(x) = A \text{ 或 } f(x_0^-) = A；$$

如果当 $x \to x_0^+$ 时，函数 $f(x)$ 无限趋近于一个确定的常数 A，那么就称 A 为函数 $f(x)$ 当 $x \to x_0^+$ 时的右极限，记为

$$\lim_{x \to x_0^+} f(x) = A \text{ 或 } f(x_0^+) = A.$$

左极限和右极限统称为单侧极限.

▮ **定理 4.2** ▸ $\lim_{x \to x_0} f(x) = A$ 的充分必要条件是

$$\lim_{x \to x_0^-} f(x) = \lim_{x \to x_0^+} f(x) = A.$$

例 4.5 讨论函数 $f(x) = \begin{cases} x-1, & x<0 \\ 0, & x=0 \\ x+1, & x>0 \end{cases}$，当 $x \to 0$ 时的极限.

【解】函数 $f(x)$ 的图像如图 4-6 所示：

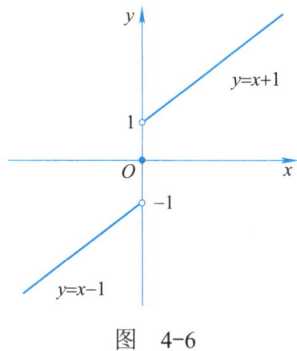

图 4-6

由图像得

$$\lim_{x \to 0^-} f(x) = \lim_{x \to 0^-} (x-1) = -1,$$

$$\lim_{x \to 0^+} f(x) = \lim_{x \to 0^+} (x+1) = 1,$$

因为 $\lim_{x \to 0^-} f(x) \neq \lim_{x \to 0^+} f(x)$，所以 $\lim_{x \to 0} f(x)$ 不存在.

例 4.6 讨论函数 $f(x) = \begin{cases} 1-x, & x<0 \\ x^2+1, & x \geq 0 \end{cases}$，当 $x \to 0$ 时的极限.

【解】$\lim_{x \to 0^-} f(x) = \lim_{x \to 0^-} (1-x) = 1$，$\lim_{x \to 0^+} f(x) = \lim_{x \to 0^+} (x^2+1) = 1$，因为 $\lim_{x \to 0^-} f(x) = \lim_{x \to 0^+} f(x)$，所以 $\lim_{x \to 0} f(x) = 1$.

利用极限的定义只能计算一些简单的函数的极限，而实际问题中的函数却往往复杂得多. 下面介绍极限的运算法则和两个重要极限.

二、极限的四则运算

函数的极限具有如下的四则运算法则：

■ **定理 4.3** ▶ 设 $\lim\limits_{x \to x_0} f(x) = A$，$\lim\limits_{x \to x_0} g(x) = B$，则

(1) $\lim\limits_{x \to x_0} [f(x) \pm g(x)] = \lim\limits_{x \to x_0} f(x) \pm \lim\limits_{x \to x_0} g(x) = A \pm B$；

(2) $\lim\limits_{x \to x_0} [f(x) \cdot g(x)] = \lim\limits_{x \to x_0} f(x) \cdot \lim\limits_{x \to x_0} g(x) = A \cdot B$；

(3) $\lim\limits_{x \to x_0} \dfrac{f(x)}{g(x)} = \dfrac{\lim\limits_{x \to x_0} f(x)}{\lim\limits_{x \to x_0} g(x)} = \dfrac{A}{B} (B \neq 0)$.

上述定理中 (1) 和 (2) 可推广到有限多个函数的情形. 由 (2) 很容易得到

■ **推论 4.1** ▶ $\lim\limits_{x \to x_0} Cf(x) = C \lim\limits_{x \to x_0} f(x) = CA$ (C 是常数).

■ **推论 4.2** ▶ $\lim\limits_{x \to x_0} [f(x)]^n = [\lim\limits_{x \to x_0} f(x)]^n = A^n$.

注意：法则对自变量的其他变化趋势，如 $x \to \infty$，$x \to x_0^+$ 等同样成立.

例 4.7 （直代型）求 $\lim\limits_{x \to 2}(x^2 - 2x + 6)$.

【解】$\lim\limits_{x \to 2}(x^2 - 2x + 6) = (\lim\limits_{x \to 2} x)^2 - 2\lim\limits_{x \to 2} x + \lim\limits_{x \to 2} 6 = 2^2 - 2 \times 2 + 6 = 6$.

一般地，$P_n(x) = a_0 + a_1 x + a_2 x^2 + \cdots + a_n x^n$ 为多项式函数，则

$$\lim\limits_{x \to x_0} P_n(x) = P_n(x_0).$$

例 4.8 （直代型）求 $\lim\limits_{x \to 1} \dfrac{x+2}{x^3+1}$.

【解】由于 $\lim\limits_{x \to 1}(x^3 + 1) = \lim\limits_{x \to 1} x^3 + \lim\limits_{x \to 1} 1 = 1 + 1 = 2 \neq 0$，$\lim\limits_{x \to 1}(x + 2) = 3$，所以

$\lim\limits_{x \to 1} \dfrac{x+2}{x^3+1} = \dfrac{3}{2}$.

一般地，$f(x) = \dfrac{P_n(x)}{Q_m(x)}$ 为有理分式函数，$Q_m(x_0) \neq 0$，则

$$\lim\limits_{x \to x_0} f(x) = f(x_0).$$

例 4.9 （直代型）求 $\lim\limits_{x \to 0} \dfrac{1 - \sin x}{\cos x}$.

【解】$\lim\limits_{x \to 0} \dfrac{1 - \sin x}{\cos x} = \dfrac{\lim\limits_{x \to 0} 1 - \lim\limits_{x \to 0} \sin x}{\lim\limits_{x \to 0} \cos x} = \dfrac{1 - 0}{1} = 1$.

例 4.10 （$\dfrac{0}{0}$ 型）求 $\lim\limits_{x \to 2} \dfrac{x-2}{x^2-4}$.

【解】由于 $\lim\limits_{x \to 2}(x^2 - 4) = 0$，定理 4.3 的法则 (3) 不能直接用，又 $\lim\limits_{x \to 2}(x - 2) = 0$ 在 $x \to 2$ 的过程中 $x \neq 2$，因此在求极限时，首先约去零因子 $x - 2$. 于是

$$\lim_{x\to 2}\frac{x-2}{x^2-4}=\lim_{x\to 2}\frac{x-2}{(x-2)(x+2)}=\lim_{x\to 2}\frac{1}{x+2}=\frac{1}{4}.$$

注意：上述变形只能在求极限的过程中进行，不要丢掉极限符号，误认为函数 $\frac{x-2}{x^2-4}$ 与函数 $\frac{1}{x+2}$ 是同一函数.

例 4.11 （$\frac{0}{0}$ 型）求 $\lim\limits_{x\to 1}\frac{\sqrt{x}-1}{x-1}$.

【解】由于 $\lim\limits_{x\to 1}(x-1)=0$，定理 4.3 的法则 (3) 不能直接用，用初等代数学的方法使分子有理化.

$$\lim_{x\to 1}\frac{\sqrt{x}-1}{x-1}=\lim_{x\to 1}\frac{(\sqrt{x}-1)(\sqrt{x}+1)}{(x-1)(\sqrt{x}+1)}=\lim_{x\to 1}\frac{x-1}{(x-1)(\sqrt{x}+1)}=\lim_{x\to 1}\frac{1}{\sqrt{x}+1}=\frac{1}{2}.$$

例 4.12 （$\infty-\infty$ 型转化成 $\frac{0}{0}$ 型）求 $\lim\limits_{x\to 1}\left(\frac{1}{x-1}-\frac{2}{x^2-1}\right)$.

【解】$\lim\limits_{x\to 1}\left(\frac{1}{x-1}-\frac{2}{x^2-1}\right)=\lim\limits_{x\to 1}\frac{x-1}{x^2-1}=\lim\limits_{x\to 1}\frac{x-1}{(x-1)(x+1)}=\frac{1}{2}.$

例 4.13 （$\frac{\infty}{\infty}$ 型）求 $\lim\limits_{x\to\infty}\frac{3x^3-5x^2+2}{5x^3+2x-4}$.

【解】因为当 $x\to\infty$ 时，分式的分子、分母都趋于无穷大，极限不存在，因此不能直接应用定理 4.3 的法则 (3)，我们可先把分子、分母同除以 x^3，然后再用极限的法则.

$$\lim_{x\to\infty}\frac{3x^3-5x^2+2}{5x^3+2x-4}=\lim_{x\to\infty}\frac{3-\frac{5}{x}+\frac{2}{x^3}}{5+\frac{2}{x^2}-\frac{4}{x^3}}=\frac{\lim\limits_{x\to\infty}3-5\lim\limits_{x\to\infty}\frac{1}{x}+2\left(\lim\limits_{x\to\infty}\frac{1}{x}\right)^3}{\lim\limits_{x\to\infty}5+2\left(\lim\limits_{x\to\infty}\frac{1}{x}\right)^2-4\left(\lim\limits_{x\to\infty}\frac{1}{x}\right)^3}=\frac{3-5\times 0+2\times 0}{5+2\times 0-4\times 0}=\frac{3}{5}.$$

例 4.14 （$\frac{\infty}{\infty}$ 型）求 $\lim\limits_{x\to\infty}\frac{2x^2-3x+1}{3x^3+4x^2-7}$.

【解】$\lim\limits_{x\to\infty}\frac{2x^2-3x+1}{3x^3+4x^2-7}=\lim\limits_{x\to\infty}\frac{\frac{2}{x}-\frac{3}{x^2}+\frac{1}{x^3}}{3+\frac{4}{x}-\frac{7}{x^3}}=\frac{\lim\limits_{x\to\infty}\left(\frac{2}{x}-\frac{3}{x^2}+\frac{1}{x^3}\right)}{\lim\limits_{x\to\infty}\left(3+\frac{4}{x}-\frac{7}{x^3}\right)}=\frac{0}{3}=0.$

例 4.15 （$\frac{\infty}{\infty}$ 型）求 $\lim\limits_{x\to\infty}\frac{x^4-3x^2+1}{3x^3+4x^2-7}$.

【解】$\lim\limits_{x\to\infty}\frac{x^4-3x^2+1}{3x^3+4x^2-7}=\lim\limits_{x\to\infty}\frac{1-\frac{3}{x^2}+\frac{1}{x^4}}{\frac{3}{x}+\frac{4}{x^2}-\frac{7}{x^4}}=\infty.$

综合例 4.13～例 4.15，可得如下结论：当 $a_m\neq 0, b_n\neq 0, m\in\mathbf{N}, n\in\mathbf{N}$ 时，

$$\lim_{x \to \infty} \frac{a_m x^m + a_{m-1} x^{m-1} + \cdots + a_1 x + a_0}{b_n x^n + b_{n-1} x^{n-1} + \cdots + b_1 x + b_0} = \begin{cases} \dfrac{a_m}{b_n}, & n = m, \\ 0, & n > m, \\ \infty, & n < m. \end{cases}$$

三、两个重要极限

1. 重要极限 I

我们在工程计算时，如果遇到要计算一个比较小的角 (角的大小大概在 0° 到 10° 之间) 的正弦值时，一般直接用这个角的弧度数大小来近似代替该角的正弦值．如图 4-7 所示：

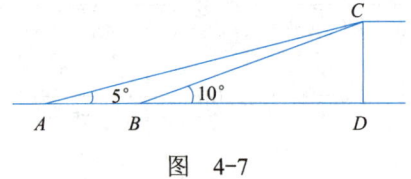

图 4-7

我们再观察 $y = \dfrac{\sin x}{x}$ 的图像，如图 4-8 所示．

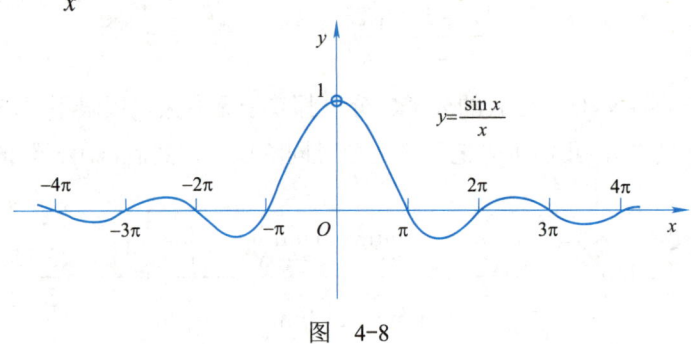

图 4-8

函数 $\dfrac{\sin x}{x}$ 在 $x = 0$ 虽然没有定义，但通过计算，由表 4-1 可以看出：当 x 取值越来越趋近于 0 时，函数 $\dfrac{\sin x}{x}$ 的值越趋近于 1.

表 4-1

x	±0.5	±0.1	±0.01	±0.001	±0.0001	⋯	→	0
$\dfrac{\sin x}{x}$	0.958851	0.998334	0.999983	0.999999	0.999999	⋯	→	1

当自变量 $x \to 0$ 时，

$$\lim_{x \to 0} \frac{\sin x}{x} = 1.$$

上述极限有三个重要的特征：

(1) 比值的极限，分子、分母的极限均为 0，属于 $\dfrac{0}{0}$ 型；

(2) 式子中出现正弦函数或其他三角函数；

(3) 正弦符号后面的变量和分母的变量完全相同，即

$$\lim_{\square \to 0} \dfrac{\sin \square}{\square} = 1.$$

利用这个重要极限我们可以求解一类含有三角函数和幂函数的 $\dfrac{0}{0}$ 型的极限.

例 4.16 求 $\lim\limits_{x \to 0} \dfrac{\sin 2x}{x}$.

【解】 $\lim\limits_{x \to 0} \dfrac{\sin 2x}{x} = \lim\limits_{x \to 0} 2 \cdot \dfrac{\sin 2x}{2x} = 2 \cdot \lim\limits_{x \to 0} \dfrac{\sin 2x}{2x} = 2.$

例 4.17 求 $\lim\limits_{x \to 0} \dfrac{\tan x}{x}$.

【解】 $\lim\limits_{x \to 0} \dfrac{\tan x}{x} = \lim\limits_{x \to 0} \left(\dfrac{\sin x}{x} \cdot \dfrac{1}{\cos x} \right) = \lim\limits_{x \to 0} \dfrac{\sin x}{x} \cdot \lim\limits_{x \to 0} \dfrac{1}{\cos x} = 1.$

例 4.18 求 $\lim\limits_{x \to 0} \dfrac{1 - \cos x}{x^2}$.

【解】 $\lim\limits_{x \to 0} \dfrac{1 - \cos x}{x^2} = \lim\limits_{x \to 0} \dfrac{2 \sin^2 \dfrac{x}{2}}{x^2} = \dfrac{1}{2} \lim\limits_{x \to 0} \left(\dfrac{\sin \dfrac{x}{2}}{\dfrac{x}{2}} \right)^2 = \dfrac{1}{2}.$

例 4.19 求 $\lim\limits_{x \to 0} \dfrac{\sin 3x}{\sin 2x}$.

【解】 $\lim\limits_{x \to 0} \dfrac{\sin 3x}{\sin 2x} = \lim\limits_{x \to 0} \dfrac{\dfrac{\sin 3x}{3x} \cdot 3}{\dfrac{\sin 2x}{2x} \cdot 2} = \dfrac{3}{2}.$

有了这个极限，我们就可以给出刘徽割圆术中极限的计算：
半径为 r 的圆内接正多边形的面积

$$A_n = 6n \cdot \dfrac{1}{2} r^2 \sin \dfrac{2\pi}{6n}.$$

$$\lim_{n \to \infty} A_n = \lim_{n \to \infty} \left(6n \cdot \dfrac{1}{2} r^2 \sin \dfrac{2\pi}{6n} \right) = \lim_{n \to \infty} \dfrac{\sin \dfrac{2\pi}{6n}}{\dfrac{2\pi}{6n}} \cdot \pi r^2 = \pi r^2.$$

2. 重要极限 II

在模块三讨论数列的极限时，给出了

$$\lim_{n\to\infty}\left(1+\frac{1}{n}\right)^n = e.$$

实际上，这里换成 $x \to \infty$ 时也是成立的，即：

$$\lim_{x\to\infty}\left(1+\frac{1}{x}\right)^x = e.$$

此重要极限有三个重要的特征：

(1) 幂指函数的极限，当 $x \to \infty$ 或 $x \to x_0$ 时，属于 1^∞ 型；

(2) 幂指函数的底形式为 $1+\square$ $(\square \to 0)$；

(3) 幂指函数的指数 $\square$ 与底 $1+\square$ 的变量 $\square$ 成倒数关系．

如果在上式中，令 $\frac{1}{x} = z$，则 $x \to \infty$ 时，$z \to 0$，可得

$$\lim_{z\to 0}(1+z)^{\frac{1}{z}} = e.$$

即形如：

$$\lim_{\square\to\infty}\left(1+\frac{1}{\square}\right)^{\square} = e.$$

或

$$\lim_{\square\to 0}(1+\square)^{\frac{1}{\square}} = e.$$

例 4.20 求 $\lim\limits_{x\to 0}(1+3x)^{\frac{1}{x}}$．

【解】 $\lim\limits_{x\to 0}(1+3x)^{\frac{1}{x}} = \lim\limits_{x\to 0}\left[(1+3x)^{\frac{1}{3x}}\right]^3 = e^3.$

例 4.21 求 $\lim\limits_{x\to\infty}\left(1+\frac{2}{x}\right)^x$．

【解】 $\lim\limits_{x\to\infty}\left(1+\frac{2}{x}\right)^x = \lim\limits_{x\to\infty}\left[\left(1+\frac{1}{\frac{x}{2}}\right)^{\frac{x}{2}}\right]^2 = e^2.$

例 4.22 求 $\lim\limits_{x\to\infty}\left(1-\frac{1}{x}\right)^{3x}$．

【解】 $\lim\limits_{x\to\infty}\left(1-\frac{1}{x}\right)^{3x} = \lim\limits_{x\to\infty}\left[\left(1+\frac{1}{-x}\right)^{-x}\right]^{-3} = \left[\lim\limits_{x\to\infty}\left(1+\frac{1}{-x}\right)^{-x}\right]^{-3} = e^{-3}.$

例 4.23 求 $\lim\limits_{x\to\infty}\left(\frac{x+2}{x+1}\right)^{2x+1}$．

【解】 $\lim_{x\to\infty}\left(\dfrac{x+2}{x+1}\right)^{2x+1} = \lim_{x\to\infty}\left(1+\dfrac{1}{x+1}\right)^{2(x+1)-1}$

$= \left[\lim_{x\to\infty}\left(1+\dfrac{1}{x+1}\right)^{x+1}\right]^2 \cdot \lim_{x\to\infty}\left(1+\dfrac{1}{x+1}\right)^{-1}$

$= e^2 \times 1 = e^2.$

练一练

拓展练习

1 作出图像，判断下列函数的极限．

(1) $\lim\limits_{x\to+\infty}\left(\dfrac{1}{2}\right)^x$； (2) $\lim\limits_{x\to 0}(e^x+2)$； (3) $\lim\limits_{x\to -2}\dfrac{x^2-4}{x+2}$．

2 设 $f(x)=\begin{cases} e^x, & x<0, \\ x^2+1, & 0\leqslant x\leqslant 1, \\ x, & x>1, \end{cases}$ 求当 $x\to 0$ 及 $x\to 1$ 时 $f(x)$ 的左、右极限，

从而说明极限 $\lim\limits_{x\to 0}f(x)$、$\lim\limits_{x\to 1}f(x)$ 是否存在．

3 计算下列极限．

(1) $\lim\limits_{x\to -1}\dfrac{x+2}{x^2+1}$；

(2) $\lim\limits_{x\to -3}\dfrac{x^2+5x+6}{x+3}$；

(3) $\lim\limits_{h\to 0}\dfrac{(x+h)^3-x^3}{h}$；

(4) $\lim\limits_{x\to 2}\left(\dfrac{1}{x-2}-\dfrac{4}{x^2-4}\right)$；

(5) $\lim\limits_{x\to\infty}\dfrac{2x^3-x^2+3}{4x^3-2x-5}$；

(6) $\lim\limits_{x\to\infty}\dfrac{4x^3+3}{2x^2-2x+1}$；

(7) $\lim\limits_{x\to\infty}\dfrac{4x^2+3x-3}{x^3-2x+1}$；

(8) $\lim\limits_{x\to\infty}\left(1+\dfrac{2}{x}\right)^{3x}$；

(9) $\lim\limits_{x\to 0}(1-4x)^{\frac{1}{2x}}$；

(10) $\lim\limits_{x\to\infty}\left(\dfrac{2x+1}{2x+3}\right)^x$．

4 求曲线 $y=\dfrac{x^2-3x+4}{x^2-5x+6}$ 的水平渐近线．

模块五 无穷小与无穷大

想一想

在实际问题中，我们经常遇到一些极限为零的变量．例如，当关闭风扇的电源，风扇的转速逐渐慢下来，越来越趋近于 0．再如，向平静的湖面扔入一颗石子，水波向外传播，它的振幅随着时间的推移越来越小，越来越趋近于零．

案例 5-1 考古界经常用碳 -14 鉴定文物年代．碳 -14 的衰减数学模型为

$$y = e^{-0.000121t}, \quad t \in [0, +\infty)$$

其中 y 是 t 年后碳 -14 的余量（单位：g）．考察在 t 的变化过程中，碳 -14 的余量变化趋势．

分析 当 t 不断增大时，y 不断减少．当 t 无限增大时，y 无限接近于常数 0，即

$$\lim_{t \to +\infty} e^{-0.000121t} = 0.$$

学一学

一、无穷小量

1. 无穷小量的概念

▶ **定义 5.1** ▶ 如果当 $x \to x_0$（或 $x \to \infty$）时，函数 $f(x)$ 的极限为零，即

$$\lim_{x \to x_0} f(x) = 0 \left(\text{或} \lim_{x \to \infty} f(x) = 0 \right),$$

那么称函数 $f(x)$ 为当 $x \to x_0$（或 $x \to \infty$）时的无穷小量，简称**无穷小**．

例如 $\lim\limits_{x \to 0} \sin x = 0$，所以 $\sin x$ 是当 $x \to 0$ 时的无穷小；

$\lim\limits_{x \to \infty} \dfrac{1}{x} = 0$，所以 $\dfrac{1}{x}$ 是当 $x \to \infty$ 时的无穷小．

模块五　无穷小与无穷大

注意：

(1) 无穷小是以零为极限的变量，描述的是量的变化状态，而不是量的大小．因而，不要把无穷小量与很小的数(如一千万分之一等)混为一谈，常数中只有"0"是无穷小(因为 $\lim\limits_{x \to x_0} 0 = 0$)；

(2) 无穷小与自变量的变化趋势密切相关，如函数 $f(x) = \dfrac{1}{x}$，当 $x \to \infty$ 时，为无穷小，而当 $x \to 1$ 时，就不是无穷小．所以，说一个函数是无穷小时，必须指明自变量的变化趋势．

2. 无穷小的性质

有了极限的四则运算法则，我们很容易得到无穷小的性质：

▪ **性质 5.1** ▶ 有限个无穷小的代数和仍是无穷小．

注意： 法则成立要求"有限个"无穷小，"无限个"无穷小的和不一定是无穷小．

例如 $\lim\limits_{n \to \infty}\left(\dfrac{1}{n^2} + \dfrac{2}{n^2} + \cdots + \dfrac{n}{n^2}\right) = \lim\limits_{n \to \infty}\dfrac{n^2 + n}{2n^2} = \dfrac{1}{2}$．

▪ **性质 5.2** ▶ 无穷小的乘积仍是无穷小．

▪ **性质 5.3** ▶ 有界函数与无穷小的乘积仍是无穷小．

▪ **推论** ▶ 常数与无穷小的乘积仍是无穷小．

例 5.1 求 $\lim\limits_{x \to \infty}\dfrac{\sin x}{x}$．

【**解**】当 $x \to \infty$ 时，分子、分母的极限都不存在．考虑 $\dfrac{\sin x}{x} = \dfrac{1}{x} \cdot \sin x$，当 $x \to \infty$ 时，$\dfrac{1}{x}$ 是无穷小，而 $\sin x$ 是有界函数，由上面的性质 5.3 可得 $\lim\limits_{x \to \infty}\dfrac{\sin x}{x} = 0$．

例 5.2 求 $\lim\limits_{x \to 0} x \sin\dfrac{1}{x}$．

【**解**】当 $x \to 0$ 时，$\dfrac{1}{x} \to \infty$，可知 $\sin\dfrac{1}{x}$ 的极限不存在．但因为当 $x \to 0$ 时，x 是无穷小，而 $\left|\sin\dfrac{1}{x}\right| \leqslant 1$，即 $\sin\dfrac{1}{x}$ 是有界函数，因此，由上面的性质 5.3 可得：$\lim\limits_{x \to 0} x \sin\dfrac{1}{x} = 0$．

由无穷小的性质可知，两个无穷小的和、差、乘积仍是无穷小，那么两个无穷小的商是不是无穷小呢？下面就来讨论两个无穷小的商的情况．

3. 无穷小的比较（$\dfrac{0}{0}$ 型）

我们先看几个例子：当 $x \to 0$ 时，x、$5x$、x^2、$\sin x$ 都是无穷小，而

$$\lim\limits_{x \to 0}\dfrac{\sin x}{x} = 1\ ;\quad \lim\limits_{x \to 0}\dfrac{x^2}{x} = \lim\limits_{x \to 0} x = 0\ ;\quad \lim\limits_{x \to 0}\dfrac{5x}{x^2} = \lim\limits_{x \to 0}\dfrac{5}{x} = \infty\ .$$

通过上述例子，发现两个无穷小之比的极限有不同情况．两个无穷小之比的极限除了

可以是非零常数外，还可以是 0，甚至是 ∞. 这些情况反映了不同的无穷小趋向于零的速度的差异. 从表 5-1 可以看出，当 $x \to 0$ 时，$5x$ 与 x 趋向于零的速度相当，而 x^2 比 x 要快.

表 5-1

x	1	0.5	0.1	0.01	0.001	…	→	0
$5x$	5	2.5	0.5	0.05	0.005	…	→	0
x^2	1	0.25	0.01	0.0001	0.000001	…	→	0

为了比较无穷小趋向于零的快慢程度，我们引入下面的概念.

定义 5.2 设 $\lim \alpha(x) = 0$，$\lim \beta(x) = 0$.

(1) 如果 $\lim \dfrac{\beta(x)}{\alpha(x)} = 0$，那么称 $\beta(x)$ 是比 $\alpha(x)$ 高阶的无穷小，记作 $\beta = o(\alpha)$；

(2) 如果 $\lim \dfrac{\beta(x)}{\alpha(x)} = \infty$，那么称 $\beta(x)$ 是比 $\alpha(x)$ 低阶的无穷小；

(3) 如果 $\lim \dfrac{\beta(x)}{\alpha(x)} = C$（$C \neq 0$），那么称 $\beta(x)$ 与 $\alpha(x)$ 为同阶的无穷小；

(4) 如果 $\lim \dfrac{\beta(x)}{\alpha(x)} = 1$，那么称 $\beta(x)$ 与 $\alpha(x)$ 为等价无穷小，记作 $\alpha(x) \sim \beta(x)$.

根据以上定义可知，$x \to 0$ 时，x^2 是比 x 高阶的无穷小，x 与 $5x$ 是同阶的无穷小.

例 5.3 当 $x \to 1$ 时，比较无穷小 $(x-1)^2$ 与 $x^3 - x^2$.

【解】 $\lim\limits_{x \to 1}(x-1)^2 = 0$，$\lim\limits_{x \to 1}(x^3 - x^2) = 0$，而

$$\lim_{x \to 1} \frac{(x-1)^2}{x^3 - x^2} = \lim_{x \to 1} \frac{(x-1)^2}{x^2(x-1)} = \lim_{x \to 1} \frac{x-1}{x^2} = 0.$$

所以，当 $x \to 1$ 时，$(x-1)^2$ 是比 $x^3 - x^2$ 高阶的无穷小.

结合模块四的例子，下面给出几个常用的等价无穷小：当 $x \to 0$ 时，

$\sin x \sim x$，$\tan x \sim x$，$\arcsin x \sim x$，$\arctan x \sim x$，$\ln(1+x) \sim x$，$e^x - 1 \sim x$，$1 - \cos x \sim \dfrac{x^2}{2}$，$(1+x)^\alpha - 1 \sim \alpha x$.

等价无穷小在求解 $\dfrac{0}{0}$ 型的极限时，有重要的作用，我们有下面的定理：

定理 5.1 设 α_1，β_1，α_2，β_2 是同一变化过程中的无穷小，且 $\alpha_1 \sim \alpha_2$，$\beta_1 \sim \beta_2$，则当极限 $\lim \dfrac{\alpha_2}{\beta_2}$ 存在时，极限 $\lim \dfrac{\alpha_1}{\beta_1}$ 也存在，且 $\lim \dfrac{\alpha_1}{\beta_1} = \lim \dfrac{\alpha_2}{\beta_2}$.

证明 $\lim \dfrac{\alpha_1}{\beta_1} = \lim \dfrac{\alpha_1}{\alpha_2} \dfrac{\alpha_2}{\beta_2} \dfrac{\beta_2}{\beta_1} = \lim \dfrac{\alpha_1}{\alpha_2} \cdot \lim \dfrac{\alpha_2}{\beta_2} \cdot \lim \dfrac{\beta_2}{\beta_1} = \lim \dfrac{\alpha_2}{\beta_2}$.

根据这个定理，求极限时，当分子或分母中有无穷小的因子时，灵活地应用等价无穷小进行代换，能使极限的计算简化.

例 5.4 $\lim\limits_{x \to 0} \dfrac{\sin x}{\ln(1+x)}$.

【解】 因为当 $x \to 0$ 时，$\sin x \sim x$，$\ln(1+x) \sim x$，所以 $\lim\limits_{x \to 0}\dfrac{\sin x}{\ln(1+x)} = \lim\limits_{x \to 0}\dfrac{x}{x} = 1$.

例 5.5 求 $\lim\limits_{x \to 0}\dfrac{\tan x - \sin x}{x^3}$.

【解】 $\lim\limits_{x \to 0}\dfrac{\tan x - \sin x}{x^3} = \lim\limits_{x \to 0}\dfrac{\tan x(1-\cos x)}{x^3} = \lim\limits_{x \to 0}\dfrac{x \cdot \frac{1}{2}x^2}{x^3} = \dfrac{1}{2}$.

用等价无穷小进行代换时，要注意以下两点：

(1) 分子或分母是无穷小量时才能替换；

(2) 只能是对分子或分母（或其乘积因子）作整体代换，而对分子或分母中以"+""-"号连接的各部分不能分别作代换．如例 5.5 中，若分子 $\tan x - \sin x$ 中的 $\tan x$ 与 $\sin x$ 分别用其等价无穷小 x 代换，将得到 $\lim\limits_{x \to 0}\dfrac{\tan x - \sin x}{x^3} = \lim\limits_{x \to 0}\dfrac{x-x}{x^3} = 0$ 的错误结果．

上述的等价无穷小，还可以推广到当 $\square \to 0$ 时，有

$\sin\square \sim \square$，$\tan\square \sim \square$，$\arcsin\square \sim \square$，$\arctan\square \sim \square$，$\ln(1+\square) \sim \square$，$e^\square - 1 \sim \square$，$1-\cos\square \sim \dfrac{\square^2}{2}$，$(1+\square)^\alpha - 1 \sim \alpha\square$．

例 5.6 求 $\lim\limits_{x \to 0}\dfrac{\sin 2x}{\tan 7x}$.

【解】 因为 $x \to 0$ 时，$\sin 2x \sim 2x$，$\tan 7x \sim 7x$，所以

$$\lim_{x \to 0}\dfrac{\sin 2x}{\tan 7x} = \lim_{x \to 0}\dfrac{2x}{7x} = \dfrac{2}{7}.$$

例 5.7 求 $\lim\limits_{x \to 0}\dfrac{\ln(1+x^2) \cdot (e^{2x}-1)}{\sin^3 3x}$.

【解】 因为 $x \to 0$ 时，$\ln(1+x^2) \sim x^2$，$(e^{2x}-1) \sim 2x$，$\sin^3 3x \sim (3x)^3$，所以

$$\lim_{x \to 0}\dfrac{\ln(1+x^2) \cdot (e^{2x}-1)}{\sin^3 3x} = \lim_{x \to 0}\dfrac{x^2 \cdot 2x}{(3x)^3} = \dfrac{2}{27}.$$

二、无穷大量

1. 无穷大量的概念

定义 5.3 如果当 $x \to x_0$（或 $x \to \infty$）时，函数 $f(x)$ 的绝对值无限增大，那么称函数 $f(x)$ 为当 $x \to x_0$（或 $x \to \infty$）时的无穷大量，简称无穷大．

一个函数 $f(x)$ 当 $x \to x_0$（或 $x \to \infty$）时为无穷大，按极限的定义，$f(x)$ 的极限是不存在的．但为了描述函数的这一性态，我们也称"函数 $f(x)$ 的极限是无穷大"，并记为：

$$\lim_{x \to x_0} f(x) = \infty \left(\text{或} \lim_{x \to \infty} f(x) = \infty\right).$$

通常，若在整个变化过程中，对应的函数值都是正的或负的，还分别称为正无穷大或

负无穷大，分别记为：

$$\lim_{x \to x_0} f(x) = +\infty, \quad \lim_{x \to x_0} f(x) = -\infty.$$

例如 当 $x \to 0$ 时，$\dfrac{1}{x}$ 是无穷大，记为：$\lim\limits_{x \to 0} \dfrac{1}{x} = \infty$；

当 $x \to +\infty$ 时，e^x 是正无穷大，记为：$\lim\limits_{x \to +\infty} e^x = +\infty$；

当 $x \to 0^+$ 时，$\ln x$ 是负无穷大，记为：$\lim\limits_{x \to 0^+} \ln x = -\infty$.

注意：

(1) 无穷大是一个变量，不要把无穷大与很大的数混为一谈.

(2) 无穷大与自变量的变化趋势密切相关，如函数 $f(x) = \dfrac{1}{x}$，当 $x \to 0$ 时，为无穷大，而当 $x \to \infty$ 时，却又成无穷小. 所以说一个函数是无穷大时，必须指明自变量的变化趋势.

2. 无穷大的几何意义——曲线的垂直渐近线

■ **定义 5.4** ▶ 若函数 $y = f(x)$ 是 $x \to x_0$ 时的无穷大量，则称直线 $x = x_0$ 是曲线 $y = f(x)$ 的垂直渐近线.

例如 $x = 1$ 是双曲线 $y = \dfrac{1}{x-1}$ 的垂直渐近线 (见图 5-1).

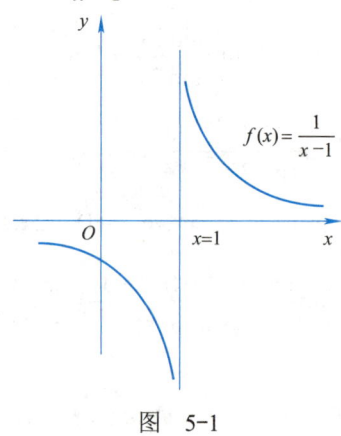

图 5-1

三、无穷小量与无穷大量的关系

■ **定理 5.2** ▶ 在自变量的同一变化过程中，如果 $f(x)$ 为无穷大，那么 $\dfrac{1}{f(x)}$ 为无穷小；反之，如果 $f(x)$ 为无穷小，且 $f(x) \neq 0$，那么 $\dfrac{1}{f(x)}$ 为无穷大.

例如 当 $x \to 0$ 时，x 是无穷小，所以 $x \to 0$ 时，$\dfrac{1}{x}$ 是无穷大；

当 $x \to +\infty$ 时，e^x 是无穷大，所以 $x \to +\infty$ 时，e^{-x} 是无穷小.

例 5.8 求 $\lim\limits_{x\to+\infty}\dfrac{e^x}{2e^x+1}$.

【解】 因 $x\to+\infty$ 时，e^x 为无穷大，所以 $\dfrac{1}{e^x}$ 为无穷小，故

$$\lim_{x\to+\infty}\frac{e^x}{2e^x+1}=\lim_{x\to+\infty}\frac{1}{2+\dfrac{1}{e^x}}=\frac{1}{2+0}=\frac{1}{2}.$$

练一练

拓展练习

1 计算下列极限.

(1) $\lim\limits_{x\to 0}\dfrac{\sin 2x}{\tan 3x}$；

(2) $\lim\limits_{x\to 0}\dfrac{1-\cos 2x}{x\arcsin x}$；

(3) $\lim\limits_{x\to\infty}x^2\sin\dfrac{1}{x^2}$；

(4) $\lim\limits_{x\to 0}\dfrac{\ln(1+2x)}{e^{2x}-1}$；

(5) $\lim\limits_{x\to 1}\dfrac{\sqrt{1-3x}-1}{\sin 3x}$；

(6) $\lim\limits_{x\to 0}\dfrac{\ln(1-x^2)}{xe^x-x}$；

(7) $\lim\limits_{x\to 0}x\sin\dfrac{1}{x^2}$；

(8) $\lim\limits_{x\to\infty}\dfrac{\cos 2x}{\sqrt{1+x^2}}$.

2 比较下列无穷小.

(1) 当 $x\to 2$ 时，无穷小 x^2-x-2 与 $x-2$；

(2) 当 $x\to 0$ 时，无穷小 $1-\cos x$ 与 $\ln(1-x^2)$.

3 求曲线 $y=\dfrac{x^2-3x+2}{x^2-5x+6}$ 的垂直渐近线.

模块六 函数的连续性

想一想

在自然界中,有许多变量的变化都是连续不间断的. 例如,气温随时间的变化而连续变化,水和空气的流动、动植物的生长、天体运动等都随时间的变化而连续不断地变化着. 它们作为时间的函数,当时间变化很微小时,这些变量的变化也是很微小的,这种现象反映在函数关系上就是函数的连续性. 本模块将利用极限来定义函数的连续性,并给出相关的性质.

学一学

一、函数的连续性

1. 函数的增量

▶ **定义 6.1** ▶ 设函数 $y = f(x)$ 在点 x_0 的某一邻域内有定义,当自变量从 x_0 变到 x_1 时,称 $x_1 - x_0$ 为自变量 x 在 x_0 处的增量(或改变量),记为 Δx,即

$$\Delta x = x_1 - x_0.$$

相应地,函数 $y = f(x)$ 由 $f(x_0)$ 变到 $f(x_1)$,称 $f(x_1) - f(x_0)$ 为函数 $y = f(x)$ 在 x_0 处的增量(或改变量),记为 Δy,即

$$\Delta y = f(x_1) - f(x_0).$$

由于 $\Delta x = x_1 - x_0$,从而有 $x_1 = x_0 + \Delta x$,所以函数的增量 Δy 也可写为

$$\Delta y = f(x_0 + \Delta x) - f(x_0).$$

▶ **例 6.1** 设函数 $f(x) = x^2 - 1$,求函数的增量:

(1) 自变量 x 由 1 变到 1.01;

(2) 自变量 x 由 x_0 变到 $x_0 + \Delta x$.

【解】(1) $\Delta y = f(1.01) - f(1) = ((1.01)^2 - 1) - (1^2 - 1) = 0.0201$.

(2) $\Delta y = f(x_0 + \Delta x) - f(x_0) = [(x_0 + \Delta x)^2 - 1] - (x_0^2 - 1) = 2x_0 \Delta x + (\Delta x)^2$.

2. 函数在一点的连续性

设函数 $y=f(x)$ 在点 x_0 的某一邻域内有定义,当自变量 x 从 x_0 变到 $x_0+\Delta x$ 时,函数 $y=f(x)$ 相应地从 $f(x_0)$ 变到 $f(x_0+\Delta x)$,函数的增量为 Δy。一般地,当 Δx 有变化时,Δy 也随着变化。从下面的图 6-1 可见,函数 $y=f(x)$ 的图像在 x_0 处是连续不断的,此时,当 $\Delta x \to 0$ 时,$\Delta y \to 0$。在图 6-2 中,函数 $y=f(x)$ 的图像在 x_0 处是断开的,图中可见当 x 从 x_0 的左侧趋近于 x_0 时,虽然 Δx 也趋近于 0,但 Δy 却不趋于 0。

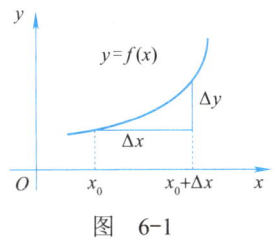
图 6-1

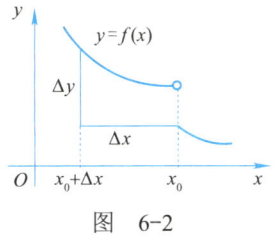
图 6-2

因而,关于函数在一点的连续性有如下的定义:

★ **定义 6.2** ▶ 设函数 $y=f(x)$ 在点 x_0 的某一邻域内有定义,如果
$$\lim_{\Delta x \to 0} \Delta y = \lim_{\Delta x \to 0}[f(x_0+\Delta x)-f(x_0)] = 0,$$
那么就称函数 $y=f(x)$ 在点 x_0 处<u>连续</u>,点 x_0 称为函数 $y=f(x)$ 的<u>连续点</u>。

在定义 6.2 中,若令 $x_0+\Delta x = x$,则有
$$\Delta y = f(x_0+\Delta x)-f(x_0) = f(x)-f(x_0).$$

当 $\Delta x \to 0$ 时,则 $x \to x_0$;当 $\Delta y \to 0$ 时,则有 $f(x) \to f(x_0)$,所以函数 $y=f(x)$ 在点 x_0 处连续的定义又可叙述为:

★ **定义 6.3** ▶ 设函数 $f(x)$ 在点 x_0 的某一邻域内有定义,如果
$$\lim_{x \to x_0} f(x) = f(x_0),$$
那么就称函数 $y=f(x)$ 在点 x_0 处<u>连续</u>。

由定义 6.3 可见,函数 $y=f(x)$ 在 x_0 点连续必须同时满足以下三个条件:

(1) 函数 $f(x)$ 在点 x_0 有定义,即有确定的函数值 $f(x_0)$;

(2) 极限 $\lim\limits_{x \to x_0} f(x)$ 存在;

(3) 极限值等于函数值,即 $\lim\limits_{x \to x_0} f(x) = f(x_0)$。

例 6.2 讨论函数 $f(x) = \dfrac{x^2-1}{x-1}$ 在点 $x=0$、$x=1$ 处的连续性。

【解】因为 $f(x) = \dfrac{x^2-1}{x-1}$ 在 $x=0$ 有定义,$f(0) = \dfrac{0^2-1}{0-1} = 1$ 且
$$\lim_{x \to 0} f(x) = \lim_{x \to 0} \frac{x^2-1}{x-1} = 1 = f(0).$$

所以函数 $f(x) = \dfrac{x^2-1}{x-1}$ 在点 $x=0$ 处连续。

因为 $f(x)=\dfrac{x^2-1}{x-1}$ 在点 $x=1$ 处没有定义，所以函数 $f(x)=\dfrac{x^2-1}{x-1}$ 在点 $x=1$ 处不连续 (见图 6-3).

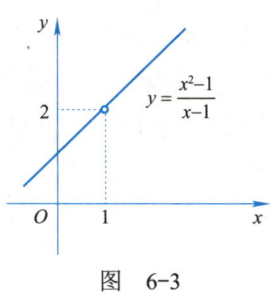

图 6-3

如果函数 $y=f(x)$ 在点 x_0 的某一左邻域内有定义，且 $\lim\limits_{x\to x_0^-}f(x)=f(x_0)$，则称函数 $f(x)$ 在 x_0 处左连续. 如果函数 $y=f(x)$ 在点 x_0 的某一右邻域内有定义，且 $\lim\limits_{x\to x_0^+}f(x)=f(x_0)$，则称函数 $f(x)$ 在 x_0 处右连续.

▸ **定理 6.1** ▸ 函数 $y=f(x)$ 在 x_0 处连续的充分必要条件是 $y=f(x)$ 在 x_0 处既左连续又右连续.

例 6.3 讨论函数 $f(x)=\begin{cases} x-1, & x\leqslant 0 \\ 1+x, & x>0 \end{cases}$ 在点 $x=0$ 处的连续性.

【解】函数 $f(x)$ 在点 $x=0$ 处有定义，因为
$$\lim_{x\to 0^-}f(x)=\lim_{x\to 0^-}(x-1)=-1=f(0),$$
所以函数 $f(x)$ 在点 $x=0$ 处左连续. 又因为
$$\lim_{x\to 0^+}f(x)=\lim_{x\to 0^+}(1+x)=1\neq f(0),$$
所以 $f(x)$ 在点 $x=0$ 不满足右连续，从而函数 $f(x)$ 在点 $x=0$ 处不连续 (见图 6-4).

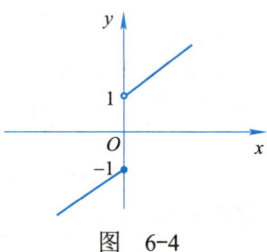

图 6-4

3. 函数在区间上的连续性

如果函数 $f(x)$ 在开区间 (a,b) 内每一点都连续，那么就称函数 $f(x)$ 在区间 (a,b) 内连续，函数 $f(x)$ 是区间 (a,b) 上的连续函数，区间 (a,b) 称为函数 $f(x)$ 的连续区间.

如果函数 $f(x)$ 在闭区间 $[a,b]$ 上有定义，在开区间 (a,b) 内连续，且在区间的两个端点 $x=a$ 与 $x=b$ 处分别是右连续和左连续的，即 $\lim\limits_{x\to a^+}f(x)=f(a)$，$\lim\limits_{x\to b^-}f(x)=f(b)$，那么就称

函数 $f(x)$ 在闭区间 $[a,b]$ 上连续.

在几何上，连续函数的图形是一条连续不间断的曲线 (见图 6-5).

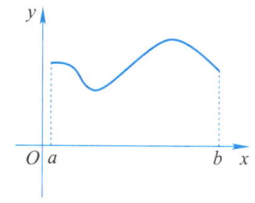

图 6-5

二、函数的间断点

根据函数连续的定义，函数 $f(x)$ 在点 x_0 连续必须满足 3 个条件，如果其中有一个条件不满足，即如果 $f(x)$ 有以下三种情形之一：

(1) 函数在点 $x = x_0$ 处没有定义；

(2) 函数在点 $x = x_0$ 处有定义，但极限 $\lim\limits_{x \to x_0} f(x)$ 不存在；

(3) 函数在点 $x = x_0$ 处有定义，且极限 $\lim\limits_{x \to x_0} f(x)$ 存在，但 $\lim\limits_{x \to x_0} f(x) \neq f(x_0)$.

那么就称函数 $f(x)$ 在点 x_0 处不连续，点 x_0 称为函数 $f(x)$ 的不连续点或间断点.

通常，函数的间断点可分为两类：

(1) 第一类间断点。如果函数 $f(x)$ 在点 x_0 的左、右极限都存在，但点 x_0 是函数 $f(x)$ 的间断点，则称点 x_0 为 $f(x)$ 的第一类间断点.

如果函数在 x_0 处的左、右极限存在，但是 $f(x_0^-) \neq f(x_0^+)$，则称点 x_0 为函数 $f(x)$ 的跳跃间断点 (见图 6-4)；如果 $f(x_0^-) = f(x_0^+)$，但是函数在该点没有定义，或者 $\lim\limits_{x \to x_0} f(x) \neq f(x_0)$，则称点 x_0 为函数 $f(x)$ 的可去间断点 (见图 6-6).

(2) 第二类间断点。不属于第一类间断点的间断点都称为第二类间断点.

如图 6-7 所示，对于函数 $f(x) = \dfrac{1}{x-1}$，$\lim\limits_{x \to 1} f(x) = \infty$，所以 $x = 1$ 为第二类间断点.

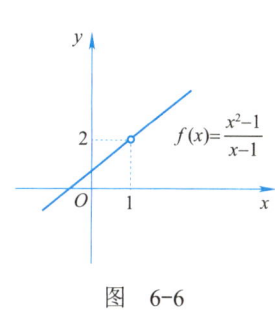

图 6-6

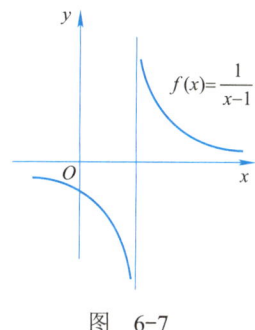

图 6-7

三、初等函数的连续性

由于基本初等函数的图像在其定义域内都是连续不断的曲线，可知：基本初等函数在其定义域内都是连续的.

根据连续函数的定义和极限的运算法则，可以证明连续函数的和、差、积、商仍然是连续函数.

▲ **定理 6.2** ▶ 设函数 $f(x)$、$g(x)$ 均在点 x_0 处连续，则

$$f(x) \pm g(x)、\ f(x) \cdot g(x)、\ \frac{f(x)}{g(x)}(g(x) \neq 0)$$

也都在点 x_0 处连续.

对于复合函数,有下面的定理.

▸ **定理 6.3** ▸ 设函数 $y=f(u)$ 在点 u_0 处连续,函数 $u=\varphi(x)$ 在点 x_0 处连续,且 $u_0=\varphi(x_0)$,则复合函数 $y=f[\varphi(x)]$ 在点 x_0 处也连续.

以上法则说明,连续函数经过有限次的四则运算和复合运算,不改变其连续性,因此,可以得到下面的结论:一切初等函数在其定义域内都是连续的.

四、闭区间上连续函数的性质

闭区间上的连续函数有如下的重要性质:

▸ **定理 6.4** ▸（最值定理）设函数 $f(x)$ 在闭区间 $[a,b]$ 上连续,那么在闭区间 $[a,b]$ 上 $f(x)$ 必有最大值与最小值.

如图 6-8 所示,因为函数 $f(x)$ 在闭区间上连续,图形是包括两端点的一条连续不间断的曲线,因此它必定有最高点和最低点,最高点和最低点的纵坐标就是函数的最大值和最小值.

▸ **定理 6.5** ▸（介值定理）若函数 $f(x)$ 在闭区间 $[a,b]$ 上连续,m 与 M 分别是 $f(x)$ 在闭区间 $[a,b]$ 上的最小值和最大值,$m \neq M$,μ 是介于 m 与 M 之间的任一实数,则在 $[a,b]$ 上至少存在一点 ξ,使得 $f(\xi)=\mu$.

在几何上,定理 6.5 表示:介于直线 $y=m$ 与 $y=M$ 之间的任一条直线 $y=\mu$ 与 $y=f(x)$ 的图像曲线至少有一个交点(见图 6-9).

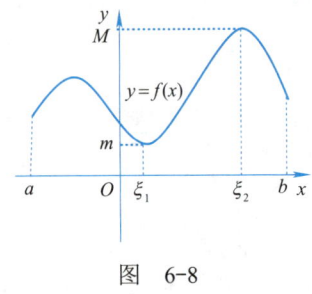
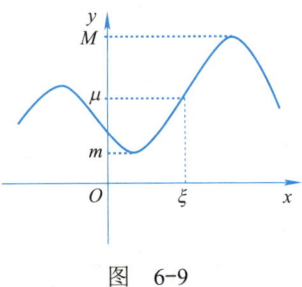

图 6-8　　　　　　　　　　图 6-9

▸ **定理 6.6** ▸（方程实根的存在定理）设函数 $f(x)$ 在闭区间 $[a,b]$ 上连续,且 $f(a)$ 与 $f(b)$ 异号,那么在开区间 (a,b) 内至少存在一点 ξ,使 $f(\xi)=0$,即 $f(x)=0$ 在 (a,b) 内至少有一个根.

这个定理的几何意义是:一条连续曲线,若其上的点的纵坐标由负值变到正值或由正值变到负值时,则曲线至少与 x 轴有一个交点(见图 6-10).

由定理 6.6 可知,$x=\xi$ 是方程 $f(x)=0$ 的一个根,

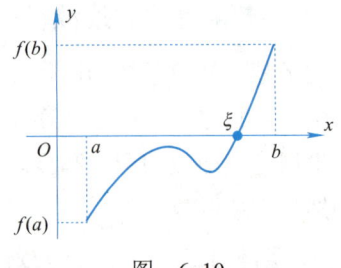

图 6-10

且 ξ 位于开区间 (a,b) 内，因而，利用这个定理可以判断方程 $f(x)=0$ 在某个开区间内的实根的存在．

例 6.4 证明方程 $x^5-4x+2=0$ 在区间 $(0,1)$ 内至少有一个实根．

证明 设 $f(x)=x^5-4x+2$，因为函数 $f(x)=x^5-4x+2$ 在闭区间 $[0,1]$ 上连续，且
$$f(0)=2>0，f(1)=-1<0，$$
由定理 6.6 知，在 $(0,1)$ 内至少存在一点 ξ，使得 $f(\xi)=0$，即
$$\xi^5-4\xi+2=0，\quad 0<\xi<1，$$
因此，方程 $x^5-4x+2=0$ 在区间 $(0,1)$ 内至少有一个实根．

练一练

拓展练习

1 证明：函数
$$f(x)=\begin{cases} x^2+1, & 0\leqslant x\leqslant 1, \\ 3x-1, & x>1 \end{cases}$$
在 $x=1$ 处连续．

2 函数
$$f(x)=\begin{cases} ae^x, & x<0, \\ a^2+x, & x\geqslant 0 \end{cases}$$
在 $x=0$ 处连续，求 a 的值．

3 指出下列函数的间断点，并讨论间断点的类型．

(1) $f(x)=x\sin\dfrac{1}{x}$；

(2) $f(x)=\begin{cases} x+1, & 0<x\leqslant 1, \\ 2-x, & 1<x\leqslant 3; \end{cases}$

(3) $f(x)=\dfrac{x^2-1}{x^2-3x+2}$；

(4) $f(x)=2^{\frac{1}{x}}+1$ ．

4 证明方程 $x^5-3x-1=0$ 在区间 $(1,2)$ 内至少有一个实根．

模块七 导数的概念

> **想一想**

刘翔，中国男子田径队110米栏运动员．他是中国体育田径史上、也是亚洲田径史上第一个集奥运会、室内室外世锦赛、国际田联大奖赛总决赛冠军和世界纪录保持者多项荣誉于一身的运动员．在2004年雅典奥运会男子110米栏决赛中，他以12秒91的成绩追平了由英国选手科林·杰克逊创造的世界纪录并夺冠．

苏炳添，中国男子短跑运动员，男子60米、100米亚洲纪录保持者，东京奥运会男子4×100米接力季军．2018年2月，苏炳添以6秒43夺得国际田联世界室内巡回赛男子60米冠军，并刷新亚洲纪录．2021年8月1日，苏炳添在东京奥运会男子100米半决赛中以9秒83刷新亚洲纪录并于同年8月6日获得东京奥运会男子百米接力铜牌．2022年3月3日，他被评为"感动中国2021年度人物"．

荣誉的背后，离不开运动员们刻苦努力的训练和科技的发展．在运动员的日常训练中，教练组经常会通过用仪器来测量运动员的助跑速度、冲刺速度等来帮助运动员提高训练质量．测量运动员在运动过程当中瞬时速度的诸多仪器的工作原理，都离不开一个核心的思路，那就是用很短时间内的平均速度来代替瞬时移动速度．

案例 7-1 已知某测速仪器在测量运动员加速冲刺过程中，测得其由A点至B点共行进了40m，该运动员3s时所在的位置为28m处，4s时刚好冲过终点．若该仪器每秒钟可以分成1000帧，分别在3.9s时到达38.9m，3.99s时到达39.889m，3.999s时到达39.9888m的位置，分别求这三个时间点到4s时运动员的平均速度．

分析 (1) 3.9s 至 4s 该运动员的平均速度

$$\overline{v_1} = \frac{\Delta s}{\Delta t} = \frac{1.1}{0.1} = 11 \text{ m/s};$$

(2) 3.99s 至 4s 该运动员的平均速度

$$\overline{v_2} = \frac{\Delta s}{\Delta t} = \frac{0.111}{0.01} = 11.1 \text{ m/s};$$

(3) 3.999s 至 4s 该运动员的平均速度

$$\overline{v}_3 = \frac{\Delta s}{\Delta t} = \frac{0.0112}{0.001} = 11.2 \text{ m/s}.$$

可以看出，仪器测量精度越高，平均速度来替代任意时刻的瞬时速度的误差越小，当精度一定时，误差取决于 Δt 的大小，Δt 越小误差越小，则当 Δt 无限趋近零时，平均速度无限接近于瞬时速度，利用极限思想，可以用式子

$$\lim_{\Delta t \to 0} \frac{\Delta s}{\Delta t}$$

来表示瞬时速度.

案例 7-2 曲线的切线及其斜率

制作圆形的餐桌玻璃．一张圆形餐桌需要加装玻璃，如图 7-1 所示．

根据餐桌的直径，工艺店的师傅就会在一块方形的玻璃上画出一个同样大的圆形，然后沿着圆形的边缘划掉多余的玻璃，最后用砂轮在边缘上不断地打磨．当玻璃的边缘非常光滑时，一个圆形的餐桌玻璃就做好了．从数学的角度讲，工艺店的师傅打磨的过程，就是在圆周上不断地做切线的过程．

图 7-1

在实际生活中，我们不仅会遇到像圆这样的封闭曲线的切线的问题(见图 7-2)，还会遇到一般的曲线确定切线的问题(见图 7-3).

图 7-2　　　　　　　　　　　图 7-3

那么对于一般曲线，切线究竟如何定义呢？我们同样以极限为工具解决这类问题.

分析 已知曲线方程为 $y = f(x)$（见图 7-4），求曲线在点 $A(x_0, f(x_0))$ 处的切线方程.

所谓曲线在某点处的切线是指：曲线在该点处割线的极限位置．如图 7-5 所示，在曲线上点 $A(x_0, f(x_0))$ 附近另取一点 B，设其坐标为 $(x_0 + \Delta x, f(x_0 + \Delta x))$，则直线 AB 称为曲线的割线，当 B 沿着曲线逐步逼近 A 时，割线 AB 的极限位置就是曲线在点 A 处的切线．要确定切线的方程，根据直线的点斜式方程的条件，关键是确定切线的斜率，而切线的斜率就是割线斜率的极限.

割线 AB 的斜率

$$k_{AB} = \frac{\Delta y}{\Delta x} = \frac{f(x_0 + \Delta x) - f(x_0)}{\Delta x},$$

当点 B 沿着曲线趋向于点 A 时，此时 $\Delta x \to 0$，则切线 AT 的斜率为

$$k = \lim_{\Delta x \to 0} k_{AB} = \lim_{\Delta x \to 0} \frac{\Delta y}{\Delta x} = \lim_{\Delta x \to 0} \frac{f(x_0 + \Delta x) - f(x_0)}{\Delta x}.$$

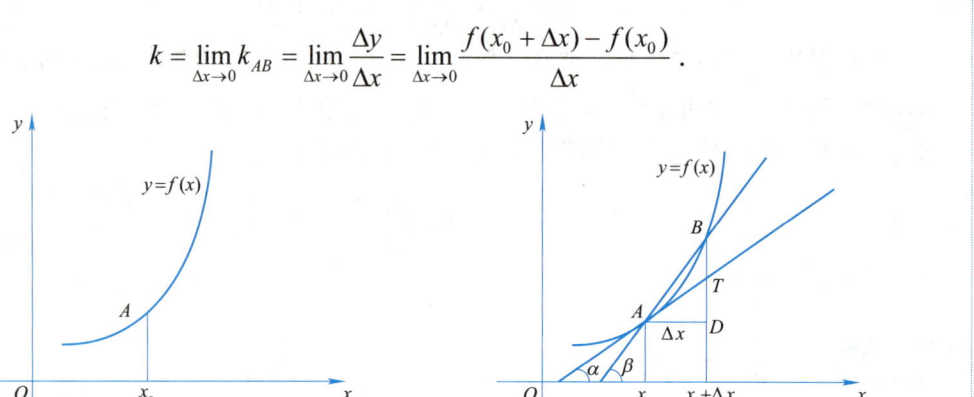

图 7-4　　　　　　　　　　图 7-5

注 7.1

切线本身是个几何问题，但在物理学中有非常重要的应用．例如在光学中，我们需要知道光线的入射角，而入射角就是光线与曲线的法线之间的夹角，法线与切线是垂直的，所以问题在于如何求出法线或切线．切线的另一个重要应用是研究物体在其运动轨迹上任一点的运动方向，即切线方向．

一、导数的定义

从以上案例我们看到了用极限方法处理非均匀变化率问题的优越性．尽管以上例子的实际意义不同，但从表达和计算来看，它们有着共同的特点：都是确定当自变量增量趋于零时，函数增量与自变量增量之比的极限：

$$\lim_{\Delta x \to 0} \frac{\Delta y}{\Delta x} = \lim_{\Delta x \to 0} \frac{f(x_0 + \Delta x) - f(x_0)}{\Delta x}.$$

这种极限在实际生活中反映的是一个变量随着另一个变量变化的**变化率问题**，而这种变化率在自然科学、工程技术、经济科学中有很多相对应的量（比如功率、反应速度、边际成本等）．正是这种共性的抽象引出了函数的导数定义．

1. 函数在一点处的导数

▸ **定义 7.1** ▸ 设函数 $y = f(x)$ 在点 x_0 的某一邻域内有定义，当自变量 x 在点 x_0 有增量 Δx（$\Delta x \neq 0, x_0 + \Delta x$ 仍在该邻域内）时，函数相对应的增量为 $\Delta y = f(x_0 + \Delta x) - f(x_0)$.

如果当 $\Delta x \to 0$ 时，极限

$$\lim_{\Delta x \to 0} \frac{\Delta y}{\Delta x} = \lim_{\Delta x \to 0} \frac{f(x_0 + \Delta x) - f(x_0)}{\Delta x}$$

存在，则称函数 $y = f(x)$ 在点 x_0 处<u>可导</u>，并称该极限值为函数 $y = f(x)$ 在点 x_0 处的<u>导数</u>，记为 $f'(x_0)$，即

$$f'(x_0) = \lim_{\Delta x \to 0} \frac{\Delta y}{\Delta x} = \lim_{\Delta x \to 0} \frac{f(x_0 + \Delta x) - f(x_0)}{\Delta x}.$$

导数也可以记为 $y'|_{x=x_0}$，$\frac{\mathrm{d}y}{\mathrm{d}x}\big|_{x=x_0}$ 或 $\frac{\mathrm{d}f}{\mathrm{d}x}\big|_{x=x_0}$.

如果当 $\Delta x \to 0$ 时，$\frac{\Delta y}{\Delta x}$ 的极限不存在，就称函数 $y = f(x)$ 在点 x_0 处不可导或导数不存在.

注7.2

(1) 函数在点 x_0 处的导数是因变量在该点处的瞬时变化率，反映了因变量随自变量变化（增大或减小）而变化的快慢程度.

(2) 令 $x = x_0 + \Delta x$，则我们可得如下导数定义的等价形式

$$f'(x_0) = \lim_{x \to x_0} \frac{f(x) - f(x_0)}{x - x_0}.$$

(3) 求导的步骤.

由导数定义知，求函数 $y = f(x)$ 在 x_0 的导数可分为以下三个步骤：

第一步，求增量：$\Delta y = f(x_0 + \Delta x) - f(x_0)$.

第二步，算比值：$\frac{\Delta y}{\Delta x} = \frac{f(x_0 + \Delta x) - f(x_0)}{\Delta x}$.

第三步，求极限：$f'(x_0) = \lim_{\Delta x \to 0} \frac{\Delta y}{\Delta x} = \lim_{\Delta x \to 0} \frac{f(x_0 + \Delta x) - f(x_0)}{\Delta x}$.

例 7.1 求函数 $f(x) = \mathrm{e}^{2x}$ 在点 $x = 0$ 处的导数.

【解】 $\Delta y = f(0 + \Delta x) - f(0) = \mathrm{e}^{2 \cdot \Delta x} - 1$，因为

$$\lim_{\Delta x \to 0} \frac{\Delta y}{\Delta x} = \lim_{\Delta x \to 0} \frac{\mathrm{e}^{2 \cdot \Delta x} - 1}{\Delta x} = 2.$$

所以 $f'(0) = 2$.

2. 左导数与右导数

函数的导数是函数增量与自变量增量的比值的极限. 由左、右极限的概念，可得：

▪ **定义 7.2** ▸ 设函数 $y = f(x)$ 在点 x_0 的某一左邻域内有定义，如果极限 $\lim_{\Delta x \to 0^-} \frac{f(x_0 + \Delta x) - f(x_0)}{\Delta x}$ 存在，则称之为<u>函数 $y = f(x)$ 在点 x_0 处的左导数</u>，记为 $f'_-(x_0)$；如

果极限 $\lim\limits_{\Delta x \to 0^+} \dfrac{f(x_0 + \Delta x) - f(x_0)}{\Delta x}$ 存在，则称之为**函数** $y = f(x)$ **在点** x_0 **处的右导数**，记为 $f'_+(x_0)$.

类似于极限存在与左右极限之间的关系，我们同样有下面的结论：

▸ **定理 7.1** ▸ 函数 $y = f(x)$ 在点 x_0 处可导的充分必要条件是 $f(x)$ 在点 x_0 处的左、右导数都存在且相等.

▸ **例 7.2** ▎讨论函数 $f(x) = |x|$（见图 7-6）在 $x = 0$ 处的可导性.

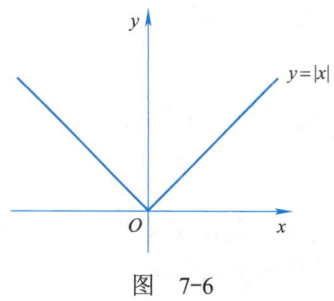

图 7-6

【解】在分段函数的分段点处讨论可导性，必须用左、右导数的概念及定理 7.1 来判断.

当 $\Delta x < 0$ 时，$f(\Delta x) = -\Delta x$，$f(0) = 0$，于是有

$$\lim_{\Delta x \to 0^-} \frac{f(0 + \Delta x) - f(0)}{\Delta x} = \lim_{\Delta x \to 0^-} \frac{-\Delta x - 0}{\Delta x} = -1 ；$$

所以 $f'_-(0) = -1$；

类似地，

$$\lim_{\Delta x \to 0^+} \frac{f(0 + \Delta x) - f(0)}{\Delta x} = \lim_{\Delta x \to 0^+} \frac{\Delta x}{\Delta x} = 1 = f'_+(0).$$

由于 $f'_-(0) \neq f'_+(0)$，故由定理 7.1 知 $f(x) = |x|$ 在 $x = 0$ 处不可导.

3. 函数在区间上可导及导函数

▸ **定义 7.3** ▸ 如果函数 $y = f(x)$ 在开区间 (a, b) 内的每一点处都可导，则称函数 $y = f(x)$ 在开区间 (a, b) 内可导. 此时，对于每一个 $x \in (a, b)$，都对应一个唯一确定的导数值 $f'(x)$，这样就在开区间 (a, b) 上构成了一个新的函数，这个新函数称为函数 $y = f(x)$ 在区间 (a, b) 内的**导函数**，记作 y'，$f'(x)$，$\dfrac{\mathrm{d}y}{\mathrm{d}x}$ 或 $\dfrac{\mathrm{d}f}{\mathrm{d}x}$. 即：

$$y' = f'(x) = \lim_{\Delta x \to 0} \frac{\Delta y}{\Delta x} = \lim_{\Delta x \to 0} \frac{f(x + \Delta x) - f(x)}{\Delta x}.$$

显然，函数 $y = f(x)$ 在点 x_0 处的导数 $f'(x_0)$ 就是导函数 $f'(x)$ 在点 $x = x_0$ 处的函数值，即：

$$f'(x_0) = f'(x)\big|_{x = x_0}.$$

因此，求函数 $f(x)$ 在点 x_0 处的导数，只需先求导函数 $f'(x)$，再把 $x = x_0$ 代入 $f'(x)$ 中

去求函数值即可．导函数也简称为导数．今后，若不特别指明求某一点处的导数，求函数的导数就是表示求函数的导函数．

我们将所有基本初等函数的导数统称为导数基本公式．导数基本公式在初等函数的求导过程中起着十分重要的作用，为了便于熟练掌握，归纳如下：

1. $(C)' = 0$；

2. $(x^\alpha)' = \alpha x^{\alpha-1}$，特别地，$(x)' = 1$；

3. $(a^x)' = a^x \cdot \ln a$ $(a>0$，且 $a \neq 1)$，特别地，$(e^x)' = e^x$；

4. $(\log_a x)' = \dfrac{1}{x \ln a}$ $(a>0$，且 $a \neq 1)$，特别地，$(\ln x)' = \dfrac{1}{x}$；

5. $(\sin x)' = \cos x$；

6. $(\cos x)' = -\sin x$；

7. $(\tan x)' = \dfrac{1}{\cos^2 x} = \sec^2 x$；

8. $(\cot x)' = -\dfrac{1}{\sin^2 x} = -\csc^2 x$；

9. $(\sec x)' = \sec x \tan x$；

10. $(\csc x)' = -\csc x \cot x$；

11. $(\arcsin x)' = \dfrac{1}{\sqrt{1-x^2}}$；

12. $(\arccos x)' = -\dfrac{1}{\sqrt{1-x^2}}$；

13. $(\arctan x)' = \dfrac{1}{1+x^2}$；

14. $(\operatorname{arccot} x)' = -\dfrac{1}{1+x^2}$．

上述基本公式，有些我们可以用导数的定义直接推导．其余的可以利用后面的法则逐步验证．重要的是熟记这些公式，会用这些基本公式求函数的导数．

二、导数的几何意义

函数 $y = f(x)$ 在点 x_0 处的导数 $f'(x_0)$，就是曲线 $y = f(x)$ 在点 $(x_0, f(x_0))$ 处的切线的斜率，即 $k = \tan \alpha = f'(x_0)$．

从而，若 $f'(x_0)$ 存在，则曲线 $y = f(x)$ 在点 $(x_0, f(x_0))$ 处的切线方程为

$$y - f(x_0) = f'(x_0)(x - x_0).$$

过切点 $(x_0, f(x_0))$ 且垂直于切线的直线叫做曲线 $y = f(x)$ 在该点处的<u>法线</u>．

显然，当 $f'(x_0)$ 存在且 $f'(x_0) \neq 0$ 时，法线方程为

$$y - f(x_0) = \dfrac{-1}{f'(x_0)}(x - x_0).$$

当 $f'(x_0) = 0$ 时，法线方程为 $x = x_0$，切线方程为 $y = y_0$．

若 $f'(x_0)$ 不存在，但 $f'(x_0) = \infty$ 时，切线方程为 $x = x_0$，法线方程为 $y = y_0$．

当 $f'(x_0)$ 不存在，且 $f'(x_0) \neq \infty$ 时，曲线 $y = f(x)$ 在点 $(x_0, f(x_0))$ 处不存在切线和法线．

例 7.3 求曲线 $f(x) = \ln x$ 在点 $(1, 0)$ 处的切线与法线方程．

【解】 曲线在点 $(1, 0)$ 处切线的斜率即为 $f(x)$ 在 $x = 1$ 处的导数 $f'(1)$．

由导数基本公式，$f'(x) = \dfrac{1}{x}$，所以

$$k = f'(1) = 1,$$

故所求切线方程为 $y - 0 = 1 \cdot (x - 1)$，即 $y = x - 1$，

法线方程为 $y - 0 = -1 \cdot (x - 1)$，即 $y = -x + 1$.

例 7.4 判断曲线 $f(x) = \sqrt{x}$ 在点 $(0，0)$ 处是否存在切线？若存在，写出切线与法线方程.

【解】由导数基本公式，$f'(x) = (\sqrt{x})' = (x^{\frac{1}{2}})' = \dfrac{1}{2\sqrt{x}}$，可见 $f'(0)$ 不存在，但 $f'(0) = \infty$，故切线存在.

切线方程为 $x = 0$；法线方程为 $y = 0$.

三、可导和连续的关系

定理 7.2 ▸ 若函数 $y = f(x)$ 在点 x_0 处可导，则函数 $f(x)$ 在 x_0 处连续.

反之，$y = f(x)$ 在点 x_0 处连续，却不一定可导.

换句话说：可导是连续的充分非必要条件；连续是可导的必要非充分条件.

例如　函数 $f(x) = |x|$，在 $x = 0$ 处连续，但在 $x = 0$ 处不可导 (详见例 7.2).

例 7.5 试确定 a, b 的值，使函数 $f(x) = \begin{cases} x^2 + a & x \geq 1 \\ bx + 1 & x < 1 \end{cases}$，在 $x = 1$ 处可导.

【解】因为 $f(x)$ 在 $x = 1$ 处可导，所以 $f(x)$ 在 $x = 1$ 处连续，从而有

$$\lim_{x \to 1^+} f(x) = \lim_{x \to 1^-} f(x) = f(1),$$

从而得到 $a = b$.

$$f_+'(1) = \lim_{x \to 1^+} \frac{f(x) - f(1)}{x - 1} = \lim_{x \to 1^+} \frac{x^2 + a - (1 + a)}{x - 1} = \lim_{x \to 1^+} (x + 1) = 2,$$

$$f_-'(1) = \lim_{x \to 1^-} \frac{f(x) - f(1)}{x - 1} = \lim_{x \to 1^-} \frac{bx + 1 - (1 + a)}{x - 1} = \lim_{x \to 1^-} \frac{bx - a}{x - 1} = \lim_{x \to 1^-} \frac{bx - b}{x - 1} = b；$$

又因为 $f(x)$ 在 $x = 1$ 处可导，所以有 $f_+'(1) = f_-'(1)$，因此 $a = b = 2$.

练一练

拓展练习

1 选择题.

(1) 已知 $f'(3) = 2$，$\lim\limits_{h \to 0} \dfrac{f(3 - h) - f(3)}{2h} = ($ 　　)；

A. $\dfrac{3}{2}$; B. $-\dfrac{3}{2}$; C. 1; D. -1.

(2) 函数 $y=f(x)$ 在点 x_0 处连续，是函数在该点可导的（   ）．

A．充分条件； B．必要条件；

C．充要条件； D．非充分条件也非必要条件．

2 解答题．

(1) 曲线 $y=\ln x$ 上哪点切线与直线 $x-2y+2=0$ 平行？

(2) 求曲线 $y=x^2$ 上垂直于直线 $y+x+3=0$ 的切线方程；

(3) 已知 $f(x)=\begin{cases} x^2, & x\geqslant 0, \\ -x^2, & x<0, \end{cases}$ 求 $f'(0)$；

(4) 已知 $f(x)=\begin{cases} x^2, & x\leqslant 1 \\ ax+b, & x>1 \end{cases}$，试确定 a,b，使 $f(x)$ 在实数域内处处可导．

模块八 导数的运算

想一想

通过模块七的学习不难发现,根据导数定义求初等函数的导数往往比较烦琐,因此,我们希望能借助一些运算法则来解决初等函数的求导问题,使求导运算变得更为简便.

案例 8-1 某电信公司想预估现有用户家庭下个月办理 4G 升级 5G 业务的数量. 一月份初,公司有 100000 个用户,平均每个用户家庭已经办理 1.2 条 5G 业务. 公司估计客户每月的增长率为 1000,通过对已有的用户进行民意调查,发现平均每个用户想要在一月再办理 0.01 条 5G 业务. 通过计算月初 5G 业务的增长,预估在一月份该公司将办理 5G 业务的数量.

分析 设 $u(t)$ 表示该公司 t 时刻的用户数量,$v(t)$ 表示 t 时刻每个用户拥有 5G 业务的数量,且月初时,$t=0$,则总的 5G 业务的数量可表示为
$$L(t) = u(t) \cdot v(t),$$
其中:$u(t)$,$v(t)$ 满足 $u(0)=100000$,$v(0)=1.2$,$u'(0)=1000$,$v'(0)=0.01$.

一月份该公司将办理 5G 业务的数量即为 $L(t)$ 在月初 $t=0$ 的导数,那么 $L(t)=u(t) \cdot v(t)$ 这类初等函数又该如何求导?

学一学

下面将介绍一系列的求导法则和方法.

一、导数的四则运算法则

▶ **定理 8.1** ▶ 设 $u=u(x)$,$v=v(x)$ 是 x 的可导函数,它们的和、差、积、商都是 x 的可导函数,且有:

(1) $(u \pm v)' = u' \pm v'$;

(2) $(u \cdot v)' = u' \cdot v + u \cdot v'$;特别地,$(c \cdot u)' = c \cdot u'$($c$ 是常数);

(3) $\left(\dfrac{u}{v}\right)' = \dfrac{u' \cdot v - u \cdot v'}{v^2}$.

注 8.1

法则 (1) 和法则 (2) 都可以推广到有限多个函数的情形. 若 $u_1, u_2, \cdots, u_n$ 均为可导函数, 则有

$$(u_1 \pm u_2 \pm \cdots \pm u_n)' = u_1' \pm u_2' \pm \cdots \pm u_n';$$

$$(u_1 u_2 \cdots u_n)' = u_1' u_2 \cdots u_n + u_1 u_2' \cdots u_n + \cdots + u_1 \cdot u_2 \cdots u_n'.$$

以上三个法则都可以用导数的定义和极限的运算法则来证明 (读者自证).

例 8.1 设 $f(x) = x^3 + 2\sqrt{x} + \dfrac{1}{x} + \cos 3$，求 $f'(x)$，$f'(1)$.

【解】 $f'(x) = (x^3)' + 2(\sqrt{x})' + \left(\dfrac{1}{x}\right)' + (\cos 3)' = 3x^2 + \dfrac{1}{\sqrt{x}} - \dfrac{1}{x^2}$;

$f'(1) = f'(x)\big|_{x=1} = 3 + 1 - 1 = 3$.

例 8.2 设 $f(x) = (1 - 3x^2)\mathrm{e}^x$，求 $f'(x)$.

【解】 $f'(x) = (1 - 3x^2)'\mathrm{e}^x + (1 - 3x^2)(\mathrm{e}^x)' = -6x\mathrm{e}^x + (1 - 3x^2)\mathrm{e}^x = (1 - 6x - 3x^2)\mathrm{e}^x$.

例 8.3 设 $f(x) = x \ln x \tan x$，求 $f'(x)$.

【解】 $f'(x) = (x)' \ln x \tan x + x(\ln x)' \tan x + x \ln x (\tan x)'$

$= \ln x \tan x + x \dfrac{1}{x} \tan x + x \ln x \sec^2 x$

$= \ln x \tan x + \tan x + x \ln x \sec^2 x$.

例 8.4 设 $y = \dfrac{\sin x}{1 + \cos x}$，求 y'.

【解】 $y' = \left(\dfrac{\sin x}{1 + \cos x}\right)' = \dfrac{(\sin x)'(1 + \cos x) - \sin x(1 + \cos x)'}{(1 + \cos x)^2}$

$= \dfrac{\cos x(1 + \cos x) - \sin x(-\sin x)}{(1 + \cos x)^2}$

$= \dfrac{1}{1 + \cos x}$.

▶ **案例 8-1 的求解**

【解】设 $u(t)$ 表示该公司的用户数量，$v(t)$ 表示 t 时刻每个用户拥有 5G 业务的数量，且月初时，$t = 0$，则总的 5G 业务的数量可表示为

$$L(t) = u(t) \cdot v(t),$$

其中：$u(t)$、$v(t)$ 满足 $u(0) = 100000$，$v(0) = 1.2$，$u'(0) = 1000$，$v'(0) = 0.01$.

$$L'(t) = [u(t) \cdot v(t)]' = u'(t) \cdot v(t) + u(t) \cdot v'(t),$$

$$L'(0) = u'(0) \cdot v(0) + u(0) \cdot v'(0) = 2200,$$

因此，在一月份该公司将办理 2200 条 5G 业务.

二、复合函数的求导法则

在前面，我们应用导数的四则运算法则和导数基本公式求出了一些比较复杂的函数的导数. 但是，对于复合函数，如 $y = \tan x^2$、$y = \ln \sin x$ 等，仅用前面的公式与法则是不够的. 因此，对于复合函数，需要建立新的法则.

定理 8.2 设函数 $u = \varphi(x)$ 在 x 处可导，函数 $y = f(u)$ 在点 x 的对应点 u 处也可导，则复合函数 $y = f(\varphi(x))$ 在点 x 处可导，且

$$y'_x = y'_u \cdot u'_x \quad \text{或} \quad \frac{dy}{dx} = \frac{dy}{du} \cdot \frac{du}{dx}.$$

例 8.5 求 $y = \sin x^2$ 的导数.

【解】令 $y = \sin u, u = x^2$，则 $y'_x = y'_u \cdot u'_x = \cos u \cdot 2x = 2x \cos x^2$.

注 8.2 这个法则可以推广到两个及以上的中间变量的情形.

如：$y = y(u)$，$u = u(v)$，$v = v(x)$，且在各对应点处的导数存在，则

$$y'_x = y'_u \cdot u'_v \cdot v'_x \quad \text{或} \quad \frac{dy}{dx} = \frac{dy}{du} \cdot \frac{du}{dv} \cdot \frac{dv}{dx}.$$

通常称这个公式为复合函数求导的链式法则.

从上述法则可以看出：求复合函数的导数，关键是搞清复合函数的复合结构，对复合函数准确分解. 因此，先分解复合过程，再逐项求导是复合函数求导的要领.

遇到多层复合的情形，只要按照前面的方法逐层分解、逐步求导，就可求出对自变量的导数. 当然，对复合函数求导熟练之后，可省略设中间变量的步骤，直接求导.

例 8.6 求函数 $y = e^{\arctan \sqrt{x}}$ 的导数.

【解】$y' = e^{\arctan \sqrt{x}} \cdot (\arctan \sqrt{x})' = e^{\arctan \sqrt{x}} \cdot \dfrac{1}{1+(\sqrt{x})^2} \cdot (\sqrt{x})' = e^{\arctan \sqrt{x}} \cdot \dfrac{1}{2\sqrt{x}+2x\sqrt{x}}.$

例 8.7 求 $y = \ln(x + \sqrt{x^2+1})$ 的导数.

【解】$y' = \dfrac{1}{x+\sqrt{x^2+1}} \cdot (x+\sqrt{1+x^2})' = \dfrac{1}{x+\sqrt{x^2+1}} \cdot [1+(\sqrt{1+x^2})']$

$= \dfrac{1}{x+\sqrt{x^2+1}} \cdot \left[1 + \dfrac{1}{2\sqrt{x^2+1}} \cdot (x^2+1)'\right] = \dfrac{1}{x+\sqrt{x^2+1}} \cdot \left(1 + \dfrac{x}{\sqrt{x^2+1}}\right)$

$= \dfrac{1}{\sqrt{x^2+1}}.$

例 8.8 设 $f(x)$ 是可导的非零函数，$y=\ln|f(x)|$，求 y'.

【解】当 $f(x)>0$ 时，$y=\ln f(x)$，根据复合函数求导公式，有

$$y'=\frac{1}{f(x)}\cdot f'(x);$$

当 $f(x)<0$ 时，$y=\ln(-f(x))$，于是

$$y'=[\ln(-f(x))]'=\frac{1}{-f(x)}\cdot[-f(x)]'=\frac{1}{f(x)}\cdot f'(x).$$

综上所述：$[\ln|f(x)|]'=\dfrac{f'(x)}{f(x)}$.

三、隐函数的求导法则

■ **定义** ▶ 如果变量 x 和 y 满足方程 $F(x,y)=0$，且当 x 取某区间内任意一数时，总有满足该方程的唯一 y 存在，那么就称方程 $F(x,y)=0$ 在该区间内确定了一个隐函数.

对于这类函数的导数问题，下面我们通过例题探讨其解法.

例 8.9 求由方程 $e^y+xy-e^x=0$ 所确定的隐函数 $y=f(x)$ 的导数.

【解】在等式的两边同时对 x 求导. 将 y 看成是 x 的函数 $y=f(x)$，所以 e^y 是 x 的复合函数. 于是得

$$e^y\cdot y'+y+x\cdot y'-e^x=0,$$

解得

$$y'=\frac{e^x-y}{x+e^y}.$$

其中 y 是 x 的函数.

上述过程可归纳成二步：

第一步：方程 $F(x,y)=0$ 两边同时对 x 求导，过程中将 y 看成 x 的函数；

第二步：从等式中解出 y'.

例 8.10 求曲线 $x^3+y^3=6xy$ 在点 $(3,3)$ 处的切线方程.

【解】方程两边分别对 x 求导，得

$$3x^2+3y^2\cdot y'=6y+6xy',$$

从而有

$$y'=\frac{2y-x^2}{y^2-2x}.$$

所以曲线在点 $(3,3)$ 处的切线的斜率为 $k=y'\Big|_{\substack{x=3\\y=3}}=-1$，故所求切线方程为 $y-3=-(x-3)$，即 $y=-x+6$.

四、对数求导法

对一些特殊的函数求导，如幂指函数 $y=[f(x)]^{\varphi(x)}$ $(f(x)\neq 0)$ 等，可采取两边先取对数，然后用隐函数求导的方法求得 y'，这种方法称为对数求导法.

例 8.11 利用对数求导法求函数 $y=x^{\sin x}(x>0)$ 的导数.

【解】 对 $y=x^{\sin x}$ 两边同时取对数，得 $\ln y=\sin x\ln x$，两边分别对 x 求导，得

$$\frac{1}{y}\cdot y'=\cos x\cdot\ln x+\sin x\cdot\frac{1}{x},$$

即：

$$y'=y\left(\cos x\cdot\ln x+\frac{\sin x}{x}\right)=x^{\sin x}\left(\cos x\cdot\ln x+\frac{\sin x}{x}\right).$$

注 8.3

本题也可用下面的方法求导：因为 $y=x^{\sin x}=e^{\sin x\ln x}$，根据复合函数的求导法则：

$$y'=(x^{\sin x})'=(e^{\sin x\ln x})'=(e^{\sin x\ln x})(\sin x\ln x)'$$

$$=e^{\sin x\ln x}\left(\cos x\cdot\ln x+\frac{\sin x}{x}\right)=x^{\sin x}\left(\cos x\cdot\ln x+\frac{\sin x}{x}\right).$$

这种方法的基本思想仍然是化幂为积，但可以避免涉及隐函数.

例 8.12 设 $y=\sqrt{\dfrac{x(x+1)}{(x-3)}}(x>3)$，求 y'.

【解】 在等式两边取对数，得

$$\ln y=\frac{1}{2}[\ln x+\ln(x+1)-\ln(x-3)],$$

方程两边同时对 x 求导，得

$$\frac{1}{y}\cdot y'=\frac{1}{2}\left(\frac{1}{x}+\frac{1}{x+1}-\frac{1}{x-3}\right),$$

即

$$y'=\frac{y}{2}\left(\frac{1}{x}+\frac{1}{x+1}-\frac{1}{x-3}\right)=\frac{1}{2}\sqrt{\frac{x(x+1)}{(x-3)}}\left(\frac{1}{x}+\frac{1}{x+1}-\frac{1}{x-3}\right).$$

五、参数方程所确定函数的导数

在平面解析几何中，我们学过曲线的参数式方程. 它的一般形式为

$$\begin{cases}x=\varphi(t)\\y=\psi(t)\end{cases}\quad（t\text{ 为参数}).$$

当 $\varphi'(t)$、$\psi'(t)$ 都存在，且 $\varphi'(t)\neq 0$ 时，可以证明由参数方程所确定的函数 $y=f(x)$ 的导数为 $y'=\dfrac{dy}{dx}=\dfrac{y'_t}{x'_t}$.

这就是由参数方程所确定的函数 y 对 x 的求导公式. 求出的导数结果一

一般是关于参数 t 的解析式.

例 8.13 求由 $\begin{cases} x = \ln(1+t^2) \\ y = t - \arctan t \end{cases}$ 所确定的函数 $y = f(x)$ 的导数 y'.

【解】已知 $x = \ln(1+t^2)$，则 $x_t' = \dfrac{2t}{1+t^2}$；$y = t - \arctan t$，则 $y_t' = 1 - \dfrac{1}{1+t^2} = \dfrac{t^2}{1+t^2}$.

所以
$$y' = \frac{y_t'}{x_t'} = \frac{\dfrac{t^2}{1+t^2}}{\dfrac{2t}{1+t^2}} = \frac{t}{2}.$$

例 8.14 求椭圆 $\begin{cases} x = 2\cos t \\ y = 3\sin t \end{cases}$ ($0 \leqslant t \leqslant 2\pi$) 在 $t = \dfrac{\pi}{4}$ 相应的点处的切线和法线方程.

【解】当 $t = \dfrac{\pi}{4}$ 时，椭圆上点 M_0 处的坐标 (x_0, y_0) 为
$$x_0 = 2\cos\frac{\pi}{4} = \sqrt{2},\ y_0 = 3\sin\frac{\pi}{4} = \frac{3\sqrt{2}}{2},$$
曲线在点 M_0 处切线的斜率为
$$\frac{dy}{dx} = \frac{(3\sin t)'}{(2\cos t)'}\bigg|_{t=\frac{\pi}{4}} = \frac{3\cos t}{-2\sin t}\bigg|_{t=\frac{\pi}{4}} = -\frac{3}{2},$$
因此，椭圆上点 M_0 处的切线方程为
$$y - \frac{3\sqrt{2}}{2} = -\frac{3}{2}(x - \sqrt{2}),$$
即
$$3x + 2y - 6\sqrt{2} = 0,$$
法线方程为
$$4x - 6y + 5\sqrt{2} = 0.$$

练一练

拓展练习

1 求函数 $y = x^5 + 3\sin x$ 在点 $x = \dfrac{\pi}{2}$ 处的导数值.

2 求下列函数的导数.

(1) $y = \sqrt[3]{x} \cdot x - \dfrac{1}{x^2} + \sin\dfrac{\pi}{3}$；

(2) $y = x \cdot \sin x \cdot \ln x$；

(3) $y = \dfrac{x}{1-\cos x}$；

(4) $y = \dfrac{x^3-1}{x-1}$.

❸ 求下列函数的导数.

(1) $y = e^{-x} \cos 2x$；   (2) $y = \tan(3x + \ln x)$；

(3) $y = \sin(\sqrt{x} + 1)$；   (4) $y = \arcsin\sqrt{1-x^2}$.

❹ 求由下列方程确定的隐函数 $y = f(x)$ 的导数或在指定点的导数值.

(1) $y - \cos(2x - y) = 0$；

(2) 设 $y = f(x)$ 由方程 $e^{xy} + y^3 - 5x = 0$ 所确定，求 $\dfrac{dy}{dx}\bigg|_{x=0}$.

❺ 用对数求导法求下列函数的导数.

(1) $y = \left(1 + \dfrac{1}{x}\right)^x$；   (2) $y = \sqrt{\dfrac{(x-2)(x+3)}{x+1}}$ $(x > 2)$.

❻ 已知曲线的方程为 $ye^x + \ln y = 1$，求该曲线在 $(0,1)$ 处的切线方程.

❼ 已知曲线的参数方程为 $\begin{cases} x = 2e^t \\ y = 3e^{-t} \end{cases}$，求该曲线在 $t = 0$ 处的切线方程.

模块九 高阶导数

想一想

在实际问题中常常遇到要求对函数 $y=f(x)$ 的导数 $f'(x)$ 再求导的问题.

案例 9-1 某高铁从出站到加速到最高时速过程中做直线运动,期间运动方程为

$$s(t)=\frac{1}{3}t^3+t,$$

求该高铁的加速度函数 $a(t)$ 及在 2s 时的加速度.

分析 由导数的定义,做变速直线运动的物体,加速度是速度关于时间的变化率,即

$$a(t)=\lim_{\Delta t\to 0}\frac{\Delta v}{\Delta t}=v'(t);$$

速度是运动方程关于时间的变化率,即

$$v(t)=\lim_{\Delta t\to 0}\frac{\Delta s}{\Delta t}=s'(t);$$

从而有

$$a(t)=\lim_{\Delta t\to 0}\frac{\Delta v}{\Delta t}=v'(t)=[s'(t)]',$$

所以加速度 $a(t)$ 可以通过对运动方程 $s(t)$ 连续两次求导求得.

学一学

一般地,我们给出高阶导数的概念.

一、高阶导数的概念

■ **定义** ▶设函数 $y=f(x)$ 存在导函数 $f'(x)$,若导函数 $f'(x)$ 的导数 $[f'(x)]'$ 存在,

则称 $[f'(x)]'$ 为 $y = f(x)$ 的二阶导数，记作 y''、$f''(x)$、$\dfrac{d^2 y}{dx^2}$ 或 $\dfrac{d^2 f}{dx^2}$，即

$$y'' = (y')' = \dfrac{d}{dx}\left(\dfrac{dy}{dx}\right) = \dfrac{d^2 y}{dx^2}.$$

若二阶导函数 $f''(x)$ 的导数存在，则称 $f''(x)$ 的导数 $[f''(x)]'$ 为 $y = f(x)$ 的三阶导数，记作 y''' 或 $f'''(x)$。

一般地，若 $y = f(x)$ 的 $n-1$ 阶导函数存在导数，则称 $n-1$ 阶导函数的导数为 $y = f(x)$ 的 n 阶导数，记作 $y^{(n)}$、$f^{(n)}(x)$、$\dfrac{d^n y}{dx^n}$ 或 $\dfrac{d^n f}{dx^n}$。

因此，函数 $y = f(x)$ 的 n 阶导数可由函数 $f(x)$ 连续依次对 x 求 n 次导数得到。

函数的二阶及其二阶以上的导数统称为函数的高阶导数。函数 $f(x)$ 的 n 阶导数在 x_0 处的函数值，记作 $y^{(n)}(x_0)$、$f^{(n)}(x_0)$ 或 $\dfrac{d^n y}{dx^n}\Big|_{x=x_0}$。

例 9.1 设 $y = \sin^2 x + 3\ln x$，求 y''，$y''(1)$。

【解】 $y' = 2\sin x \cdot \cos x + \dfrac{3}{x} = \sin 2x + \dfrac{3}{x}$，

$y'' = (y')' = \cos 2x \cdot 2 - \dfrac{3}{x^2} = 2\cos 2x - \dfrac{3}{x^2}$，

$y''(1) = 2\cos 2 - 3$。

▶ **案例 9-1 的求解**

【解】 $s'(t) = \left(\dfrac{1}{3}t^3 + t\right)' = t^2 + 1$；

$a(t) = s''(t) = (t^2 + 1)' = 2t$；

$a(2) = [2t]_{t=2} = 4 \text{m/s}^2$，

所以高铁的加速度函数 $a(t) = 2t$，在 2s 时的加速度为 4m/s^2。

例 9.2 求函数 $f(x) = xe^x$ 的 n 阶导数。

【解】 $f'(x) = e^x + xe^x = (1+x)e^x$，

$f''(x) = e^x + (1+x)e^x = (2+x)e^x$，

$f'''(x) = e^x + (2+x)e^x = (3+x)e^x$，

$\vdots$

$f^{(n)}(x) = (n+x)e^x$。

二、隐函数及参数方程确定的函数的二阶导数

对于隐函数及参数方程确定的函数，我们也可以求它们的高阶导数。下面通过例子演示。

例 9.3 设函数 $y = f(x)$ 是由方程 $y - xe^y = 1$ 所确定，求 $\dfrac{d^2 y}{dx^2}\Big|_{x=0}$。

【解】当 $x=0$ 时，代入方程 $y - xe^y = 1$，求得 $y=1$；方程两边关于 x 求导，得

$$y' - e^y - xe^y y' = 0, \quad (9\text{-}1)$$

将 $x=0$，$y=1$ 代入式 (9-1)，则可得 $y'|_{x=0} = e$.

再对式 (9-1) 两边关于 x 求导，得

$$y'' - e^y \cdot y' - e^y y' - x \cdot e^y \cdot (y')^2 - x \cdot e^y \cdot y'' = 0, \quad (9\text{-}2)$$

将 $x=0$，$y=1$，$y'=e$ 代入式 (9-2)，可求得 $\dfrac{d^2 y}{dx^2}\Big|_{x=0} = 2e^2$.

例 9.4 求方程 $\begin{cases} x = \ln(1+t^2) \\ y = t - \arctan t \end{cases}$，所确定的函数 $y = f(x)$ 的导数 y''.

【解】由模块八，$y' = \dfrac{y'_t}{x'_t} = \dfrac{t}{2}$，可见 y' 仍为 t 的函数，所以 y'' 可视为参数方程 $\begin{cases} x = \ln(1+t^2), \\ y' = \dfrac{t}{2} \end{cases}$ 确定的函数的导数，从而可得 $y'' = \dfrac{\dfrac{dy'}{dt}}{x'_t} = \dfrac{\dfrac{1}{2}}{\dfrac{2t}{1+t^2}} = \dfrac{1+t^2}{4t}$.

练一练

拓展练习

① 已知 $y = 1 + 2x - 3x^2$，求 y''，y'''.

② 求函数 $f(x) = e^{2x}$ 的 n 阶导数.

③ 设函数 $y = y(x)$ 由方程 $e^x - e^y = xy$ 所确定，求 $\dfrac{dy}{dx}\Big|_{x=0}$，$\dfrac{d^2 y}{dx^2}\Big|_{x=0}$.

④ 已知 $\begin{cases} x = 1+t^2 \\ y = 1+t^3 \end{cases}$，求 $\dfrac{d^2 y}{dx^2}$.

模块十 微 分

想一想

前面的模块中我们学习了导数,所谓的导数就是函数增量 Δy 与自变量增量 Δx 比值当 $\Delta x \to 0$ 时的极限,反映了函数相对于自变量变化的快慢的程度.然而在许多情况下,需要考查和估算函数的增量,特别是当自变量的增量 Δx 很小时.如卡尺测量正方形金属薄片的边长时,要估算由测量边长的误差所导致的面积误差.

案例 10-1 一块正方形金属薄片受温度变化的影响,发生热胀冷缩现象,其边长由 x_0 变到了 $x_0 + \Delta x$,则此薄片的面积改变了多少?如何近似表示它?

分析 设该薄片的面积为函数 $A(x)$,则当金属薄片的边长为 x_0 时,面积为 $A(x_0) = x_0^2$.

如图 10-1 所示,薄片受温度变化的影响,面积的增量是自变量从 x_0 变到 $x_0 + \Delta x$ 时,面积函数 $A(x)$ 的增量,即

$$\Delta A = (x_0 + \Delta x)^2 - x_0^2 = 2x_0 \cdot \Delta x + (\Delta x)^2,$$

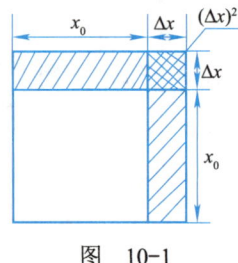

图 10-1

它由两部分构成:第一部分 $2x_0 \cdot \Delta x$ 是 Δx 的线性函数(即是 Δx 的一次函数);第二部分 $(\Delta x)^2$,它是比 Δx 高阶的无穷小,因此,当 $|\Delta x|$ 很小时,$(\Delta x)^2$ 可忽略不计,在计算增量时,可以只留下 ΔA 的主要部分,则有

$$\Delta A \approx 2x_0 \cdot \Delta x,$$

其中,$2x_0 \cdot \Delta x$ 是 Δx 的线性函数.

学一学

对于一般函数，函数的增量是否也能用 Δx 的线性函数来近似表示呢？这就是下面要研究的微分．

一、微分

1. 微分的概念

我们先定义函数在一点处的微分．

▶ **定义 10.1** ▶ 设函数 $y = f(x)$ 在点 x_0 的某一邻域内有定义，当自变量 x 在点 x_0 有增量 Δx（$\Delta x \neq 0$，$x_0 + \Delta x$ 仍在该邻域内）时，若函数相对应的增量 $\Delta y = f(x_0 + \Delta x) - f(x_0)$ 可以表示为

$$\Delta y = A \cdot \Delta x + o(\Delta x)$$

其中 $A \cdot \Delta x$ 是 Δx 的线性函数（A 是与 Δx 无关、与 x_0 有关的常数），$o(\Delta x)$ 是一个比 Δx 高阶的无穷小，则称函数 $y = f(x)$ 在点 x_0 处**可微**，且称 $A \cdot \Delta x$ 为**函数 $f(x)$ 在点 x_0 处相对于自变量增量 Δx 的微分**，记作 $\mathrm{d}y \big|_{x=x_0}$．即

$$\mathrm{d}y \big|_{x=x_0} = A \cdot \Delta x .$$

注

当 $|\Delta x|$ 很小时，可以用微分 $\mathrm{d}y \big|_{x=x_0}$ 作为增量 Δy 的近似值．即

$$\Delta y \approx \mathrm{d}y \big|_{x=x_0} .$$

案例 10-1 中，面积函数 $A(x)$ 在点 x_0 处可微，$2x_0 \cdot \Delta x$ 就是面积函数在点 x_0 处的微分，即

$$\mathrm{d}A = 2x_0 \cdot \Delta x .$$

▶ **例 10.1** ▶ 判断函数 $y = x^3$ 在 $x = 2$ 处是否可微？若可微，计算其在 $x = 2$ 处的微分．

【解】因为 $\Delta y = (2 + \Delta x)^3 - 2^3 = 2^3 + 12\Delta x + 6(\Delta x)^2 + (\Delta x)^3 - 2^3 = 12\Delta x + 6(\Delta x)^2 + (\Delta x)^3$，

其中 $12\Delta x$ 是 Δx 的线性函数，而 $\lim\limits_{\Delta x \to 0} \dfrac{6(\Delta x)^2 + (\Delta x)^3}{\Delta x} = 0$，所以 $6(\Delta x)^2 + (\Delta x)^3 = o(\Delta x)$，故由可微的定义可知：函数 $y = x^3$ 在 $x = 2$ 处可微，且在 $x = 2$ 处的微分为

$$\mathrm{d}y \big|_{x=2} = 12\Delta x .$$

从上述例题我们可以看出：要判断一函数在某点是否可微，要先计算 Δy，再判断其是否可以写成 $A \cdot \Delta x$ 与 Δx 的高阶无穷小之和的形式．而这种判断方法比较麻烦．下面讨论可

微的条件.

2. 可微的充分必要条件

案例 10-1 中，正方形金属薄片面积函数 $A(x)=x^2$，在点 x_0 处的微分 $dA=2x_0\cdot\Delta x$，$A'(x_0)=2x_0$，在例 10.1 中，$dy|_{x=2}=12\Delta x$，$y'(2)=3x^2|_{x=2}=12$. 那么对于一般的函数 $y=f(x)$，是否也有 $dy|_{x=x_0}=f'(x_0)\cdot\Delta x$ 成立呢？

★ **定理** ▶ 函数 $y=f(x)$ 在点 x_0 处可微的充分必要条件是函数 $y=f(x)$ 在点 x_0 处可导，且有 $dy|_{x=x_0}=f'(x_0)\cdot\Delta x$.

有了上述定理，我们再判断函数在某点的可微性，可以通过函数在该点是否可导来判断，且同样可以通过求导数来求微分.

3. 可微函数的概念

★ **定义 10.2** ▶ 如果函数 $y=f(x)$ 在某区间 I 内每一点处都可微，则称函数在该区间 I 内可微，函数 $y=f(x)$ 是区间 I 内的**可微函数**.

函数 $y=f(x)$ 在任意点 x 的微分，称为函数的微分，记作 dy 或 $df(x)$，显然

$$dy=f'(x)\cdot\Delta x.$$

特别地，当 $y=x$ 时，$dy=dx=\Delta x$，所以通常把自变量的增量 Δx 称为自变量的微分 dx，于是函数 $y=f(x)$ 的微分又可记作：

$$dy=f'(x)dx.$$

由上式得 $f'(x)=\dfrac{dy}{dx}$，即 $f'(x)$ 可表示为函数的微分 dy 与自变量的微分 dx 的商，故导数也称为微商.

例 10.2 求函数 $y=\sin(2x+e^{-x})$ 的微分.

【解】$y'=[\sin(2x+e^{-x})]'=(2-e^{-x})\cos(2x+e^{-x})$，所以有

$$dy=y'dx=(2-e^{-x})\cos(2x+e^{-x})dx.$$

4. 微分的几何意义

为了对函数的微分有一个比较直观的理解，下面来看微分的几何意义.

设函数 $y=f(x)$ 的图像如图 10-2 所示，点 $M(x_0,y_0)$，$N(x_0+\Delta x,y_0+\Delta y)$ 在曲线上. 过 M，N 分别作 x，y 轴的平行线，相交于点 Q. 则有：$MQ=\Delta x$，$QN=\Delta y$. 过点 M 再作曲线的切线 MT，设其倾斜角为 α，交 QN 于点 P，则有 $QP=MQ\cdot\tan\alpha=\Delta x\cdot f'(x_0)=dy$.

因此，函数 $y=f(x)$ 在点 x_0 处的微分 dy，在几何上表示为点 $M(x_0,y_0)$ 处切线的纵坐标的增量.

从图 10-2 中还可以看出：当 $|\Delta x|$ 很小时，用 $\mathrm{d}y$ 近似代替 Δy，就是以 QP 近似代替 QN，误差为

$$|\Delta y - \mathrm{d}y| = PN \to 0 (\Delta x \to 0).$$

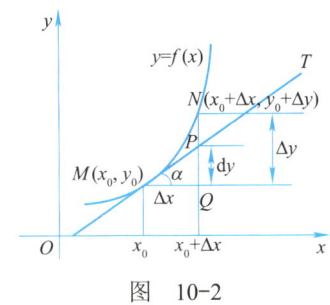

图 10-2

由此可见：在 M 点附近可用 M 点处的切线来近似代替曲线本身，这就是以"直"代"曲"的微分的基本思想.

设函数 $y = f(x)$ 在 x_0 处可导，则其在 x_0 处的切线方程为

$$\bar{y} = f'(x_0)(x - x_0) + f(x_0).$$

因为当 $x \to x_0$ 时，有 $y \approx \bar{y}$，所以

$$f(x) \approx f'(x_0)(x - x_0) + f(x_0).$$

这就是我们对函数值进行近似计算的基础.

二、微分的基本公式与运算法则

根据微分和导数的关系式 $\mathrm{d}y = f'(x)\mathrm{d}x$，求函数 $y = f(x)$ 的微分只要求出导数，再乘以自变量的微分 $\mathrm{d}x$ 就行了. 所以由导数的基本公式和运算法则，就可以直接得到微分的基本公式与运算法则.

1. 微分的基本公式

(1) $\mathrm{d}(C) = 0 \cdot \mathrm{d}x = 0$；　　　　　　(2) $\mathrm{d}(x^\alpha) = \alpha x^{\alpha-1}\mathrm{d}x$；

(3) $\mathrm{d}(a^x) = a^x \ln a \mathrm{d}x$；特别地 $\mathrm{d}(\mathrm{e}^x) = \mathrm{e}^x \mathrm{d}x$；

(4) $\mathrm{d}(\log_a x) = \dfrac{1}{x \ln a}\mathrm{d}x$；特别地 $\mathrm{d}(\ln x) = \dfrac{1}{x}\mathrm{d}x$；

(5) $\mathrm{d}(\sin x) = \cos x \mathrm{d}x$；　　　　　(6) $\mathrm{d}(\cos x) = -\sin x \mathrm{d}x$；

(7) $\mathrm{d}(\tan x) = \sec^2 x \mathrm{d}x$；　　　　　(8) $\mathrm{d}(\cot x) = -\csc^2 x \mathrm{d}x$；

(9) $\mathrm{d}(\sec x) = \sec x \cdot \tan x \mathrm{d}x$；　　(10) $\mathrm{d}(\csc x) = -\csc x \cdot \cot x \mathrm{d}x$；

(11) $\mathrm{d}(\arcsin x) = \dfrac{1}{\sqrt{1-x^2}}\mathrm{d}x$；　(12) $\mathrm{d}(\arccos x) = -\dfrac{1}{\sqrt{1-x^2}}\mathrm{d}x$；

(13) $\mathrm{d}(\arctan x) = \dfrac{1}{1+x^2}\mathrm{d}x$；　　(14) $\mathrm{d}(\mathrm{arccot}\, x) = -\dfrac{1}{1+x^2}\mathrm{d}x$.

2. 微分的四则运算法则

(1) $d(u \pm v) = du \pm dv$；

(2) $d(u \cdot v) = vdu + udv$，特别地 $d(Cu) = Cdu$（C 为常数）；

(3) $d\left(\dfrac{u}{v}\right) = \dfrac{vdu - udv}{v^2}$（$v \neq 0$）.

3. 复合函数的微分法则

设 $y = f(u)$，$u = \varphi(x)$，则复合函数 $y = f[\varphi(x)]$ 的微分可表示为

$$dy = y'_x dx = f'(u) \cdot \varphi'(x)dx = f'(u)du.$$

最后得到的结果与 u 是自变量的形式相同．这说明对于函数 $y = f(u)$，不论 u 是自变量还是中间变量，y 的微分都有 $f'(u)du$ 的形式．这个性质称为**微分形式的不变性**．

例 10.3 已知函数 $y = e^x \sin x$，求 dy.

【解】 $dy = d(e^x \sin x) = \sin x d(e^x) + e^x d(\sin x)$

$\qquad = \sin x \cdot (e^x) dx + e^x \cos x dx$

$\qquad = e^x (\cos x + \sin x) dx$.

例 10.4 求 $y = \ln(1 + x^2)$ 的微分.

【解】 $dy = d(\ln(1 + x^2))$

$\qquad = \dfrac{1}{1 + x^2} d(1 + x^2)$

$\qquad = \dfrac{2x}{1 + x^2} dx$.

例 10.5 在等式左端的括号中填入适当的函数，使等式成立.

(1) $d(\ ) = x^2 dx$；   (2) $d(\ ) = \cos 2x dx$.

【解】(1) 因为 $d(x^3) = 3x^2 dx$，于是 $x^2 dx = \dfrac{1}{3} d(x^3) = d\left(\dfrac{x^3}{3}\right)$，所以

$$d\left(\dfrac{x^3}{3} + C\right) = x^2 dx.$$

(2) 因为 $d(\sin 2x) = 2\cos 2x dx$，于是 $\cos 2x dx = \dfrac{1}{2} d(\sin 2x) = d\left(\dfrac{1}{2} \sin 2x\right)$，所以

$$d\left(\dfrac{1}{2} \sin 2x + C\right) = \cos 2x dx.$$

三、微分在近似计算上的应用

微分的本质就是局部用线性函数代替非线性函数,这一思想在实际问题中有许多重要的应用.

例 10.6 计算 $\sin 29°$ 的近似值(精确到第 4 位小数).

【解】 设 $f(x)=\sin x$,取 $x_0=30°=\dfrac{\pi}{6}\text{rad}$,则 $x-x_0=29°-30°=-1°=-\dfrac{\pi}{180}\text{rad}$;又因为 $f'(x)=\cos x$,所以由式 $f(x)\approx f'(x_0)(x-x_0)+f(x_0)$,得:

$$\sin 29°\approx f\left(\dfrac{\pi}{6}\right)+f'\left(\dfrac{\pi}{6}\right)\left(-\dfrac{\pi}{180}\right)=\dfrac{1}{2}+\dfrac{\sqrt{3}}{2}\times\left(-\dfrac{\pi}{180}\right)\approx 0.4849.$$

例 10.7 某工厂生产某种产品,根据销售分析,得出利润 L 元与日产量 Q (t) 的关系为 $L(Q)=120Q+\sqrt{Q}-1350$. 若日产量由 25t 增加到 25.05t,求利润增加的近似值.

【解】 由题意知,日产量 Q 由 25t 增加到 25.05t,利润 L 增加了 ΔL,则

$$\Delta L\approx L'(Q)\cdot\Delta Q=\left(120+\dfrac{1}{2\sqrt{Q}}\right)\cdot\Delta Q,$$

当 $Q=25$,$\Delta Q=0.05$ 时,$\Delta L\approx\left(120+\dfrac{1}{2\sqrt{25}}\right)\times 0.05=6.005$(元). 即日产量由 25t 增加到 25.05t 时,利润增加约 6 元.

练一练

拓展练习

❶ 设 $f(x)=\ln(1+x)$,求 $\mathrm{d}f(x)\Big|_{\substack{x=1\\ \Delta x=0.01}}$.

❷ 求下列函数的微分.

(1) $y=x^2\mathrm{e}^x$; (2) $y=\sqrt{1-x^2}$.

❸ 在下列括号内填入适当的函数,使等式成立.

(1) $\mathrm{d}(\sin^2 x)=(\quad)\mathrm{d}\sin x$; (2) $\dfrac{1}{1+4x^2}\mathrm{d}x=(\quad)\mathrm{d}(\arctan 2x)$.

❹ 利用微分计算 $\arctan 1.02$ 的近似值(精确到三位有效数字).

模块十一 微分中值定理

想一想

微分中值定理是导数应用的理论基础,在理论和应用中都有重要的作用.本模块将给出罗尔定理和拉格朗日中值定理,为后面进一步利用导数研究函数与曲线的性态和解决一些实际的问题奠定理论基础.

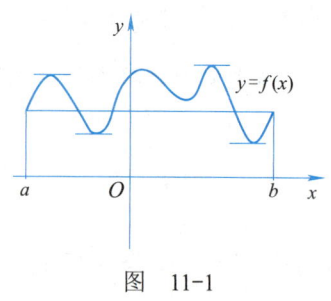

图 11-1

对一条连续曲线弧 $y = f(x)$,$x \in [a,b]$,除端点外在各点处都有不垂直于 x 轴的切线,它的两个端点有相等的纵坐标,即 $f(a) = f(b)$,如图 11-1 所示.

可以发现,在曲线弧的最高点或最低点处,曲线有水平的切线,也就是说在这条曲线上至少有一点的切线是水平的,这是一个明显的几何事实.这个事实抽象出来,反映到一般的函数上,就是罗尔定理.

学一学

一、罗尔定理

定义 11.1 设函数 $f(x)$ 满足下列条件:
(1) 在闭区间 $[a,b]$ 上连续;
(2) 在开区间 (a,b) 内可导;
(3) $f(a) = f(b)$.

则在 (a,b) 内至少存在一点 ξ $(a < \xi < b)$,使得 $f'(\xi) = 0$.

罗尔定理的几何意义:在两个高度相同的点间的一段连续曲线弧上,如果除端点外各点都有不垂直于 x 轴的切线,那么至少有一点处的切线是水平的,也平行于弧两端点的连线.

值得注意的是,罗尔定理的条件是充分条件,而非必要条件,即当满足定理的条件时,结论一定成立,若不满足定理的条件,结论可能成立,也可能不成立.罗尔定理肯定了在 (a,b) 内至少存在一点 ξ,使得 $f'(\xi)=0$.尽管没有指出 ξ 的确切值,但它在实际应用中非常重要.

例 11.1 验证函数 $f(x)=x^2-x-2$ 在区间 $[-1,2]$ 上罗尔定理成立,并求出 ξ.

【解】因为 $f(x)=x^2-x-2$ 是多项式函数,在 $(-\infty,+\infty)$ 上可导,所以 $f(x)$ 在区间 $[-1,2]$ 上连续,在 $(-1,2)$ 内可导,又因为 $f(-1)=f(2)=0$,所以 $f(x)$ 满足罗尔定理的三个条件. 又 $f'(x)=2x-1$,令 $f'(x)=2x-1=0$,则有 $\xi=\dfrac{1}{2}$,使得 $f'(\xi)=0$.

罗尔定理中,$f(a)=f(b)$ 这个条件是相当特殊的,它使罗尔定理的应用受到限制.如果把 $f(a)=f(b)$ 这个条件取消,仍保留其余的两个条件,并相应地改变结论,那么就得到微分学中十分重要的拉格朗日中值定理.

二、拉格朗日中值定理

定义 11.2 设函数 $f(x)$ 满足下列条件:

(1) 在闭区间 $[a,b]$ 上连续;

(2) 在开区间 (a,b) 内可导.

则在 (a,b) 内至少存在一点 ξ $(a<\xi<b)$,使得 $f'(\xi)=\dfrac{f(b)-f(a)}{b-a}$.

这个定理在几何上也很明显.等式的右面表示连接端点 $A(a,f(a))$,$B(b,f(b))$ 的线段所在直线的斜率.定理表示,如果 $f(x)$ 在 $[a,b]$ 上连续,且除端点 A,B 外在每一点都存在切线,那么曲线上至少有一点 $P(\xi,f(\xi))$ 处的切线与 AB 平行(见图 11-2).从这里也可以看出罗尔定理是拉格朗日中值定理的特殊情况(即 $f(a)=f(b)$).

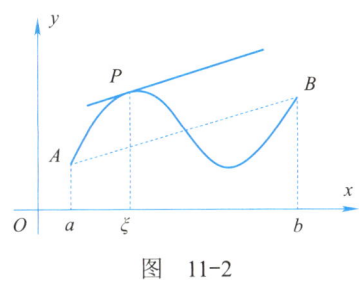

图 11-2

例 11.2 验证函数 $f(x)=x^2+x$ 在 $[0,1]$ 上满足拉格朗日中值定理的条件,并求出结论中的 ξ.

【解】因为 $f(x)=x^2+x$ 是初等函数,所以 $f(x)$ 在 $[0,1]$ 上连续.又因为 $f'(x)=2x+1$,所以 $f(x)$ 在 $(0,1)$ 内可导,因此 $f(x)$ 在 $[0,1]$ 上满足拉格朗日中值定理的条件.又因为 $f(0)=0$,$f(1)=2$,令 $f'(\xi)=\dfrac{f(1)-f(0)}{1-0}=2$,即 $2\xi+1=2$,解得 $\xi=\dfrac{1}{2}$.

拉格朗日中值定理可以改写成另外的形式. 如
$$f(b)-f(a)=f'(\xi)(b-a)\ (a<\xi<b)$$
称为微分中值公式或拉格朗日中值公式.

这里对区间没有要求,所以还有如下:
$$f(x)=f(x_0)+f'(\xi)(x-x_0),\ 其中\xi在x和x_0之间,$$
$$f(x+\Delta x)-f(x)=f'(\xi)\cdot\Delta x,$$
或
$$\Delta y=f'(\xi)\cdot\Delta x,\ (其中\xi在x和x+\Delta x之间)$$
称为拉格朗日中值定理的<u>有限增量形式</u>,其中的中间值ξ与区间端点有关.

利用拉格朗日中值定理可以导出下面的两个推论.

▶ **推论11.1** ▶ 如果$f'(x)\equiv 0$,$x\in(a,b)$,则$f(x)\equiv C(x\in(a,b)$,C为常数),即在(a,b)内$f(x)$为一个常数函数.

证明 在(a,b)内任取两点x_1,x_2(不妨设$x_1<x_2$). 因为$[x_1,x_2]\subset(a,b)$,所以$f(x)$在$[x_1,x_2]$上连续,在(x_1,x_2)内可导. 由拉格朗日中值定理有
$$f(x_2)-f(x_1)=f'(\xi)(x_2-x_1),\ 其中x_1<\xi<x_2,$$
又因对(a,b)内任意x都有$f'(x)\equiv 0$. ξ在x_1,x_2之间,当然在(a,b)内,所以$f'(\xi)\equiv 0$,于是得
$$f(x_2)-f(x_1)=0,\ 即f(x_2)=f(x_1).$$
对于(a,b)内任意两点x_1,x_2都有$f(x_1)=f(x_2)$,说明$f(x)$在(a,b)内是一个常数.

▶ **推论11.2** ▶ 如果$f'(x)\equiv g'(x)$,$x\in(a,b)$,则$f(x)=g(x)+C$,($x\in(a,b)$,C为常数).

证明 因为$[f(x)-g(x)]'=f'(x)-g'(x)\equiv 0$,$x\in(a,b)$,据推论11.1得
$$f(x)-g(x)=C,\ (x\in(a,b),\ C为常数),$$
移项即得结论.

以前我们知道"两个函数恒等,那么它们的导数相等". 现在反过来,"如果两个函数的导数恒等,那么它们至多只相差一个常数".

从上述论证中可以看出,虽然拉格朗日中值定理中的ξ的准确值不知道,但在这里并不妨碍它的应用. 下面我们通过拉格朗日中值定理来证明不等式.

▶ **例11.3** ▶ 设$a>b>0$,证明:
$$\frac{a-b}{a}<\ln\frac{a}{b}<\frac{a-b}{b}.$$

证明 设函数 $f(x) = \ln x$，显然 $f(x)$ 在区间 $[b, a]$ 上满足拉格朗日中值定理的条件，根据定理，应有

$$\ln a - \ln b = \frac{1}{\xi}(a-b), b < \xi < a.$$

又因为 $b < \xi < a$，从而有 $\frac{1}{a} < \frac{1}{\xi} < \frac{1}{b}$，所以 $\frac{a-b}{a} < \frac{1}{\xi}(a-b) < \frac{a-b}{b}$. 即

$$\frac{a-b}{a} < \ln\frac{a}{b} < \frac{a-b}{b}.$$

练一练

拓展练习

1 指出下列各函数在给定区间上是否满足罗尔定理的条件.

(1) $y = \frac{1}{1-x^2}$，$x \in [-1, 1]$；

(2) $f(x) = 4 - |x-2|$，$x \in [1, 3]$.

2 指出下列各函数在给定区间上是否满足拉格朗日中值定理，并求 ξ.

(1) $f(x) = \sqrt{x}$，$x \in [1, 4]$；

(2) $f(x) = 4x^3 - 5x^2 + x - 2$，$x \in [0, 1]$.

3 证明：当 $x > 0$ 时，$\frac{x}{1+x} < \ln(1+x) < x$.

模块十二 洛必达法则

想一想

在极限问题的讨论中我们知道，如果当 $x \to x_0$ 时，两个函数 $f(x), g(x)$ 都是无穷小或无穷大，则极限 $\lim\limits_{x \to x_0} \dfrac{f(x)}{g(x)}$ 可能存在，也可能不存在．通常我们称两个无穷小之比或无穷大之比的形式为未定式，记作 $\dfrac{0}{0}$ 型或 $\dfrac{\infty}{\infty}$ 型．

案例 12-1

求 $\lim\limits_{x \to 0} \dfrac{x - \sin x}{\sin^3 x}$．

分析 因为 $\lim\limits_{x \to 0}(x - \sin x) = 0$，$\lim\limits_{x \to 0} \sin^3 x = 0$，所以 $\lim\limits_{x \to 0} \dfrac{x - \sin x}{\sin^3 x}$ 为 $\dfrac{0}{0}$ 型未定式，对这类求极限的问题，如果利用前面学习的求极限方法通常比较困难．因此，有必要寻求一种求未定式极限的简便、有效的计算方法．这个方法就是洛必达法则．

学一学

一、$\dfrac{0}{0}$ 型未定式

★ **定理 12.1** ▶ 设函数 $f(x)$ 和 $g(x)$ 满足：

(1) $\lim\limits_{x \to x_0} f(x) = 0, \lim\limits_{x \to x_0} g(x) = 0$；

(2) 在 x_0 的某个邻域内（点 x_0 可除外），$f(x)$ 和 $g(x)$ 都可导，且 $g'(x) \neq 0$；

(3) $\lim\limits_{x \to x_0} \dfrac{f'(x)}{g'(x)} = A$（$A$ 可以是有限数，也可为 ∞，$+\infty$，$-\infty$），

则

模块十二 洛必达法则

$$\lim_{x \to x_0} \frac{f(x)}{g(x)} = \lim_{x \to x_0} \frac{f'(x)}{g'(x)} = A.$$

注

(1) 关于 $x \to \infty$、$x \to +\infty$、$x \to -\infty$、$x \to x_0^-$、$x \to x_0^+$ 时的 $\frac{0}{0}$ 型未定式，定理 12.1 同样成立.

(2) 如果应用洛必达法则后的极限仍然是 $\frac{0}{0}$ 型未定式，那么只要相应的导数存在，就可以继续应用洛必达法则，直至求出极限.

例 12.1 求 $\lim\limits_{x \to 1} \dfrac{\ln x}{x-1}$.

【解】 这是 $\frac{0}{0}$ 型未定式，由洛必达法则，得 $\lim\limits_{x \to 1} \dfrac{\ln x}{x-1} = \lim\limits_{x \to 1} \dfrac{\frac{1}{x}}{1} = 1$.

例 12.2 求 $\lim\limits_{x \to 1} \dfrac{x^3 - 3x + 2}{x^3 - x^2 - x + 1}$.

【解】 这是 $\frac{0}{0}$ 型未定式，由洛必达法则，得

$$\lim_{x \to 1} \frac{x^3 - 3x + 2}{x^3 - x^2 - x + 1} = \lim_{x \to 1} \frac{3x^2 - 3}{3x^2 - 2x - 1} = \lim_{x \to 1} \frac{6x}{6x - 2} = \frac{3}{2}.$$

在利用洛必达法则对 $\frac{0}{0}$ 型未定式求极限时，有时候结合等价无穷小的替换可以简化运算.

▶ 案例 12-1 的求解

【解】 极限是 $\frac{0}{0}$ 型未定式，如果直接利用洛必达法则，分母的导数计算比较复杂. 我们发现：当 $x \to 0$ 时，$\sin x \sim x$，故

$$\lim_{x \to 0} \frac{x - \sin x}{\sin^3 x} = \lim_{x \to 0} \frac{x - \sin x}{x^3} = \lim_{x \to 0} \frac{(x - \sin x)'}{(x^3)'} = \lim_{x \to 0} \frac{1 - \cos x}{3x^2} = \lim_{x \to 0} \frac{\frac{x^2}{2}}{3x^2} = \frac{1}{6}.$$

例 12.3 求 $\lim\limits_{x \to +\infty} \dfrac{\frac{\pi}{2} - \arctan x}{\ln\left(1 + \frac{1}{x}\right)}$.

【解】 这是 $\frac{0}{0}$ 型未定式，我们发现：当 $x \to \infty$ 时，$\frac{1}{x} \to 0$，故 $\ln\left(1 + \frac{1}{x}\right) \sim \frac{1}{x}$. 因此

$$\lim_{x \to +\infty} \frac{\frac{\pi}{2} - \arctan x}{\ln\left(1 + \frac{1}{x}\right)} = \lim_{x \to +\infty} \frac{\frac{\pi}{2} - \arctan x}{\frac{1}{x}} = \lim_{x \to +\infty} \frac{-\frac{1}{1+x^2}}{-\frac{1}{x^2}} = \lim_{x \to +\infty} \frac{x^2}{1+x^2} = 1.$$

二、$\dfrac{\infty}{\infty}$ 型未定式

定理 12.2 设函数 $f(x)$ 和 $g(x)$ 满足：

(1) $\lim\limits_{x\to x_0}f(x)=\infty,\ \lim\limits_{x\to x_0}g(x)=\infty$；

(2) 在 x_0 的某个邻域内（点 x_0 可除外），$f(x)$ 和 $g(x)$ 都可导，且 $g'(x)\neq 0$；

(3) $\lim\limits_{x\to x_0}\dfrac{f'(x)}{g'(x)}=A$（$A$ 可以是有限数，也可为 ∞，$+\infty$，$-\infty$），

则

$$\lim_{x\to x_0}\dfrac{f(x)}{g(x)}=\lim_{x\to x_0}\dfrac{f'(x)}{g'(x)}=A$$

与定理 12.1 相同，定理 12.2 对于 $x\to\infty$、$x\to\pm\infty$ 时的 $\dfrac{\infty}{\infty}$ 型的未定式同样适用，并且对使用法则后得到的 $\dfrac{\infty}{\infty}$ 型未定式，只要导数存在，也可以继续使用．

例 12.4 求 $\lim\limits_{x\to+\infty}\dfrac{x^n}{\ln x}$（$n$ 为自然数）．

【解】这是 $\dfrac{\infty}{\infty}$ 型未定式，使用洛必达法则，得

$$\lim_{x\to+\infty}\dfrac{x^n}{\ln x}=\lim_{x\to+\infty}\dfrac{nx^{n-1}}{\dfrac{1}{x}}=\lim_{x\to+\infty}nx^n=+\infty．$$

例 12.5 求 $\lim\limits_{x\to 0^+}\dfrac{\ln x}{\ln\sin x}$．

【解】这是 $\dfrac{\infty}{\infty}$ 型未定式，使用洛必达法则，得

$$\lim_{x\to 0^+}\dfrac{\ln x}{\ln\sin x}=\lim_{x\to 0^+}\dfrac{\dfrac{1}{x}}{\dfrac{\cos x}{\sin x}}=\lim_{x\to 0^+}\dfrac{\sin x}{x}\cdot\dfrac{1}{\cos x}=1\cdot 1=1．$$

三、其他类型的未定式

未定式除 $\dfrac{0}{0}$ 型与 $\dfrac{\infty}{\infty}$ 型之外，还有 $0\cdot\infty$，$\infty-\infty$，1^∞，0^0，∞^0 等类型．

一般地，这些类型的未定式可通过适当变形转化成 $\dfrac{0}{0}$ 型或 $\dfrac{\infty}{\infty}$ 型，从而使用洛必达法则求其极限．下面通过例子说明．

例 12.6 求 $\lim\limits_{x\to 0^+}x\ln x$．

【解】这是 $0\cdot\infty$ 型未定式，因为 $x\ln x=\dfrac{\ln x}{\dfrac{1}{x}}$，当 $x\to 0^+$ 时，为 $\dfrac{\infty}{\infty}$ 型未定式．

应用洛必达法则，得

模块十二 洛必达法则

$$\lim_{x \to 0^+} x \ln x = \lim_{x \to 0^+} \frac{\ln x}{\frac{1}{x}} = \lim_{x \to 0^+} \frac{\frac{1}{x}}{-\frac{1}{x^2}} = \lim_{x \to 0^+} (-x) = 0.$$

例 12.7 求 $\lim\limits_{x \to +\infty} x^n e^{-x}$.

【解】这是 $0 \cdot \infty$ 型未定式，因为 $x^n e^{-x} = \dfrac{x^n}{e^x}$，当 $x \to +\infty$ 时，为 $\dfrac{\infty}{\infty}$ 型未定式. 应用洛必达法则，得

$$\lim_{x \to +\infty} x^n e^{-x} = \lim_{x \to +\infty} \frac{x^n}{e^x} = \lim_{x \to +\infty} \frac{nx^{n-1}}{e^x} = \cdots = \lim_{x \to +\infty} \frac{n!}{e^x} = 0.$$

例 12.8 求 $\lim\limits_{x \to +\infty} x\left(\arctan x - \dfrac{\pi}{2}\right)$.

【解】这是 $0 \cdot \infty$ 型未定式，因为 $x\left(\arctan x - \dfrac{\pi}{2}\right) = \dfrac{\arctan x - \dfrac{\pi}{2}}{\dfrac{1}{x}}$，当 $x \to +\infty$ 时，为 $\dfrac{0}{0}$ 型未定式. 应用洛必达法则，得

$$\lim_{x \to +\infty} x\left(\arctan x - \frac{\pi}{2}\right) = \lim_{x \to +\infty} \frac{\arctan x - \frac{\pi}{2}}{\frac{1}{x}} = \lim_{x \to +\infty} \frac{\frac{1}{1+x^2}}{-\frac{1}{x^2}} = \lim_{x \to +\infty} \frac{-x^2}{1+x^2} = -1.$$

通过例 12.6、例 12.7 和例 12.8 三个例子我们发现：对于 $0 \cdot \infty$ 型未定式，既可将其化为 $\dfrac{0}{0}$ 型未定式，也可将其化为 $\dfrac{\infty}{\infty}$ 型未定式. 那么，到底将其化为哪种，关键要看 $\dfrac{0}{0}$ 型或 $\dfrac{\infty}{\infty}$ 型哪一种利用洛必达法则更简单. 比如例 12.6 中，若将 $x \ln x$ 变成 $\dfrac{x}{\dfrac{1}{\ln x}}$（$\dfrac{0}{0}$ 型未定式）显然比变成 $\dfrac{\ln x}{\dfrac{1}{x}}$ 利用洛必达法则要复杂. 因此，选择适当的变换方法是非常重要的.

例 12.9 求 $\lim\limits_{x \to 0}\left(\dfrac{1}{\sin x} - \dfrac{1}{x}\right)$.

【解】这是 $\infty - \infty$ 型未定式，通过"通分"将其化为 $\dfrac{0}{0}$ 型未定式.

$$\lim_{x \to 0}\left(\frac{1}{\sin x} - \frac{1}{x}\right) = \lim_{x \to 0} \frac{x - \sin x}{x \sin x} = \lim_{x \to 0} \frac{x - \sin x}{x^2} = \lim_{x \to 0} \frac{1 - \cos x}{2x} = \lim_{x \to 0} \frac{\frac{1}{2}x^2}{2x} = 0.$$

例 12.10 求 $\lim\limits_{x \to +\infty} x^{\frac{1}{x}}$.

【解】这是 ∞^0 型未定式，利用恒等关系将其化为 $0 \cdot \infty$ 型，再化为 $\dfrac{\infty}{\infty}$ 型或 $\dfrac{0}{0}$ 型未定式.

$$\lim_{x\to+\infty} x^{\frac{1}{x}} = \lim_{x\to+\infty} e^{\frac{1}{x}\cdot\ln x} = \lim_{x\to+\infty} e^{\frac{\ln x}{x}} = e^{\lim_{x\to+\infty}\frac{\ln x}{x}} = e^{\lim_{x\to+\infty}\frac{\frac{1}{x}}{1}} = e^0 = 1.$$

例 12.10 中所用的恒等关系式 $f(x)^{g(x)} = e^{\ln f(x)^{g(x)}} = e^{g(x)\ln f(x)}$，不仅适用于 ∞^0 型未定式，而且对 1^∞，0^0 这两种未定式也同样适用．这里就不举例说明了．

在使用洛必达法则时，应注意：

(1) 所求极限必须是未定式时，才能应用洛必达法则；

(2) 当 $\lim\dfrac{f'(x)}{g'(x)}$ 不存在或无法判断时，洛必达法则失效，此时不能断定 $\lim\dfrac{f(x)}{g(x)}$ 不存在，应使用其他方法求极限．

如 $\lim\limits_{x\to\infty}\dfrac{x+\cos x}{x}$ 是 $\dfrac{\infty}{\infty}$ 型未定式，若使用洛必达法则得：

$$\lim_{x\to\infty}\frac{x+\cos x}{x} = \lim_{x\to\infty}(1-\sin x),$$

极限不存在，所以洛必达法则失效．但这时我们不能断定该极限不存在．实际上，我们考虑其他方法，有

$$\lim_{x\to\infty}\frac{x+\cos x}{x} = \lim_{x\to\infty}\left(1+\frac{\cos x}{x}\right) = 1.$$

拓展练习

1 求下列极限．

(1) $\lim\limits_{x\to 1}\dfrac{x^2-3x+2}{x^3-1}$；

(2) $\lim\limits_{x\to\pi}\dfrac{\sin 3x}{\tan 5x}$；

(3) $\lim\limits_{x\to 0}\dfrac{x-\sin x}{x^2+x}$；

(4) $\lim\limits_{x\to 0}\dfrac{e^x+e^{-x}-2}{x^2+x}$；

(5) $\lim\limits_{x\to 0}\dfrac{e^x-1-x}{\sin^2 x}$．

2 求下列极限．

(1) $\lim\limits_{x\to+\infty}\dfrac{\ln x}{x^2}$；

(2) $\lim\limits_{x\to+\infty}\dfrac{x^2+1}{x\ln x}$．

3 求下列极限．

(1) $\lim\limits_{x\to 0^+} x^n \ln x \,(n>0)$；

(2) $\lim\limits_{x\to-\infty} x\cdot(\pi-\operatorname{arccot} x)$；

(3) $\lim\limits_{x\to 1}\left(\dfrac{x}{x-1}-\dfrac{1}{\ln x}\right)$；

(4) $\lim\limits_{x\to 0^+}(\sin x)^x$．

模块十三 函数的单调性、极值与最值

想一想

运用数学方法解决实际问题时,通常需通过不同变量之间的联系建立函数关系,借助函数的特征去分析和研究实际问题. 例如许多实际问题,常常会遇到求解"用料最省""效率最高""成本最低""路程最短"等问题,可归结为求函数的最值问题.

案例 13-1 一家酒店共有 50 间双人间客房可供入住,当价格定为 180 元/间时,客房可全部入住;当价格每提高 10 元/间时,没有入住的客房就会增加一套;已知入住客房维护费用为 20 元/间,问客房定价多少时可获最大收入?

分析 假设定价为 x 元,则入住的客房为 $50 - \frac{1}{10}(x-180) = 68 - \frac{x}{10}$,从而酒店双人间客房的收入函数可表示为

$$P(x) = \left(68 - \frac{x}{10}\right)(x-20) = -\frac{x^2}{10} + 70x - 1360.$$

从而客房定价多少时可获最大收入问题归结为求收入函数的最值问题.

学一学

一、函数的单调性

函数的单调性是函数的一个重要性态,它反映了函数在某个区间内随自变量的增大而增大(或减小)的一个特征. 设函数 $f(x)$ 是区间 $[a, b]$ 上的可导函数. 现在通过图形来观察函数的单调性与导数符号之间的关系. 观察:单调增加的函数曲线(见图 13-1),曲线上任一点处的切线与 x 轴正向的夹角都是锐角,即 $f'(x) > 0$;而单调减少的函数曲线(见图 13-2),曲线上任一点处的切线与 x 轴正向的夹角都是钝角,即 $f'(x) < 0$.

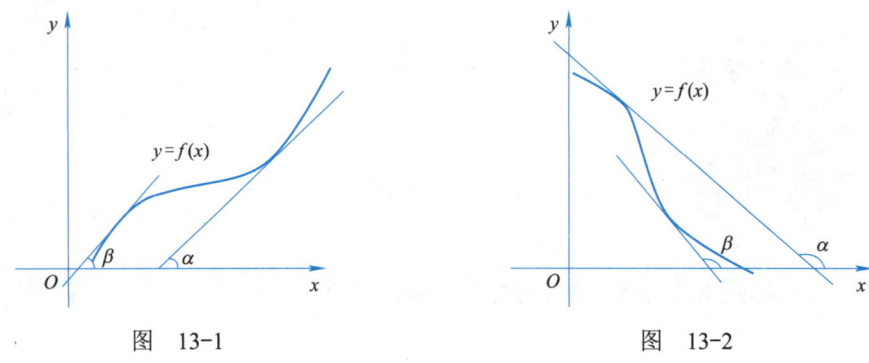

图 13-1　　　　　　　　　　　　　图 13-2

那么反过来结论是否成立？也就是能否用导数的符号判断函数的单调性呢？有如下定理：

▶ **定理 13.1** ▶ 设函数 $f(x)$ 在闭区间 $[a,b]$ 上连续，在开区间 (a,b) 内可导，则有：

(1) 若在 (a,b) 内 $f'(x)>0$，则函数 $f(x)$ 在 $[a,b]$ 上单调增加；

(2) 若在 (a,b) 内 $f'(x)<0$，则函数 $f(x)$ 在 $[a,b]$ 上单调减少.

证明　设 x_1,x_2 是 $[a,b]$ 内任意两点，不妨设 $x_1<x_2$，根据拉格朗日中值定理有

$$f(x_2)-f(x_1)=f'(\xi)(x_2-x_1),\quad (x_1<\xi<x_2),$$

若 $f'(x)>0$，必有 $f'(\xi)>0$，又 $x_2-x_1>0$，所以 $f(x_2)-f(x_1)>0$，即 $f(x_2)>f(x_1)$. 由于 x_1,x_2 是 $[a,b]$ 内的任意两点，所以函数 $f(x)$ 在 $[a,b]$ 上单调增加.

同理可证，若 $f'(x)<0$，则函数 $f(x)$ 在 $[a,b]$ 上单调减少.

例如　$f(x)=2x-\sin x$，因为对于任意的 x，都有 $f'(x)=2-\cos x>0$，所以 $f(x)$ 在 $(-\infty,+\infty)$ 上单调增加；$f(x)=\mathrm{e}^{-x}$，因为对于任意的 x，都有 $f'(x)=-\mathrm{e}^{-x}<0$，所以 $f(x)$ 在 $(-\infty,+\infty)$ 上单调减少.

例 13.1　讨论函数 $f(x)=\dfrac{3}{5}x^{\frac{5}{3}}-\dfrac{3}{2}x^{\frac{2}{3}}+1$ 的单调性.

【**解**】$f(x)$ 的定义域为 $(-\infty,+\infty)$，

$$f'(x)=x^{\frac{2}{3}}-x^{-\frac{1}{3}}=\dfrac{x-1}{\sqrt[3]{x}},$$ 可见：$x_1=0$ 处导数不存在，$x_2=1$ 处导数等于零；

x_1,x_2 将定义域分为三个区间：$(-\infty,0),(0,1),(1,+\infty)$. 列表讨论函数 $f(x)$ 在三个区间内的单调性（符号 ↗ 和 ↘ 分别表示单调增加和单调减少）. 列表如下（见表 13-1）：

表 13-1

x	$(-\infty,0)$	$(0,1)$	$(1,+\infty)$
$f'(x)$	+	−	+
$f(x)$	↗	↘	↗

由表 13-1 知：函数 $f(x)$ 的单调增加区间为 $(-\infty,0]$ 和 $[1,+\infty)$，单调减少区间为 $(0,1)$，

函数图像如图 13-3 所示.

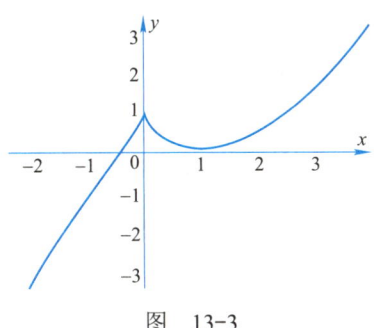

图 13-3

应用函数的单调性,还可证明一些不等式.

例 13.2 证明:当 $x>0$ 时,$x>\ln(1+x)$.

证明 令 $f(x)=x-\ln(1+x)$,$x\in[0,+\infty)$ 因为
$$f'(x)=1-\frac{1}{1+x}=\frac{x}{1+x},$$
当 $x>0$ 时,$f'(x)>0$,所以 $f(x)$ 在 $[0,+\infty)$ 内单调增加. 又因为 $f(0)=0$,所以 $f(x)>f(0)=0$,($x>0$),即
$$x-\ln(1+x)>0,\ (x>0),$$
可得 $x>\ln(1+x)$.

例 13.3 证明:当 $0<x<1$ 时,$e^x<\dfrac{1+x}{1-x}$.

证明 因为 $0<x<1$,要证 $e^x<\dfrac{1+x}{1-x}$,需证明 $(1-x)e^x<1+x$. 令 $f(x)=(1-x)e^x-(1+x)$,$x\in[0,1)$. 因为 $f'(x)=-e^x+(1-x)e^x-1=-xe^x-1$,当 $0<x<1$ 时,$f'(x)<0$,所以 $f(x)$ 在 $(0,1)$ 内单调减少. 又因为 $f(0)=0$,所以 $f(x)<0$,即 $(1-x)e^x-(1+x)<0$,从而可得 $e^x<\dfrac{1+x}{1-x}$.

二、函数的极值

定义 设函数 $f(x)$ 在 x_0 的某邻域 $(x_0-\delta,\ x_0+\delta)$ 内有定义,如果对于任一点 $x\in(x_0-\delta,\ x_0+\delta)$,($x\neq x_0$),都有 $f(x)<f(x_0)$,则称 x_0 为 $f(x)$ 的**极大值点**,$f(x_0)$ 称为 $f(x)$ 的极大值;如果对于任一点 $x\in(x_0-\delta,\ x_0+\delta)$,($x\neq x_0$),都有 $f(x)>f(x_0)$,则称 x_0 为 $f(x)$ 的**极小值点**,$f(x_0)$ 称为 $f(x)$ 的极小值.

极大值点和极小值点统称为函数 $f(x)$ 的**极值点**,函数的极大值与极小值统称为函数的**极值**.

从图 13-4 可直观地看出,x_1,x_3 是极大值点,

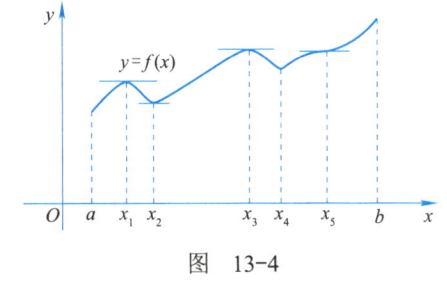

图 13-4

x_2, x_4 是极小值点；x_1, x_2, x_3 处导数为零，x_4 处导数不存在．

导数 $f'(x) = 0$ 的点我们称为函数 $f(x)$ 的<u>驻点</u>．

★ **定理 13.2** ▶（极值的必要条件）设函数 $f(x)$ 在 x_0 的某个邻域内可导，且在点 x_0 处取得极值，则 $f'(x_0) = 0$．

在可导的条件下，极值点一定是驻点，但驻点不一定是极值点．如图 13-4 中点 x_5，虽然曲线在点 $(x_5, f(x_5))$ 处有水平切线，即 x_5 是驻点，但 x_5 不是函数的极值点．下面我们给出极值点的判定方法．

★ **定理 13.3** ▶（极值的第一充分条件）设函数 $f(x)$ 在点 x_0 的某个邻域内连续，且在该去心邻域内可导．则：

(1) 如果当 $x < x_0$ 时，$f'(x) > 0$，而当 $x > x_0$ 时，$f'(x) < 0$，那么函数 $f(x)$ 在 x_0 处取得极大值；

(2) 如果当 $x < x_0$ 时，$f'(x) < 0$，而当 $x > x_0$ 时，$f'(x) > 0$，那么函数 $f(x)$ 在 x_0 处取得极小值．

例如 例 13.1 中函数 $f(x) = \dfrac{3}{5}x^{\frac{5}{3}} - \dfrac{3}{2}x^{\frac{2}{3}} + 1$，在 $x = 0$ 处取极大值，$x = 1$ 处取极小值．

根据上面的定理 13.3，结合前面判断函数单调性的方法，可以得到求 $f(x)$ 的极值的步骤如下：

(1) 给出函数的定义域；

(2) 求 $f'(x)$，找出函数 $f(x)$ 的驻点和导数不存在的点；

(3) 列表讨论驻点和导数不存在点的两边 $f'(x)$ 符号变化，确定函数的极值点；

(4) 求出各个极值点的对应的函数值．

例 13.4 求函数 $f(x) = x^3 - 3x^2 - 9x + 5$ 的极值．

【解】函数 $f(x)$ 的定义域为 $(-\infty, +\infty)$，

$f'(x) = 3x^2 - 6x - 9 = 3(x-3)(x+1)$．令 $f'(x) = 0$，可得驻点 $x_1 = -1$，$x_2 = 3$．

x_1, x_2 将定义域分为三个区间：$(-\infty, -1)$，$(-1, 3)$，$(3, +\infty)$，列表讨论函数 $f(x)$ 在三个区间内的单调性（符号 ↗ 和 ↘ 分别表示单调增加和单调减少），列表如下（见表 13-2）：

表 13-2

x	$(-\infty, -1)$	-1	$(-1, 3)$	3	$(3, +\infty)$
$f'(x)$	+	0	−	0	+
$f(x)$	↗	极大值	↘	极小值	↗

函数的极大值为 $f(-1) = (-1)^3 - 3 \times (-1)^2 - 9 \times (-1) + 5 = 10$，

函数的极小值为 $f(3) = 3^3 - 3 \times 3^2 - 9 \times 3 + 5 = -22$．

★ **定理 13.4** ▶（极值的第二充分条件）设 $f(x)$ 在 x_0 处有二阶导数，且 $f'(x_0) = 0$，$f''(x_0) \neq 0$．则

(1) 若 $f''(x_0) < 0$，则 $f(x)$ 在点 x_0 处取得极大值；

(2) 若 $f''(x_0) > 0$，则 $f(x)$ 在点 x_0 处取得极小值．

例 13.5 求函数 $f(x) = (x^2-2)^2 + 1$ 的极值．

【解】 $f'(x) = 4x(x^2-2)$，令 $f'(x)=0$，得驻点 $x_1 = -\sqrt{2}$，$x_2 = 0$，$x_3 = \sqrt{2}$，没有不可导点，又 $f''(x) = 4(3x^2-2)$，$f''(-\sqrt{2}) = 16 > 0$，$f''(0) = -8 < 0$，$f''(-\sqrt{2}) = 16 > 0$．

所以，函数的极大值为 $f(0) = 5$，函数的极小值为 $f(-\sqrt{2}) = f(\sqrt{2}) = 1$．

三、函数的最大值和最小值

在许多实际问题中，常常会遇到求在一定条件下，如何使"用料最省""效率最高""成本最低""路程最短"等问题．用数学的方法进行描述，它们都可归结为求一个函数的最大值或最小值．

考察函数 $y = f(x)$，$x \in I$（I 可以为有限或无限区间，也可以为闭区间或非闭区间），x_1，$x_2 \in I$．

(1) 若对任意 $x \in I$，都有 $f(x) \geq f(x_1)$ 成立，则称 $f(x_1)$ 为 $f(x)$ 在 I 上的最小值，称 x_1 为 $f(x)$ 在 I 上的最小点；

(2) 若对任意 $x \in I$，都有 $f(x) \leq f(x_2)$ 成立，则称 $f(x_2)$ 为 $f(x)$ 在 I 上的最大值，称 x_2 为 $f(x)$ 在 I 上的最大点．

函数的最大、最小值统称为函数的最值，最大点、最小点统称为最值点．

最值与极值不同，极值是一个仅与一点附近的函数值有关的局部概念，而最值却是一个与函数整个考察范围 I 有关的整体概念．一个函数的极值可以有若干个，但一个函数的最大值、最小值如果存在的话，只能是唯一的．但这两者之间也有一定的关系，如果最值点不是区间 I 的端点，那么它必定是极值点，这样就为我们求函数的最值提供了方法．

设函数 $f(x)$ 在 $I = [a,b]$ 上连续，则可按下列步骤求最值：

(1) 求出函数 $f(x)$ 在 (a,b) 内的所有驻点及不可导点；

(2) 计算函数 $f(x)$ 在驻点、导数不存在点及端点 a,b 处的函数值；

(3) 比较这些函数值，其中最大者即为函数的最大值，最小者即为函数的最小值．

例 13.6 求函数 $f(x) = x^4 - 2x^2 + 1$ 在 $[-2,3]$ 上的最大值与最小值．

【解】 $f'(x) = 4x^3 - 4x = 4x(x-1)(x+1)$，在 $(-2,3)$ 内 $f(x)$ 的驻点为 $x_1 = -1, x_2 = 0, x_3 = 1$，无不可导点，函数在驻点及端点的函数值为：

$$f(-2) = 9, \quad f(-1) = 0, \quad f(0) = 1, \quad f(1) = 0, \quad f(3) = 64,$$

比较这些函数值，最大值为 $f(3) = 64$，最小值为 $f(-1) = f(1) = 0$．

在实际问题中，如果函数 $f(x)$ 在其考察范围 I 上是可导的，且已断定最大值（或最小值）必定在 I 的内部达到，而在 I 的内部，$f(x)$ 有且仅有一个驻点 x_0，那么就可确定 $f(x)$ 的最大值（或最小值）就在点 x_0 取得．

例 13.7 设某厂每批生产某种产品 x 个单位的总成本为

$$C(x) = x^3 - 300x^2 - 24x,$$

问每批生产多少个单位的产品，其平均成本最小？

【解】设平均成本记为 $\overline{C}(x)$，则

$$\overline{C}(x) = \frac{x^3 - 300x^2 - 24x}{x} = x^2 - 300x - 24,$$

从而有 $\overline{C}'(x) = 2x - 300$，令 $\overline{C}'(x) = 0$，即 $2x - 300 = 0$，得唯一驻点 $x = 150$；又因为 $\overline{C}''(x) = 2 > 0$，所以当 $x = 150$ 时，即每批生产 150 个单位的产品时，其平均成本最小．

▶ 案例 13-1 的求解

【解】假设定价为 x 元，则入住的客房为 $50 - \frac{1}{10}(x - 180) = 68 - \frac{x}{10}$，从而酒店双人间客房的收入函数可表示为

$$P(x) = \left(68 - \frac{x}{10}\right)(x - 20) = -\frac{x^2}{10} + 70x - 1360,$$

从而有 $P'(x) = -\frac{x}{5} + 70$，令 $P'(x) = 0$，得唯一解 $x = 350$，又因为 $P''(x) = -\frac{1}{5} < 0$，所以当 $x = 350$ 时，即客房定价为 350 元时可获最大月收入．

练一练

拓展练习

❶ 求下列函数的单调区间和极值．
(1) $y = -x^4 + 2x^2$；　　　　(2) $y = 2 - (x+1)^{\frac{2}{3}}$．

❷ 利用函数的单调性，证明当 $x > 0$ 时，$\ln(1+x) > \dfrac{\arctan x}{1+x}$．

❸ 求下列函数在给定区间上的最大、最小值．
(1) $y = x^2 e^{-x}$，$x \in [-1, 3]$；　　　　(2) $y = 2x^3 - 3x^2$，$x \in [-1, 4]$．

❹ 某商店按批发价每件 3 元购进一批商品零售，若零售价每件 4 元，估计可卖出 120 件，而售价每降低 0.1 元，就可多卖 20 件，问应购进多少件，每件售价定多少时，商店可获取最大利润，最大利润是多少？

❺ 设某产品的价格与需求的关系为 $p = 250 - 0.3q$，其中 p 表示单位商品价格（单位：元），q 表示商品数量（单位：件），总成本函数

$$C(q) = 100q + 1800.$$

求当产量和价格分别是多少时，该产品的利润最大，并求最大利润．

模块十四 曲线的凹凸性与拐点

想一想

在前面模块的学习中，我们借助导数研究了函数的单调性，但是，对于同为上升（下降）的曲线，其曲线的弯曲方向可能是不同的．因此，在研究函数曲线时，考虑曲线的弯曲方向及弯曲方向发生改变的点是必要的，这就是本模块要学习的曲线的凹凸性．

案例 14-1 观察图 14-1 中曲线 $y=\sin x$ 的弯曲方向和切线之间的位置关系．

分析 观察图 14-1 中的曲线 $y=\sin x$，在 $(0,\pi)$ 段，曲线上各点的切线都位于曲线的上方，曲线向上弯曲；在 $(\pi,2\pi)$ 段曲线上各点的切线都位于曲线的下方，曲线向下弯曲．

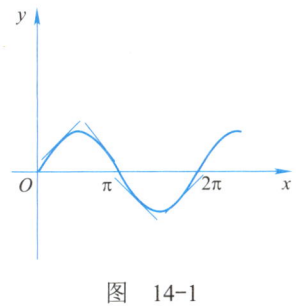

图 14-1

学一学

一、曲线的凹凸性

下面给出曲线凹凸性的定义．

定义 14.1 设函数 $f(x)$ 在区间 I 上连续，且曲线 $f(x)$ 在任意点处切线存在，如果

(1) 曲线 $f(x)$ 上各点处的切线都位于曲线的下方，则称此曲线在区间 I 上是凹的，区间 I 称为曲线的凹区间；

(2) 曲线 $f(x)$ 上各点处的切线都位于曲线的上方，则称此曲线在区间 I 上是凸的，区间 I 称为曲线的凸区间.

由图 14-1 可以看出：对于凹的曲线弧，沿 x 轴正向，曲线 $y=f(x)$ 的切线斜率递增；对于凸的曲线弧，沿 x 轴正向，曲线 $y=f(x)$ 的切线斜率递减. 结合函数单调性判别定理，我们可以利用函数 $y=f(x)$ 的二阶导数 $f''(x)$ 的符号来判定曲线的凹凸性.

定理 （曲线的凹凸性判定定理）设函数 $y=f(x)$ 在区间 (a,b) 内具有二阶导数，
(1) 如果在区间 (a,b) 内 $f''(x)>0$，则曲线 $y=f(x)$ 在 (a,b) 内是凹的；
(2) 如果在区间 (a,b) 内 $f''(x)<0$，则曲线 $y=f(x)$ 在 (a,b) 内是凸的.

一般地，由定理可知，要判定曲线的凹凸性，需要在函数的考察范围内定出 $f''(x)$ 的同号区间. 而要定出 $f''(x)$ 的同号区间，首先要找出那些可能使 $f''(x)$ 改变符号的分界点，这些点应该是 $f''(x)$ 的零点以及 $f''(x)$ 不存在的点.

例 14.1 求曲线 $f(x)=x^3$ 的凹凸区间.

【解】函数 $f(x)=x^3$ 的定义域为 $(-\infty,+\infty)$；
$$f'(x)=3x^2, \quad f''(x)=6x;$$
令 $f''(x)=0$，则有 $x=0$. $x=0$ 将定义域分为两个区间：$(-\infty,0)$ 和 $(0,+\infty)$. 列表讨论函数 $f(x)$ 在两个区间内的凹凸性，列表如下（见表 14-1）：

表 14-1

x	$(-\infty,0)$	$(0,+\infty)$
$f''(x)$	−	+
$f(x)$	凸	凹

由表 14-1 知：曲线 $f(x)$ 的凸区间为 $(-\infty,0)$，凹区间为 $(0,+\infty)$.

二、曲线的拐点

定义 14.2 连续曲线上凹的曲线弧与凸的曲线弧的分界点称为曲线的**拐点**.

注

拐点要用坐标形式 $(x_0,f(x_0))$ 表示.

例如 例 14.1 中，因为曲线 $f(x)=x^3$ 在 $(0,0)$ 两边的凹凸性不一样，所以 $(0,0)$ 为曲线的拐点. 从上面的定理知道，由 $f''(x)$ 的符号可以判定曲线的凹凸性，如果 $f''(x)$ 在 x_0 左右两侧邻近异号，那么点 $(x_0,f(x_0))$ 就是曲线的一个拐点，因此要找寻拐点只要找出使得 $f''(x)$ 的符号发生变化的分界点即可. 我们可以按下列步骤来判定区间 (a,b) 上的连续曲线的拐点：
(1) 确定函数的定义域；
(2) 求出 $f''(x)$；
(3) 令 $f''(x)=0$，解出这个方程在区间 (a,b) 内的实根，并找出区间 (a,b) 内 $f''(x)$ 不存在的点；

(4) 列表讨论二阶导数为零的点和二阶导数不存在的点的两边 $f''(x)$ 符号变化，当两侧的符号相反时，点 $(x_0, f(x_0))$ 是拐点，当两侧的符号相同时，点 $(x_0, f(x_0))$ 不是拐点.

例 14.2 求曲线 $f(x) = x^4 - 4x^3 + 2x - 5$ 的凹凸区间及拐点.

【解】曲线 $f(x) = x^4 - 4x^3 + 2x - 5$ 的定义域为 $(-\infty, +\infty)$；

$$f'(x) = 4x^3 - 12x^2 + 2, \quad f''(x) = 12x^2 - 24x = 12x(x-2),$$

令 $f''(x) = 0$，则有 $x_1 = 0, x_2 = 2$. x_1, x_2 将定义域分为三个区间：$(-\infty, 0), (0, 2), (2, +\infty)$. 列表讨论曲线 $f(x)$ 在三个区间内的凹凸性，列表如下(见表 14-2)：

表 14-2

x	$(-\infty, 0)$	0	$(0, 2)$	2	$(2, +\infty)$
$f''(x)$	+	0	−	0	+
$f(x)$	凹	−5	凸	−17	凹

由表 14-2 可知，曲线 $f(x)$ 在 $(-\infty, 0)$ 与 $(2, +\infty)$ 内是凹的，在 $(0, 2)$ 是凸的. 曲线 $f(x)$ 的拐点为 $(0, -5)$，$(2, -17)$.

例 14.3 讨论曲线 $f(x) = x^{\frac{5}{3}} + 5x^{\frac{2}{3}} + 1$ 的凹凸区间及拐点.

【解】$f(x)$ 的定义域为 $(-\infty, +\infty)$；

$$f'(x) = \frac{5}{3}x^{\frac{2}{3}} + \frac{10}{3}x^{-\frac{1}{3}}, \quad f''(x) = \frac{10}{9}x^{-\frac{1}{3}} - \frac{10}{9}x^{-\frac{4}{3}} = \frac{10(x-1)}{9x\sqrt[3]{x}};$$

$x_1 = 0$ 处二阶导数不存在，$x_2 = 1$ 处二阶导数等于零. x_1, x_2 将定义域分为三个区间：$(-\infty, 0), (0, 1), (1, +\infty)$. 列表讨论曲线 $f(x)$ 在三个区间内的凹凸性，列表如下(见表 14-3)：

表 14-3

x	$(-\infty, 0)$	0	$(0, 1)$	1	$(1, +\infty)$
$f''(x)$	−	不存在	−	0	+
$f(x)$	凸	1	凸	7	凹

由表 14-3 知：曲线 $f(x)$ 在 $(-\infty, 0)$ 和 $(0, 1)$ 是凸的，在 $(1, +\infty)$ 是凹的. 曲线 $f(x)$ 的拐点为 $(1, 7)$.

练一练

拓展练习

1 确定下列曲线的凹凸区间与拐点：

(1) $y = 2x^3 + 3x^2 + 12x + 14$； (2) $y = xe^{-x}$.

2 问 a, b 为何值时，点 $(1, 3)$ 是曲线 $y = ax^3 + bx^2$ 的拐点.

模块十五 导数在经济问题中的应用

学一学

在经济学中，边际是与导数密切相关的一个经济学概念．边际分析源于数学中的增量分析，它反映了经济函数中的一个或几个自变量发生微小变动时，因变量如何随之变动．边际分析把导数引入了经济学，因此许多经济现象开始由定性分析转入了定量分析．西方经济学家非常重视边际分析方法，把边际分析方法的发现和应用看成一场边际革命．自 19 世纪 70 年代边际革命兴起后，边际概念和边际分析法立刻展开传播，并构成经济学的重要组成部分．

一、边际分析

1. 边际成本

定义 15.1 设总成本函数为 $C(Q)$，称 $C'(Q)$ 为其关于产量 Q 的边际成本，记作 $MC = C'(Q)$．

边际成本 $C'(Q_0)$ 的经济含义：当产量达到 Q_0 时，如果再增加（或减少）一个单位的产品，则总成本将增加（或减少）$C'(Q_0)$ 个单位．

在经济学中，边际成本定义为增加 1 个单位的产量时所增加的成本，即总成本的变化率．

例 15.1 某种产品的总成本 $C(Q)$（万元）与产量 Q（万件）之间的函数关系为

$$C(Q) = -12.5 + 5Q - 0.32Q^2,$$

试求：

(1) 产量 $Q = 4$ 时的总成本；

(2) 产量 $Q = 4$ 时的平均成本；

(3) 产量从 4 万件增加到 8 万件时，总成本的平均变化率；

(4) 产量 $Q = 4$ 时的边际成本，并以此判断是否继续提高产量．

【解】 总成本随产量的变化而变化．

(1) 产量在 $Q = 4$ 时，总成本

$$C(4) = -12.5 + 5 \times 4 - 0.32 \times 4^2 = 2.38 \text{（万元）}.$$

(2) 产量在 $Q = 4$ 时，平均成本为

$$\frac{C(4)}{4} = \frac{2.38}{4} = 0.595 \text{（万元）}.$$

(3) 产量从 4 万件增加到 8 万件时，总成本的平均变化率

$$\frac{\Delta C}{\Delta Q} = \frac{C(8) - C(4)}{8 - 4} = \frac{7.02 - 2.38}{4} = 1.16.$$

(4) 产量 $Q = 4$ 时的边际成本

$$C'(4) = (5Q - 12.5 - 0.32Q^2)'\big|_{Q=4} = (5 - 0.64Q)\big|_{Q=4} = 2.44 \text{（万元）}.$$

经济含义：在生产了 4 万件产品后，再多生产 1 万件产品的成本是 2.44 万元. 而生产 4 万件产品的平均成本为 $\frac{C(4)}{4} = \frac{2.38}{4} = 0.595$（万元）< 2.44 万元，故从降低成本角度看不应该继续提高产量.

2. 边际收益

定义 15.2 设收益函数为 $R(Q)$，称 $R'(Q)$ 为其关于销售量 Q 的边际收益，记作 $MR = R'(Q)$.

边际收益 $R'(Q_0)$ 的经济含义：当产量达到 Q_0 时，如果再增加（或减少）销售一个单位的产品，则总收益将增加（或减少）$R'(Q_0)$ 个单位.

例 15.2 设某产品的需求函数为 $Q_d = 100 - 5P$，求边际收益函数以及需求量分别为 20，50，70 时的边际收益.

【解】因为需求函数为 $Q_d = 100 - 5P$，所以价格函数为 $P = \frac{1}{5}(100 - Q)$，

故收益函数为

$$R(Q) = PQ = \frac{1}{5}(100 - Q)Q = \frac{1}{5}(100Q - Q^2),$$

从而边际收益为

$$R'(Q) = \frac{1}{5}(100Q - Q^2)' = \frac{1}{5}(100 - 2Q),$$

则有

$$R'(20) = \frac{1}{5}(100 - 2Q)\big|_{Q=20} = 12,$$

即当销售量 $Q = 20$ 时，如果再增加（或减少）一个单位的销量，则收益将增加（或减少）12 个单位.

$$R'(50) = \frac{1}{5}(100 - 2Q)\big|_{Q=50} = 0,$$

即当销售量 $Q = 50$ 时,如果再增加(或减少)一个单位的销量,则收益不变;

$$R'(70) = \frac{1}{5}(100 - 2Q)\Big|_{Q=70} = -8,$$

即当销售量 $Q = 70$ 时,如果再增加(或减少)一个单位的销量,则收益将减少(或增加) 8 个单位.

3. 边际利润

▶ **定义 15.3** ▶ 设利润函数 $L(Q) = R(Q) - C(Q)$,称 $L'(Q) = R'(Q) - C'(Q)$ 为销售量为 Q 时的边际利润,记作 $ML = L'(Q)$. 边际利润为边际收益与边际成本的差.

边际利润 $L'(Q_0)$ 的经济含义:当产量达到 Q_0 时,如果再增加(或减少)一个单位的产品,则利润将增加(或减少) $L'(Q_0)$ 个单位.

例 15.3 某种产品的总成本 $C(Q)$(万元)和总收入 $R(Q)$(万元)与产量 Q(万件)之间的函数关系分别为

$$C(Q) = 100 + 2Q + 0.02Q^2, \quad R(Q) = 7Q + 0.01Q^2,$$

试求边际利润函数及当产量 Q 在 200 万件、250 万件和 300 万件时的边际利润,并说明其经济含义.

【**解**】总利润函数

$$L(Q) = R(Q) - C(Q) = -0.01Q^2 + 5Q - 100,$$

边际利润函数

$$L'(Q) = -0.02Q + 5,$$

当产量 $Q = 200$ 万件、250 万件和 300 万件时的边际利润分别是

$$L'(200) = 1\ (万元),\quad L'(250) = 0\ (万元),\quad L'(300) = -1\ (万元).$$

经济含义:在产量为 200 万件的基础上,再多生产一万件产品,利润可增加 1 万元;在产量为 250 万件的基础上,再多生产一万件产品,利润无增加;在产量为 300 万件的基础上,再多生产一万件产品,将亏损 1 万元.

二、经济中的最优化问题

1. 最大利润问题

设产品的需求函数为 $Q_d = Q(p)$(其中,Q_d 表示需求量,p 表示产品的价格),价格函数为 $P = P(Q)$,成本函数为 $C = C(Q)$,假定产品都可以全部售出,则产品的收益函数为

$$R(Q) = P(Q) \cdot Q,$$

利润函数为

$$L(Q) = R(Q) - C(Q),$$

利润函数的导数（即边际利润）为

$$L'(Q) = R'(Q) - C'(Q).$$

令 $L'(Q)=0$，则在驻点处 $R'(Q)=C'(Q)$，因此，当产品的利润达到最大时，产品的边际收益等于边际成本．

如果 $L(Q)$ 的驻点 Q_0 唯一，而利润函数的二阶导数 $L''(Q) = R''(Q) - C''(Q)$ 存在，且

$$L''(Q_0) = R''(Q_0) - C''(Q_0) < 0,$$

那么 $L(Q)$ 在 Q_0 处取得最大值，此时产品的利润确实达到最大．

例 15.4 某厂生产某种产品，其固定成本为 3 万元，每生产一百件产品，成本增加 2 万元．总收益 R（单位：万元）是产量 Q（单位：百件）的函数，$R(Q) = 5Q - \frac{1}{2}Q^2$，求达到最大利润时的产量．

【解】成本函数 $C(Q) = 3 + 2Q$，收益函数为 $R(Q) = 5Q - \frac{1}{2}Q^2$，所以利润函数为

$$L(Q) = R(Q) - C(Q) = -3 + 3Q - \frac{1}{2}Q^2,$$

从而有 $L'(Q) = 3 - Q$，令 $L'(Q) = 3 - Q = 0$，可得 $Q=3$．又 $L''(Q) = -1 < 0$，所以当 $Q=3$ 时，函数取得极大值．因为 $Q=3$ 是唯一的极值点，所以就是最大值点，即产量为 300 件时取得最大利润．

例 15.5 设某种产品的需求函数为 $Q_d = 1200 - 5P$，成本函数 $C(Q) = 2000 + 80Q$，求产量和价格分别是多少时该产品的利润最大，并求最大利润．

【解】因为产品的需求函数为 $Q_d = 1200 - 5P$，所以产品的价格函数为 $P = 240 - 0.2Q$，从而可知该产品的收益函数为

$$R(Q) = P(Q) \cdot Q = (240 - 0.2Q) \cdot Q = 240Q - 0.2Q^2;$$

利润函数为

$$L(Q) = R(Q) - C(Q) = (240Q - 0.2Q^2) - (2000 + 80Q) = -0.2Q^2 + 160Q - 2000.$$

边际利润为

$$L'(Q) = (-0.2Q^2 + 160Q - 2000)' = -0.4Q + 160.$$

令 $L'(Q) = -0.4Q + 160 = 0$，得唯一的驻点 $Q = 400$．又因为 $L''(Q) = -0.4 < 0$，可知生产 $Q = 400$ 单位时该产品的利润最大，最大利润为

$$L(400) = -0.2 \times 400^2 + 160 \times 400 - 2000 = 30000,$$

将 $Q = 400$ 代入价格函数 $P = 240 - 0.2Q$，得最大利润时的价格为

$$P = 240 - 0.2 \times 400 = 160,$$

因此，当产量为 400 时，该产品的利润最大，最大为 30000，此时价格为 160.

2. 最小平均成本问题

设总成本函数 $C = C(Q)$，其中 Q 表示产量，则平均成本函数为

$$AC(Q) = \bar{C}(Q) = \frac{C(Q)}{Q},$$

从而有

$$[AC(Q)]' = \left[\frac{C(Q)}{Q}\right]' = \frac{QC'(Q) - C(Q)}{Q^2},$$

令 $[AC(Q)]' = 0$，即有 $QC'(Q) - C(Q) = 0$，可得 $C'(Q) = \frac{C(Q)}{Q} = AC(Q)$。因此，当产品的平均成本 $AC(Q)$ 达到最小值时，产品的边际成本应等于平均成本。

例 15.6 已知某个产品的成本函数为 $C(Q) = 0.5Q^2 + 20Q + 3200$，其中成本为 C（单位：千元），产量为 Q（单位：吨），求当产量为多少时，该产品的平均成本最小，并求出最小平均成本。

【**解**】该产品的平均成本函数

$$AC(Q) = \frac{C(Q)}{Q} = \frac{0.5Q^2 + 20Q + 3200}{Q} = 0.5Q + 20 + \frac{3200}{Q},$$

从而有

$$[AC(Q)]' = \left(0.5Q + 20 + \frac{3200}{Q}\right)' = 0.5 - \frac{3200}{Q^2},$$

令 $[AC(Q)]' = 0$，则 $Q^2 = 6400$，从而有 $Q = 80$ 或 $Q = -80$（舍去），可得唯一驻点 $Q = 80$。又因为 $[AC(Q)]'' = \left(0.5 - \frac{3200}{Q^2}\right)' = \frac{6400}{Q^3}$，所以 $[AC(80)]'' = \frac{6400}{80^3} > 0$，所以在 $Q = 80$ 处取得最小值

$$AC(80) = 0.5 \times 80 + 20 + \frac{3200}{80} = 100 \text{（千元/吨）},$$

因此，当产量为 80 吨时，该产品的平均成本最小，最小成本为 100 千元/吨.

练一练

拓展练习

① 设生产某产品 Q 个单位的成本函数为 $C(Q) = 1100 + \frac{1}{1200}Q^2$，求生产 900 个单位产品时的边际收益，并说明其经济含义.

❷ 设生产某产品 Q 个单位的成本函数为：$R(Q)=200Q-0.01Q^2$，求

(1) 生产 50 个单位产品时的收益；

(2) 生产 50 个单位产品时的边际收益，并说明其经济含义.

❸ 生产某种产品每天的收益函数为 $R(Q)=250Q$（收益的单位：元，产量的单位：千克），成本函数为 $C(Q)=5Q^2$，分别求生产 20 千克、25 千克、30 千克时的边际利润，并分别说明其经济含义.

❹ 设生产某产品产量 Q（百台）时的成本为 $C(Q)=Q^3-6Q^2+15Q$（万元），试问：

(1) 产量为多少时，该产品的平均成本最小？

(2) 最小平均成本是多少？

❺ 生产某种产品，每批 Q 个单位的总成本为 $C(Q)=3+Q$（单位：百元），可得的收益为 $R(Q)=6Q-Q^2$（单位：百元），问每批生产多少个单位的产品时，才能使得利润最大？最大利润是多少？

❻ 设某产品的需求函数为 $Q=1000-100p$（单位：Q 为件，p 为元），成本函数为 $C(Q)=5Q+200$（单位：元），试问：

(1) 产量为多少时，该产品的利润最大？

(2) 最大利润是多少？

模块十六 不定积分的概念

想一想

前面模块学习中,我们讨论了一元函数微分学,研究了如何求已知函数导数或微分的问题,探讨了微分学在经济中的一些应用,即在已知总成本、总收入和总利润的情况下,借助导数求边际成本、边际收入和边际利润. 在科学技术领域、经济领域中往往还会遇到与此相反的问题,即已知一个函数的导数或微分,求原来这个函数的问题.

案例 16-1 已知曲线上任一点 $M(x,y)$ 处切线斜率等于该点横坐标的 2 倍,且曲线过点 $(-1,2)$,求此曲线方程.

分析 设曲线方程为 $y=f(x)$,因为曲线上点 $M(x,y)$ 处的切线斜率是 $2x$,由导数的几何意义,

$$\frac{dy}{dx}=2x;$$

因为 $(x^2+C)'=2x$,所以 $f(x)=x^2+C$. 又因为曲线过点 $(-1,2)$,代入上式得 $2=1+C$,所以 $C=1$. 因此,曲线方程为

$$y=x^2+1.$$

案例 16-2 已知某物体在月球做自由落体运动的速度函数为 $v(t)=\frac{1}{6}gt$,求该物体的运动方程.

分析 设该物体的运动方程为 $s=s(t)$,则由导数定义有

$$s'(t)=v(t),$$

因为

$$\left(\frac{1}{12}gt^2+C\right)'=\frac{1}{6}gt \text{(其中 } C \text{ 为任意常数)},$$

所以

$$s=\frac{1}{12}gt^2+C.$$

上述两个案例实质上就是一个与求导数(或微分)相反的问题,即已知一个函数的导

数或微分，求原来这个函数的问题，该函数我们称为原函数.

一、原函数的概念

定义 16.1 设函数 $f(x)$ 在区间 I 上有定义，若对任一 $x \in I$ 都有可导函数 $F(x)$，使得

$$F'(x) = f(x) \text{ 或 } dF(x) = f(x)dx，$$

则称 $F(x)$ 是 $f(x)$ 在区间 I 内的一个原函数.

例如 在区间 $(-\infty, +\infty)$ 内，因为 $(\sin x)' = \cos x$，所以 $\sin x$ 是 $\cos x$ 的一个原函数.

定理 （原函数存在定理）如果函数 $f(x)$ 在区间 I 上连续，那么在区间 I 上存在可导函数 $F(x)$，对任一 $x \in I$ 都有

$$F'(x) = f(x).$$

定理说明：连续函数一定有原函数.

若 $F(x)$ 是 $f(x)$ 在区间 I 内的一个原函数，即对任一 $x \in I$ 都有 $F'(x) = f(x)$，对任意的常数 C，显然也有 $[F(x) + C]' = f(x)$，所以 $F(x) + C$ 也是 $f(x)$ 在区间 I 内的原函数. 这说明若 $f(x)$ 在区间 I 上有一个原函数 $F(x)$ 存在，则 $f(x)$ 就有无穷多个原函数.

设 $F(x)$、$G(x)$ 都是 $f(x)$ 在区间 I 内的原函数，即 $F'(x) = f(x), G'(x) = f(x)$，从而有

$$[G(x) - F(x)]' = G'(x) - F'(x) = f(x) - f(x) = 0，$$

所以对于任意常数 C，有 $G(x) - F(x) = C$，即 $G(x) = F(x) + C$. 这说明 $f(x)$ 在区间 I 上任意两个原函数之间仅相差一个任意常数 C.

当 C 为任意的常数时，表达式 $F(x) + C$ 可表示 $f(x)$ 的任意一个原函数. 不含有任意的常数 C 的原函数 $F(x)$ 称为最简原函数.

例如 $\sin x$ 是 $\cos x$ 的一个原函数，对于任意常数 C，$\sin x + C$ 可表示 $\cos x$ 的任意一个原函数，这是因为 $[\sin x + C]' = \cos x$.

二、不定积分的概念

定义 16.2 在区间 I 上，函数 $f(x)$ 的带有任意常数项的原函数 $F(x) + C$ 称为 $f(x)$（或者 $f(x)dx$）在区间 I 上的不定积分，记为 $\int f(x)dx$，即

$$\int f(x)dx = F(x) + C.$$

其中记号 $\int$ 称为积分号，$f(x)$ 称为被积函数，$f(x)dx$ 称为被积表达式，x 称为积分变量.

从定义可知，对 $f(x)$ 求不定积分就是求 $f(x)$ 的带有任意常数项的原函数，故只需求出一个原函数 $F(x)$，再加上任意常数 C 即可．

例 16.1 求 $\int x^2 dx$．

【解】因为 $\left(\dfrac{1}{3}x^3\right)' = x^2$，所以 $\int x^2 dx = \dfrac{1}{3}x^3 + C$．

例 16.2 求 $\int \dfrac{1}{x} dx$．

【解】因为当 $x > 0$ 时，$(\ln x)' = \dfrac{1}{x}$，所以在 $(0, +\infty)$ 内，$\int \dfrac{1}{x} dx = \ln x + C$；

当 $x < 0$ 时，$[\ln(-x)]' = \dfrac{1}{-x} \cdot (-1) = \dfrac{1}{x}$，所以在 $(-\infty, 0)$ 内，$\int \dfrac{1}{x} dx = \ln(-x) + C$．

综上所述，$\int \dfrac{1}{x} dx = \ln|x| + C$．

由不定积分的定义可得下述关系：

(1) $\left[\int f(x)dx\right]' = f(x)$ 或 $d\left[\int f(x)dx\right] = f(x)dx$；

(2) $\int F'(x)dx = F(x) + C$ 或 $\int dF(x) = F(x) + C$．

三、不定积分的几何意义

$y = F(x)$ 表示一条曲线，$y = F(x) + C$ 表示一个曲线族，故通常将 $f(x)$ 的不定积分 $\int f(x)dx = F(x) + C$ 称为 $f(x)$ 的积分曲线族（见图 16-1），C 取不同值对应不同曲线．积分曲线族中的任一条曲线都可由曲线 $y = F(x)$ 沿 y 上下平移得到．

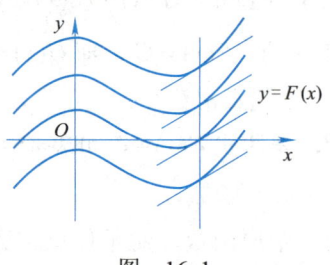

图 16-1

▶ **案例 16-1 的求解**

【解】设曲线方程为 $y = f(x)$，根据题意，所求曲线

$$y = \int 2x dx = x^2 + C.$$

又因为曲线过点 $(-1, 2)$，代入上式得 $2 = 1 + C$，所以 $C = 1$．因此，曲线方程为

$$y = x^2 + 1.$$

四、不定积分的运算

1. 基本积分公式表

由于不定积分是微分的逆运算，所以根据微分公式可推出下面的积分公式：

(1) $\int k\,dx = kx + C$；

(2) $\int x^\alpha\,dx = \dfrac{1}{1+\alpha}x^{\alpha+1} + C \quad (\alpha \neq -1)$；

(3) $\int \dfrac{1}{x}\,dx = \ln|x| + C$；

(4) $\int e^x\,dx = e^x + C$；

(5) $\int a^x\,dx = \dfrac{a^x}{\ln a} + C \quad (a>0, a\neq 1)$；

(6) $\int \cos x\,dx = \sin x + C$；

(7) $\int \sin x\,dx = -\cos x + C$；

(8) $\int \dfrac{1}{\cos^2 x}\,dx = \int \sec^2 x\,dx = \tan x + C$；

(9) $\int \dfrac{1}{\sin^2 x}\,dx = \int \csc^2 x\,dx = -\cot x + C$；

(10) $\int \sec x \cdot \tan x\,dx = \sec x + C$；

(11) $\int \csc x \cdot \cot x\,dx = -\csc x + C$；

(12) $\int \dfrac{1}{1+x^2}\,dx = \arctan x + C$；

(13) $\int \dfrac{1}{\sqrt{1-x^2}}\,dx = \arcsin x + C$.

以上公式是积分运算的基础，必须熟记.

例 16.3 求 $\int \dfrac{1}{x^3}\,dx$.

【解】 $\int \dfrac{1}{x^3}\,dx = \int x^{-3}\,dx = \dfrac{x^{-3+1}}{-3+1} + C = -\dfrac{1}{2x^2} + C$.

例 16.4 求 $\int x^2\sqrt{x}\,dx$.

【解】 $\int x^2\sqrt{x}\,dx = \int x^{\frac{5}{2}}\,dx = \dfrac{x^{\frac{5}{2}+1}}{\frac{5}{2}+1} + C = \dfrac{2}{7}x^{\frac{7}{2}} + C$.

2. 不定积分的基本运算法则

▪ **性质 16.1** ▸ 若函数 $f(x), g(x)$ 的原函数都存在，则

$$\int [f(x) \pm g(x)]\,dx = \int f(x)\,dx \pm \int g(x)\,dx.$$

▪ **性质 16.2** ▸ 若函数 $f(x)$ 的原函数存在，则对任意常数 $k\ (k\neq 0)$，有

$$\int kf(x)\,dx = k\int f(x)\,dx.$$

上述性质可以推广到有限个函数的情况.

下面结合不定积分的公式和法则求一些函数的不定积分.

例 16.5 求 $\int \left(\dfrac{2}{x} + \sqrt{x} - 3\sin x\right)dx$.

【解】$\int \left(\dfrac{2}{x} + \sqrt{x} - 3\sin x\right)dx = 2\int \dfrac{1}{x}dx + \int x^{\frac{1}{2}}dx - 3\int \sin x dx = 2\ln|x| + \dfrac{2}{3}x^{\frac{3}{2}} + 3\cos x + C.$

▶ **案例 16-2 的求解**

【解】设该物体的运动方程为 $s = s(t)$，则

$$s = \int \left(\dfrac{1}{6}gt\right)dt = \dfrac{1}{6}g\int t dt = \dfrac{1}{12}gt^2 + C,$$

物体的运动方程为 $s = \dfrac{1}{12}gt^2 + C.$

例 16.6 求 $\int 3^x e^x dx.$

【解】$\int 3^x e^x dx = \int (3e)^x dx = \dfrac{(3e)^x}{\ln(3e)} + C = \dfrac{(3e)^x}{1 + \ln 3} + C.$

例 16.7 求 $\int \dfrac{x^2}{x^2 + 1}dx.$

【解】$\int \dfrac{x^2}{x^2 + 1}dx = \int \dfrac{x^2 + 1 - 1}{x^2 + 1}dx = \int \left(1 - \dfrac{1}{x^2 + 1}\right)dx = x - \arctan x + C.$

例 16.8 求 $\int \dfrac{1}{x^2(x^2 + 1)}dx.$

【解】$\int \dfrac{1}{x^2(x^2 + 1)}dx = \int \left(\dfrac{1}{x^2} - \dfrac{1}{x^2 + 1}\right)dx = -\dfrac{1}{x} - \arctan x + C.$

例 16.9 求 $\int \cos^2 \dfrac{x}{2}dx.$

【解】$\int \cos^2 \dfrac{x}{2}dx = \dfrac{1}{2}\int (1 + \cos x)dx = \dfrac{1}{2}x + \dfrac{1}{2}\sin x + C.$

例 16.10 求 $\int \dfrac{1}{\sin^2 x \cos^2 x}dx.$

【解】$\int \dfrac{1}{\sin^2 x \cos^2 x}dx = \int \dfrac{\sin^2 x + \cos^2 x}{\sin^2 x \cos^2 x}dx = \int \left(\dfrac{1}{\cos^2 x} + \dfrac{1}{\sin^2 x}\right)dx = \tan x - \cot x + C.$

通过上面的几个例题可知，当被积函数形式不能直接运用基本公式表和积分性质时，需要先对被积函数进行适当的恒等变形，所以掌握不定积分还需通过练习掌握一些常用的变形方法.

练一练

拓展练习

① 验证下列等式是否成立.

(1) $\int \dfrac{2x}{1+x^2}\,\mathrm{d}x = \ln(1+x^2) + C$;   (2) $\int \dfrac{x}{\sqrt{1-x^2}}\,\mathrm{d}x = -\sqrt{1-x^2} + C$.

❷ 计算下列不定积分.

(1) $\int (3x^2 + 4x + 1)\,\mathrm{d}x$;   (2) $\int \sqrt{x}(x^2 - 1)\,\mathrm{d}x$;

(3) $\int \dfrac{1+x+x^2}{x(1+x^2)}\,\mathrm{d}x$;   (4) $\int \dfrac{x^4}{1+x^2}\,\mathrm{d}x$;

(5) $\int \tan^2 x\,\mathrm{d}x$;   (6) $\int \dfrac{\cos 2x}{\sin^2 x \cos^2 x}\,\mathrm{d}x$.

❸ 曲线经过点 $(1,2)$ ，且在曲线上任一点处的切线的斜率等于该点横坐标的倒数，求该曲线的方程.

模块十七 不定积分的换元法

想一想

对一些简单函数计算积分时可以利用基本积分表与积分的性质，但在一些实际问题中遇到的积分往往比较复杂，仅用这两种方法无法解决．

案例 17-1 已知某种放射性物质衰减的余量函数满足数学模型

$$\frac{dy}{dt} = k e^{kt},$$

其中 k 表示衰减系数，求该放射性物质的余量 y．

分析 由不定积分的概念，余量 y 关于时间 t 的函数可表示为

$$y = \int k e^{kt} dt.$$

因为 $y = e^{kt}$ 是一个复合函数，令 $y = e^u$，$u = kt$，则有 $y' = (e^u)'$，$u' = (kt)'$，由复合函数求导法则

$$(e^{kt})' = (e^u)' \cdot (kt)' = e^u \cdot k = e^{kt} \cdot k,$$

所以

$$y = \int k e^{kt} dt = \int e^{kt} (kt)' dt = \int e^{kt} d(kt),$$

令 $u = kt$，则有

$$y = \int e^{kt} d(kt) = \int e^u du = e^u + C = e^{kt} + C.$$

显然，上述案例求不定积分的过程正是求复合函数导数的逆过程，称之为第一类换元积分法．

一、第一类换元积分法

设复合函数 $y = f(\varphi(x))$ 由 $y = f(u)$ 和 $u = \varphi(x)$ 复合而成，且 $f(u)$ 具有原函数 $F(u)$，即

模块十七　不定积分的换元法

$$\int f(u)\mathrm{d}u = F(u) + C.$$

若 $u = \varphi(x)$ 可微，则

$$\mathrm{d}F(\varphi(x)) = f(\varphi(x))\varphi'(x)\mathrm{d}x,$$

由不定积分的定义有

$$\int f(\varphi(x))\varphi'(x)\mathrm{d}x = F(\varphi(x)) + C = \left[\int f(u)\mathrm{d}u\right]_{u=\varphi(x)}.$$

★ **定理 17.1** ▶ 设 $f(u)$ 具有原函数，$u = u(x)$ 可微，则有换元公式

$$\int f(\varphi(x))\varphi'(x)\mathrm{d}x = \left[\int f(u)\mathrm{d}u\right]_{u=\varphi(x)}.$$

例如　复合函数 $y = \sin(3x)$ 由 $y = \sin u$ 和 $u = 3x$ 复合而成，$\sin u$ 具有原函数 $\cos u$，$\mathrm{d}(3x) = 3\mathrm{d}x$，因为 $\mathrm{d}(\sin(3x)) = \cos(3x) \cdot 3\mathrm{d}x$，所以

$$\int \cos(3x) \cdot 3\mathrm{d}x = \int \cos(3x) \cdot \mathrm{d}(3x) = \left[\int \cos(u)\mathrm{d}u\right]_{u=3x} = \sin(u) + C = \sin(3x) + C.$$

一般地，对于 $\int g(x)\mathrm{d}x$，如果函数 $g(x)$ 可以化为 $g(x) = f(\varphi(x))\varphi'(x)$ 的形式，且 $f(x)$ 的原函数记为 $F(x)$，那么

$$\begin{aligned}
\int g(x)\mathrm{d}x &= \int f(\varphi(x))\varphi'(x)\mathrm{d}x && \text{（特征判别）} \\
&= \int f(\varphi(x))\mathrm{d}(\varphi(x)) && \text{（微分凑型）} \\
&= \left[\int f(u)\mathrm{d}u\right]_{u=\varphi(x)} && \text{（变量换元）} \\
&= F(u) + C && \text{（直接积分）} \\
&= F(\varphi(x)) + C. && \text{（变量回代）}
\end{aligned}$$

例 17.1　求 $\int 2\sin(2x)\mathrm{d}x$.

【解】被积函数中，$\sin(2x)$ 可看成 $\sin u$，$u = 2x$，因为 $\mathrm{d}u = \mathrm{d}(2x) = 2\mathrm{d}x$，因此，作变换 $u = 2x$，则

$$\int 2\sin(2x)\mathrm{d}x = \int \sin(2x) \cdot 2\mathrm{d}x = \int \sin(2x)\mathrm{d}(2x) = \int \sin u \,\mathrm{d}u = -\cos u + C = -\cos(2x) + C.$$

例 17.2　求 $\int (4x+1)^9 \mathrm{d}x$.

【解】被积函数 $(4x+1)^9$ 可看成 u^9，$u = 4x + 1$，因为 $\mathrm{d}u = \mathrm{d}(4x+1) = 4\mathrm{d}x$，显然被积函数缺少 $(4x+1)' = 4$ 这个常数因子，因此作变形

$$\mathrm{d}x = \frac{1}{4} \cdot 4\mathrm{d}x = \frac{1}{4} \cdot \mathrm{d}(4x+1),$$

令 $u = 4x+1$，则

$$\int (4x+1)^9 dx = \int \frac{1}{4} \cdot (4x+1)^9 d(4x+1) = \int \frac{1}{4} \cdot u^9 du = \frac{1}{40} \cdot u^{10} + C = \frac{1}{40} \cdot (4x+1)^{10} + C.$$

运算比较熟练的情况下，变量换元、变量回代的过程可以省略．

例如 例 17.2 计算过程可写成 $\int (4x+1)^9 dx = \int \frac{1}{4} \cdot (4x+1)^9 d(4x+1) = \frac{1}{40} \cdot (4x+1)^{10} + C.$

例 17.3 求 $\int 2x e^{x^2} dx$．

【解】 $\int 2x e^{x^2} dx = \int e^{x^2} d(x^2) = e^{x^2} + C.$

例 17.4 求 $\int \frac{x}{\sqrt{1+x^2}} dx$．

【解】 $\int \frac{x}{\sqrt{1+x^2}} dx = \frac{1}{2} \int \frac{1}{\sqrt{1+x^2}} d(1+x^2) = \frac{1}{2} \int (1+x^2)^{-\frac{1}{2}} d(1+x^2) = \sqrt{1+x^2} + C.$

例 17.5 求 $\int \frac{e^x}{1+e^x} dx$．

【解】 $\int \frac{e^x}{1+e^x} dx = \int \frac{d(e^x+1)}{1+e^x} = \ln|1+e^x| + C.$

例 17.6 求 $\int \frac{\arctan x}{1+x^2} dx$．

【解】 $\int \frac{\arctan x}{1+x^2} dx = \int \arctan x \, d\arctan x = \frac{1}{2}(\arctan x)^2 + C.$

例 17.7 求 $\int \frac{1}{2x-3} dx$．

【解】 $\int \frac{1}{2x-3} dx = \frac{1}{2} \int \frac{1}{2x-3} d(2x-3) = \frac{1}{2} \ln|2x-3| + C.$

例 17.8 求 $\int \frac{x+1}{x^2+2x+5} dx$．

【解】 $\int \frac{x+1}{x^2+2x+5} dx = \frac{1}{2} \int \frac{1}{x^2+2x+5} d(x^2+2x+5) = \frac{1}{2} \ln|x^2+2x+5| + C.$

例 17.9 求 $\int \frac{1}{x(\ln x - 1)} dx$．

【解】 $\int \frac{1}{x(\ln x - 1)} dx = \int \frac{1}{\ln x - 1} d(\ln x) = \int \frac{1}{\ln x - 1} d(\ln x - 1) = \ln|\ln x - 1| + C.$

例 17.10 求 $\int \frac{1}{a^2+x^2} dx \ (a>0)$．

【解】 $\int \dfrac{1}{a^2+x^2}dx = \dfrac{1}{a^2}\int \dfrac{1}{1+\left(\dfrac{x}{a}\right)^2}dx = \dfrac{1}{a}\int \dfrac{1}{1+\left(\dfrac{x}{a}\right)^2}d\left(\dfrac{x}{a}\right) = \dfrac{1}{a}\arctan\left(\dfrac{x}{a}\right)+C$.

例 17.11 求 $\int \dfrac{1}{x^2+2x+5}dx$.

【解】 $\int \dfrac{1}{x^2+2x+5}dx = \int \dfrac{1}{(x+1)^2+4}dx = \int \dfrac{1}{(x+1)^2+4}d(x+1) = \dfrac{1}{2}\arctan\left(\dfrac{x+1}{2}\right)+C$.

例 17.12 求 $\int \dfrac{2x+3}{x^2+2x+5}dx$.

【解】 $\int \dfrac{2x+3}{x^2+2x+5}dx = \int \dfrac{2x+2}{x^2+2x+5}dx + \int \dfrac{1}{x^2+2x+5}dx$

$= \ln|x^2+2x+5| + \dfrac{1}{2}\arctan\left(\dfrac{x+1}{2}\right)+C$.

例 17.13 求 $\int \dfrac{1}{a^2-x^2}dx \ (a>0)$.

【解】 $\int \dfrac{1}{a^2-x^2}dx = \int \dfrac{1}{(a-x)(a+x)}dx$

$= \dfrac{1}{2a}\int \left(\dfrac{1}{a+x}+\dfrac{1}{a-x}\right)dx$

$= \dfrac{1}{2a}\int \dfrac{1}{a+x}dx + \dfrac{1}{2a}\int \dfrac{1}{a-x}dx$

$= \dfrac{1}{2a}\int \dfrac{1}{a+x}d(a+x) - \dfrac{1}{2a}\int \dfrac{1}{a-x}d(a-x)$

$= \dfrac{1}{2a}\ln|a+x| - \dfrac{1}{2a}\ln|a-x| + C$

$= \dfrac{1}{2a}\ln\left|\dfrac{a+x}{a-x}\right| + C$.

例 17.14 求 $\int \sin^2 x \cdot \cos x \, dx$.

【解】 $\int \sin^2 x \cdot \cos x \, dx = \int \sin^2 x \, d(\sin x) = \dfrac{1}{3}\sin^3 x + C$.

例 17.15 求 $\int \tan x \, dx$.

【解】 $\int \tan x \, dx = \int \dfrac{\sin x}{\cos x}dx = -\int \dfrac{1}{\cos x}d(\cos x) = -\ln|\cos x| + C$.

同理可得： $\int \cot x \, dx = \ln|\sin x| + C$.

例 17.16 求 $\int \sin^3 x \, dx$.

【解】 $\int \sin^3 x \, dx = \int \sin^2 x \cdot \sin x \, dx = \int (1-\cos^2 x) \cdot \sin x \, dx$

$= -\int (1-\cos^2 x)d(\cos x) = -\cos x + \dfrac{1}{3}\cos^3 x + C$.

例 17.17 求 $\int \cos^2 x \, dx$.

【解】 $\int \cos^2 x \, dx = \int \dfrac{1+\cos(2x)}{2} dx = \dfrac{1}{2} \int [1+\cos(2x)] dx = \dfrac{x}{2} + \dfrac{\sin(2x)}{4} + C$.

二、第二类换元积分法

第一类换元法通过变量代换 $u = \varphi(x)$，将 $\int f(\varphi(x))\varphi'(x) dx$ 化为 $\int f(u) du$. 当被积函数无法通过变量代换 $u = \varphi(x)$ 化为 $f(\varphi(x))\varphi'(x)$ 时，可以适当地选择代换 $x = \varphi(t)$，其中 $\varphi(t)$ 在 t 的某个区间上单调、可导，且 $\varphi'(t) \neq 0$，将不定积分表示为下列形式：

$$\int f(x) dx = \int f(\varphi(t)) \varphi'(t) dt;$$

如果右端的被积函数具有原函数，即

$$\int f(\varphi(t)) \varphi'(t) dt = F(t) + C,$$

将 $x = \varphi(t)$ 的反函数 $t = \varphi^{-1}(x)$ 回代，则有

$$\int f(x) dx = F(\varphi^{-1}(x)) + C.$$

▶ **定理 17.2** ▶ 设 $x = \varphi(t)$ 是某个区间上单调的可导函数，且 $\varphi'(t) \neq 0$，$\int f(\varphi(t))\varphi'(t) dt$ 具有原函数，则有换元公式

$$\int f(x) dx = \left[\int f(\varphi(t)) \varphi'(t) dt \right]_{t=\varphi^{-1}(x)}.$$

一般地，第二类换元积分法针对被积函数是无理函数，即被积函数中含有根式的情况，作适当的代换 $x = \varphi(t)$，将被积函数中的根号去掉，再积分.

1. 根式换元

例 17.18 求 $\int \dfrac{1}{1+\sqrt{x-1}} dx$.

【解】 被积函数含有二次根式 $\sqrt{x-1}$，要选择适当的代换去根号，因此令 $\sqrt{x-1} = t$，则有 $x = t^2 + 1$，从而有 $dx = 2t dt$，于是

$$\int \dfrac{1}{1+\sqrt{x-1}} dx = \int \dfrac{1}{1+t} \cdot 2t dt = 2 \int \dfrac{1+t-1}{1+t} dt = 2 \int \left(1 - \dfrac{1}{1+t}\right) dt$$
$$= 2(t - \ln|1+t|) + C = 2\sqrt{x-1} - 2\ln(1+\sqrt{x-1}) + C.$$

例 17.19 求 $\int \dfrac{1}{\sqrt{x}(1+\sqrt[3]{x})} dx$.

【解】 被积函数同时含有二次根式 $\sqrt{x}$ 和三次根式 $\sqrt[3]{x}$，因此令 $x = t^6$，则 $t = \sqrt[6]{x}$，从而有 $dx = 6t^5 dt$，于是

$$\int \frac{1}{\sqrt{x}(1+\sqrt[3]{x})}dx = \int \frac{1}{t^3(1+t^2)}\cdot 6t^5 dt = 6\int \frac{t^2}{1+t^2}dt = 6\int \frac{t^2+1-1}{1+t^2}dt = 6\int (1-\frac{1}{1+t^2})dt$$

$$= 6(t-\arctan t)+C = 6(\sqrt[6]{x}-\arctan\sqrt[6]{x})+C.$$

2. 三角换元

例 17.20 求 $\int \sqrt{a^2-x^2}\,dx\ (a>0)$.

【解】根式内有二次多项式 a^2-x^2，可利用三角公式 $\sin^2 t + \cos^2 t = 1$ 去根号. 令 $x=a\sin t$，$t\in[-\frac{\pi}{2},\frac{\pi}{2}]$，则 $dx=a\cos t\,dt$，$\sqrt{a^2-x^2}=\sqrt{a^2-a^2\sin^2 t}=a\cos t$，于是

$$\int \sqrt{a^2-x^2}\,dx = a^2\int \cos^2 t\,dt = \frac{a^2}{2}\int (1+\cos 2t)dt = \frac{a^2}{2}t + \frac{a^2}{4}\sin 2t + C$$

$$= \frac{a^2}{2}t + \frac{a^2}{2}\sin t\cos t + C.$$

因为 $x=a\sin t$，从而有 $\sin t = \frac{x}{a}$，作一个辅助直角三角形（见图 17-1），则 $\cos t = \frac{\sqrt{a^2-x^2}}{a}$，

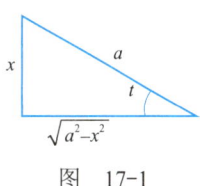

图 17-1

所以 $\int \sqrt{a^2-x^2}\,dx = \frac{a^2}{2}t + \frac{a^2}{2}\sin t\cos t + C = \frac{a^2}{2}\arcsin\frac{x}{a} + \frac{x}{2}\sqrt{a^2-x^2} + C$.

例 17.21 求 $\int \frac{1}{\sqrt{(x^2+a^2)^3}}dx$.

【解】根式内有二次多项式 x^2+a^2，可利用三角公式 $1+\tan^2 t = \sec^2 t$ 去根式. 令 $x=a\tan t$，$t\in\left(-\frac{\pi}{2},\frac{\pi}{2}\right)$，则 $dx=a\sec^2 t\,dt$，$\sqrt{(x^2+a^2)^3}=\sqrt{(a^2\tan^2 t+a^2)^3}=(a\sec t)^3$，于是

$$\int \frac{1}{\sqrt{(x^2+a^2)^3}}dx = \int \frac{1}{(a\sec t)^3}\cdot a\sec^2 t\,dt = \frac{1}{a^2}\int \cos t\,dt = \frac{1}{a^2}\sin t + C.$$

因为 $x=a\tan t$，作一个辅助直角三角形（见图 17-2），则 $\sin t = \frac{x}{\sqrt{x^2+a^2}}$，

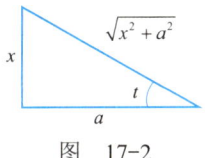

图 17-2

所以 $\int \frac{1}{\sqrt{(x^2+a^2)^3}}dx = \frac{1}{a^2}\sin t + C = \frac{1}{a^2}\frac{x}{\sqrt{x^2+a^2}} + C$.

例 17.22 求 $\int \frac{1}{x\sqrt{x^2-a^2}}dx\ (a>0)$.

【解】根式内有二次多项式 x^2-a^2，可利用三角公式 $1+\tan^2 t = \sec^2 t$ 去根式.

当 $x>a$ 时，令 $x=a\sec t$，$0<t<\dfrac{\pi}{2}$，则 $\mathrm{d}x=a\sec t\tan t\,\mathrm{d}t$，$\sqrt{x^2-a^2}=\sqrt{a^2\sec^2 t-a^2}=a\tan t$，于是

$$\int\dfrac{1}{x\sqrt{x^2-a^2}}\mathrm{d}x=\int\dfrac{1}{a^2\sec t\tan t}\cdot a\sec t\tan t\,\mathrm{d}t=\int\dfrac{1}{a}\mathrm{d}t=\dfrac{1}{a}t+C.$$

因为 $x=a\sec t$，从而有 $t=\arccos\dfrac{a}{x}$，所以

$$\int\dfrac{1}{x\sqrt{x^2-a^2}}\mathrm{d}x=\dfrac{1}{a}\arccos\dfrac{a}{x}+C;$$

当 $x<-a$ 时，令 $x=a\sec t$，$\dfrac{\pi}{2}<t<\pi$，则 $\mathrm{d}x=a\sec t\tan t\,\mathrm{d}t$，$\sqrt{x^2-a^2}=\sqrt{a^2\sec^2 t-a^2}=-a\tan t$，于是

$$\int\dfrac{1}{x\sqrt{x^2-a^2}}\mathrm{d}x=\int\dfrac{1}{-a^2\sec t\tan t}a\sec t\tan t\,\mathrm{d}t=-\int\dfrac{1}{a}\mathrm{d}t$$

$$=-\dfrac{1}{a}t+C=-\dfrac{1}{a}\arccos\dfrac{a}{x}+C;$$

综上所述，$\int\dfrac{1}{x\sqrt{x^2-a^2}}\mathrm{d}x=\left|\dfrac{1}{a}\arccos\dfrac{a}{x}\right|+C$.

像例 17.20～例 17.22 这样，运用三角公式代换去根号的方法称为三角换元法．一般地，根据被积函数的根式类型，常用如下变换：

(1) 被积函数中含有 $\sqrt{a^2-x^2}$，令 $x=a\sin t$；

(2) 被积函数中含有 $\sqrt{x^2+a^2}$，令 $x=a\tan t$；

(3) 被积函数中含有 $\sqrt{x^2-a^2}$，令 $x=a\sec t$．

练一练

拓展练习

❶ 求下列不定积分．

(1) $\int\sin(4x+1)\mathrm{d}x$；

(2) $\int\dfrac{\cos\sqrt{x}}{\sqrt{x}}\mathrm{d}x$；

(3) $\int\dfrac{x^3}{1+x^4}\mathrm{d}x$；

(4) $\int\dfrac{\ln^3 x}{x}\mathrm{d}x$；

(5) $\int\dfrac{\mathrm{e}^x}{1+\mathrm{e}^{2x}}\mathrm{d}x$；

(6) $\int\dfrac{1}{x^2+4x+13}\mathrm{d}x$；

(7) $\int \dfrac{1}{x^2-2x-3}\mathrm{d}x$;

(8) $\int \sin^2 x\,\mathrm{d}x$.

2 求下列不定积分.

(1) $\int \dfrac{1}{(x+2)\sqrt{x-1}}\mathrm{d}x$;

(2) $\int \dfrac{1}{1+\sqrt[3]{x}}\mathrm{d}x$;

(3) $\int \dfrac{1}{\sqrt{x}+\sqrt[3]{x}}\mathrm{d}x$;

(4) $\int \sqrt{9-x^2}\,\mathrm{d}x$;

(5) $\int \dfrac{1}{\sqrt{4+x^2}}\mathrm{d}x$;

(6) $\int \dfrac{\sqrt{x^2-1}}{x}\mathrm{d}x$.

模块十八 不定积分的分部积分法

想一想

换元积分法是一种重要的积分方法,但形如 $\int x\cos x\,dx$, $\int x\ln x\,dx$, $\int x\arctan x\,dx$ 等的积分,换元积分法仍无法解决.

案例 18-1 求 $\int x\cos x\,dx$.

分析 因为 $(x\sin x)' = (x)'\sin x + x(\sin x)' = \sin x + x\cos x$,所以有
$$x\cos x = (x\sin x)' - \sin x,$$
两边同时积分,则有
$$\int x\cos x\,dx = \int[(x\sin x)' - \sin x]dx$$
$$= \int(x\sin x)'dx - \int \sin x\,dx$$
$$= x\sin x + \cos x + C.$$

上述案例根据求导乘法法则演变的求积分的方法称为**分部积分法**.

学一学

设函数 $u(x)$,$v(x)$ 具有连续的导数,则
$$[u(x)v(x)]' = u'(x)v(x) + u(x)v'(x),$$
即
$$u(x)v'(x) = [u(x)v(x)]' - u'(x)v(x).$$
两边同时积分,
$$\int u(x)v'(x)dx = \int[u(x)v(x)]'dx - \int u'(x)v(x)dx,$$
于是,有
$$\int u(x)dv(x) = u(x)v(x) - \int v(x)du(x). \tag{18-1}$$

式 (18-1) 称为**分部积分公式**.

▶ **案例 18-1 的求解**

【解】取 $u = x$,$\cos x\,dx = d\sin x$,则 $du = dx$,$v = \sin x$,代入分部积分公式 (18-1),得

模块十八　不定积分的分部积分法

$$\int x\cos x\,dx = \int x\,d\sin x = x\sin x - \int \sin x\,dx = x\sin x + \cos x + C.$$

对案例 18-1，如果设 $u=\cos x$，$x\,dx = d\left(\dfrac{1}{2}x^2\right)$，则 $du = -\sin x\,dx$，$v = \dfrac{1}{2}x^2$，代入分部积分公式 (18-1)，得

$$\int x\cos x\,dx = \int \cos x\,d\left(\dfrac{1}{2}x^2\right) = \dfrac{1}{2}x^2\cos x + \int \dfrac{1}{2}x^2\sin x\,dx.$$

显然右端的积分比原积分更不容易求出.

由此可见，$u(x)$ 和 $v(x)$ 选取适当，公式右端的积分 $\int v(x)du(x)$ 容易计算时，分部积分很好地起到了化难为易的作用；若 $u(x)$ 和 $v(x)$ 选取不当，有时就求不出结果，因此应用分部积分法的关键在于适当选取 $u(x)$ 和 $v(x)$.

例 18.1　求 $\int (x+1)e^x\,dx$.

【解】取 $u = x+1$，$e^x\,dx = de^x$，则 $du = d(x+1) = dx$，$v = e^x$，代入分部积分公式 (18-1)，得

$$\int (x+1)e^x\,dx = \int (x+1)de^x = (x+1)e^x - \int e^x\,dx = (x+1)e^x - e^x + C = xe^x + C.$$

例 18.2　求 $\int x^2 e^x\,dx$.

【解】取 $u = x^2$，$e^x\,dx = de^x$，则

$$\begin{aligned}
\int x^2 e^x\,dx &= \int x^2\,de^x \\
&= x^2 e^x - \int e^x\,dx^2 \\
&= x^2 e^x - 2\int xe^x\,dx \\
&= x^2 e^x - 2\int x\,de^x \\
&= x^2 e^x - 2\left(xe^x - \int e^x\,dx\right) \\
&= x^2 e^x - 2(xe^x - e^x) + C \\
&= (x^2 - 2x + 2)e^x + C.
\end{aligned}$$

归纳　当被积函数为幂函数与指数函数或三角函数相乘时，将幂函数看作 u，指数函数或三角函数和 dx 凑成微分 dv.

例 18.3　求 $\int x^2 \ln x\,dx$.

【解】取 $u = \ln x$，$x^2\,dx = d\left(\dfrac{1}{3}x^3\right)$，则

$$\int x^2\ln x\,dx = \int \ln x\,d\left(\dfrac{1}{3}x^3\right) = \dfrac{1}{3}x^3\ln x - \dfrac{1}{3}\int x^3\,d\ln x = \dfrac{1}{3}x^3\ln x - \dfrac{1}{3}\int x^2\,dx = \dfrac{1}{3}x^3\ln x - \dfrac{1}{9}x^3 + C.$$

例 18.4 求 $\int \ln(1+x)\mathrm{d}x$.

【解】 设 $u = \ln(1+x)$，$\mathrm{d}v = \mathrm{d}x$，则

$$\int \ln(1+x)\mathrm{d}x = x\ln(1+x) - \int x\mathrm{d}(\ln(1+x))$$
$$= x\ln(1+x) - \int \frac{x}{1+x}\mathrm{d}x$$
$$= x\ln(1+x) - \int \left(1 - \frac{1}{1+x}\right)\mathrm{d}x$$
$$= x\ln(1+x) - x + \ln(1+x) + C.$$

例 18.5 求 $\int x\arctan x\mathrm{d}x$.

【解】 设 $u = \arctan x$，$x\mathrm{d}x = \mathrm{d}\left(\frac{1}{2}x^2\right)$，则

$$\int x\arctan x\mathrm{d}x = \int \arctan x\mathrm{d}\left(\frac{1}{2}x^2\right)$$
$$= \frac{1}{2}x^2\arctan x - \frac{1}{2}\int x^2\mathrm{d}\arctan x$$
$$= \frac{1}{2}x^2\arctan x - \frac{1}{2}\int \frac{x^2}{1+x^2}\mathrm{d}x$$
$$= \frac{1}{2}x^2\arctan x - \frac{1}{2}\int \left(1 - \frac{1}{1+x^2}\right)\mathrm{d}x$$
$$= \frac{1}{2}x^2\arctan x - \frac{1}{2}x + \frac{1}{2}\arctan x + C.$$

归纳 当被积函数为幂函数与对数函数或反三角函数相乘时，将对数函数或反三角函数看作 u，幂函数和 $\mathrm{d}x$ 凑成微分 $\mathrm{d}v$.

例 18.6 求 $\int \mathrm{e}^x \sin x\mathrm{d}x$.

【解】 $\int \mathrm{e}^x \sin x\mathrm{d}x = \int \sin x\mathrm{d}(\mathrm{e}^x)$

$= \mathrm{e}^x \sin x - \int \mathrm{e}^x \mathrm{d}(\sin x)$（再次使用分部积分法）

$= \mathrm{e}^x \sin x - \int \cos x\mathrm{d}(\mathrm{e}^x)$

$= \mathrm{e}^x \sin x - \mathrm{e}^x \cos x - \int \mathrm{e}^x \sin x\mathrm{d}x.$

上式的最后一项就是所求积分 $\int \mathrm{e}^x \sin x\mathrm{d}x$，将其移到等式左端得

$$2\int \mathrm{e}^x \sin x\mathrm{d}x = \mathrm{e}^x \sin x - \mathrm{e}^x \cos x.$$

从而有

$$\int \mathrm{e}^x \sin x\mathrm{d}x = \frac{\mathrm{e}^x \sin x - \mathrm{e}^x \cos x}{2},$$

因上式右端已不包含积分项，所以必须加上任意常数 C，即

$$\int e^x \sin x \, dx = \frac{e^x \sin x - e^x \cos x}{2} + C.$$

归纳 当被积函数为 $\sin ax$、$\cos ax$ 与 e^{bx} 相乘时，将既可以将三角函数看作 u，也可以将指数函数看成 u. 但一经选定，在后面的解题过程中要始终选其为 u，否则得不出结果．

在积分运算过程中，有时需要兼用换元积分法和分部积分法．

例 18.7 求 $\int \cos \sqrt{x} \, dx$.

【解】 令 $\sqrt{x} = t$，则有 $x = t^2$，从而有 $dx = 2t \, dt$，于是

$$\begin{aligned}
\int \cos \sqrt{x} \, dx &= 2\int t \cos t \, dt \\
&= 2\int t \, d\sin t \\
&= 2t \sin t - 2\int \sin t \, dt \\
&= 2t \sin t + 2\cos t + C \\
&= 2\sqrt{x} \sin \sqrt{x} + 2\cos \sqrt{x} + C.
\end{aligned}$$

练一练

拓展练习

求下列不定积分．

(1) $\int x \sin x \, dx$；

(2) $\int x e^{-x} \, dx$；

(3) $\int \frac{\ln x}{x^2} \, dx$；

(4) $\int \ln(1 + x^2) \, dx$；

(5) $\int x \operatorname{arccot} x \, dx$；

(6) $\int e^x \cos x \, dx$；

(7) $\int \cos(\ln x) \, dx$；

(8) $\int e^{\sqrt{x}} \, dx$.

模块十九 定积分的概念和性质

想一想

太湖是位于中国江苏省南部的一个著名淡水湖泊，是中国五大淡水湖之一．太湖面积为 2427.8km²，湖岸线全长 393.2km．太湖北临无锡市，南濒浙江省的湖州，西依江苏省的常州和宜兴，东近江苏省的苏州．太湖不仅是自然景观的宝库，也是人文历史的丰富载体。太湖流域孕育了丰富的文化遗产，包括宜兴紫砂、太湖石、江南园林、昆曲等，这些都是因水而生．太湖的碧波荡漾着历史，蕴含着文明，勾勒出了人文荟萃的江南．太湖流域的文明化进程在中国历史上占有重要地位，从马家浜文化到良渚文化，太湖流域见证了中国古代文明的发展．

从数学角度看，太湖可以看作由一条连续不断的曲线围成的图形．那么边界是连续不断的曲线的平面图形的面积如何去计算呢？

设 $y = f(x)$ 在区间 $[a,b]$ 上非负、连续，由 $x = a$，$x = b(a < b)$，x 轴及曲线 $y = f(x)$ 所围成的平面图形 (见图 19-1) 称为 曲边梯形，其中曲线弧称为 曲边．

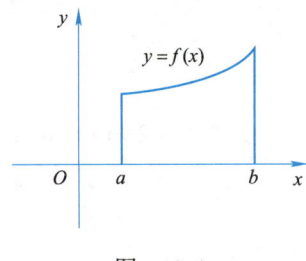

图 19-1

案例 19-1 （曲边梯形的面积）

分析 我们知道，矩形的高是不变的，它的面积可按公式

$$矩形的面积 = 高 \times 底$$

来计算．而曲边梯形在底边上各点处的高 $f(x)$ 在区间 $[a,b]$ 上是变动的，故面积不能直接用矩形的面积公式计算．由于曲边梯形的高 $f(x)$ 在区间 $[a,b]$ 上是连续变化的，在很小一段区间上，它的变化很小，近似于不变．因此，如果把区间 $[a,b]$ 划分为许多小区间，在每个小区间上用某一点处的高来近似代替同一个小区间上的 窄曲边梯形 的变高，那么，

每个窄曲边梯形都可近似地看成这样得到的窄矩形（见图 19-2）．我们就以所有这些窄矩形面积之和作为曲边梯形面积的近似值．把区间 $[a,b]$ 无限细分下去，运用极限的思想，当每个小区间的长度都趋于零时，这时所有窄矩形面积之和的极限就等于曲边梯形的面积．

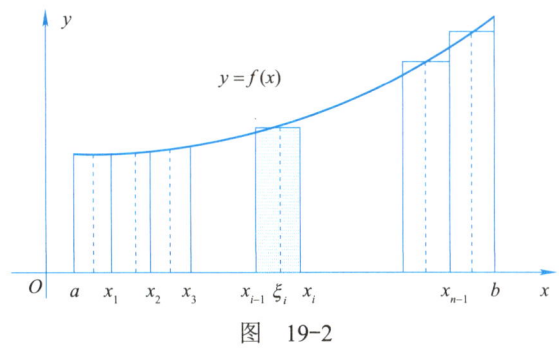

图 19-2

(1) 分割

在区间 $[a,b]$ 中任意插入 $n-1$ 个分点

$$a = x_0 < x_1 < x_2 < \cdots < x_{i-1} < x_i < \cdots < x_{n-1} < x_n = b,$$

将区间 $[a,b]$ 分成 n 个小区间

$$[x_0, x_1]，[x_1, x_2]，\cdots，[x_{i-1}, x_i]，\cdots，[x_{n-1}, x_n].$$

每个小区间的区间长度依次为

$$\Delta x_1 = x_1 - x_0，\Delta x_2 = x_2 - x_1，\cdots，\Delta x_i = x_i - x_{i-1}，\cdots，\Delta x_n = x_n - x_{n-1}.$$

过各分点作 x 轴的垂线，将原来的曲边梯形分割成 n 个窄曲边梯形（见图 19-2），第 i 个小曲边梯形的面积记为 ΔA_i，曲边梯形的面积 A 可表示为 $A = \sum\limits_{i=1}^{n} \Delta A_i$．

(2) 近似

在每一个小区间 $[x_{i-1}, x_i]$ 上任取一点 ξ_i ($x_{i-1} \leqslant \xi_i \leqslant x_i$)，用以小区间 $[x_{i-1}, x_i]$ 为底、$f(\xi_i)$ 为高的窄矩形面积近似替代第 i 个小窄曲边梯形 $(i = 1, 2, \cdots, n)$ 的面积，即

$$\Delta A_i \approx f(\xi_i) \cdot \Delta x_i，\quad (i = 1, 2, \cdots, n).$$

(3) 求和

将 n 个窄矩形面积之和作为原曲边梯形面积的近似值，即

$$A = \sum_{i=1}^{n} \Delta A_i \approx \sum_{i=1}^{n} f(\xi_i) \Delta x_i.$$

(4) 取极限

每个小区间的长度越小，则窄矩形面积之和越接近原曲边梯形的面积，记

$\lambda = \max\{\Delta x_1, \Delta x_2, \cdots, \Delta x_n\}$，则当 $\lambda \to 0$ 时，原曲边梯形的面积

$$A = \lim_{\lambda \to 0} \sum_{i=1}^{n} f(\xi_i) \Delta x_i.$$

案例 19-2 （变速直线运动的路程）

设某物体做变速直线运动，已知速度 $v = v(t)$ 是时间间隔 $[T_1, T_2]$ 上 t 的连续函数，且 $v(t) \geq 0$，求这段时间内物体所经过的路程 s．

分析 因为物体作变速直线运动，速度 $v(t)$ 随时间 t 不断变化，故不能用匀速直线运动路程公式

$$s = vt$$

计算． 因为物体运动的速度函数 $v = v(t)$ 是连续变化的，在很小的一段时间间隔内，速度的变化很小，近似于匀速，因此，求变速直线运动的路程可用类似于计算曲边梯形面积的方法求解．

(1) 分割

在时间段 $[T_1, T_2]$ 中任意插入 $n-1$ 个分点

$$T_1 = t_0 < t_1 < t_2 < \cdots < t_{i-1} < t_i < \cdots < t_{n-1} < t_n = T_2,$$

将区间 $[T_1, T_2]$ 分成 n 个小时间段

$$[t_0, t_1]，[t_1, t_2]，\cdots，[t_{i-1}, t_i]，\cdots，[t_{n-1}, t_n]，$$

每个小时间段长依次为

$$\Delta t_1 = t_1 - t_0，\Delta t_2 = t_2 - t_1，\cdots，\Delta t_i = t_i - t_{i-1}，\cdots，\Delta t_n = t_n - t_{n-1}.$$

相应地，在各段时间内物体经过的路程依次为 ΔS_1，ΔS_2，$\cdots$，ΔS_n，则 $S = \sum_{i=1}^{n} \Delta S_i$．

(2) 近似

在每一个小时间段 $[t_{i-1}, t_i]$ 上任取一时刻 τ_i ($t_{i-1} \leq \tau_i \leq t_i$)，以 τ_i 时刻的速度 $v(\tau_i)$ 近似代替 $[t_{i-1}, t_i]$ 上各个时刻的速度，得到 $[t_{i-1}, t_i]$ 时间段上路程 ΔS_i 的近似值，即

$$\Delta S_i \approx v(\tau_i) \Delta t_i，\quad (i = 1, 2, \cdots, n).$$

(3) 求和

n 段部分路程的近似值之和就是所求变速直线运动路程 S 的近似值，即

$$S = \sum_{i=1}^{n} \Delta S_i \approx \sum_{i=1}^{n} v(\tau_i) \Delta t_i.$$

(4) 取极限

每个小时间段越小，则路程 S 的近似值越接近实际路程 S，记 $\lambda = \max\{\Delta t_1, \Delta t_2, \cdots, \Delta t_n\}$，则当 $\lambda \to 0$ 时，实际路程

$$S = \lim_{\lambda \to 0} \sum_{i=1}^{n} v(\tau_i) \Delta t_i.$$

一、定积分的概念

从上面两个例子可以看到:计算的量,即曲边梯形的面积 A 及变速直线运动的路程 S,虽然实际意义不同,但都由一个函数及其自变量的变化区间所决定. 其次,计算这些量的方法也是相同的,即:分割、近似、求和、取极限,并且都可归结为具有相同结构的一种特定和式的极限

$$面积\ A = \lim_{\lambda \to 0} \sum_{i=1}^{n} f(\xi_i)\Delta x_i;$$

$$路程\ S = \lim_{\lambda \to 0} \sum_{i=1}^{n} v(\tau_i)\Delta t_i;$$

这种特定和式的极限称为定积分,下面我们给出定积分的定义:

■ **定义** ▶ 设函数 $f(x)$ 在区间 $[a,b]$ 上有界,在区间 $[a,b]$ 中任意插入 $n-1$ 个分点,将区间 $[a,b]$ 分成 n 个小区间

$$[x_0, x_1],\ [x_1, x_2],\ \cdots,\ [x_{i-1}, x_i],\ \cdots,\ [x_{n-1}, x_n],$$

每个小区间的区间长度依次记为

$$\Delta x_1 = x_1 - x_0,\ \Delta x_2 = x_2 - x_1,\ \cdots,\ \Delta x_i = x_i - x_{i-1},\ \cdots,\ \Delta x_n = x_n - x_{n-1}.$$

在每一个小区间 $[x_{i-1}, x_i]$ 上任取一点 ξ_i $(x_{i-1} \leqslant \xi_i \leqslant x_i)$,作乘积 $f(\xi_i) \cdot \Delta x_i$,并求和 $\sum_{i=1}^{n} f(\xi_i)\Delta x_i$. 记 $\lambda = \max\{\Delta x_1, \Delta x_2, \cdots, \Delta x_n\}$,若当 $\lambda \to 0$ 时,和式 $\sum_{i=1}^{n} f(\xi_i)\Delta x_i$ 的极限总存在,且极限值与闭区间 $[a,b]$ 的分法及点 ξ_i 的取法无关,则称函数 $f(x)$ 在区间 $[a,b]$ 上可积,此极限为函数 $f(x)$ 在区间 $[a,b]$ 上的**定积分**,记作 $\int_a^b f(x)\mathrm{d}x$,即

$$\int_a^b f(x)\mathrm{d}x = \lim_{\lambda \to 0} \sum_{i=1}^{n} f(\xi_i)\Delta x_i,$$

其中:$f(x)$ 称为**被积函数**,$f(x)\mathrm{d}x$ 称为**积分表达式**,x 称为**积分变量**,a 称为**积分下限**,b 称为**积分上限**,$[a,b]$ 称为**积分区间**.

▶ **注**

(1) 定积分 $\int_a^b f(x)\mathrm{d}x$ 是一个数,该数与被积函数 $f(x)$、积分区间 $[a,b]$ 有关,与 $[a,b]$ 的分法、ξ_i 在 $[x_{i-1}, x_i]$ 中的取法及积分变量符号无关,即

$$\int_a^b f(x)\mathrm{d}x = \int_a^b f(t)\mathrm{d}t = \int_a^b f(u)\mathrm{d}u;$$

(2) 规定：当 $a=b$ 时，$\int_a^a f(x)\mathrm{d}x = 0$；

当 $a>b$ 时，$\int_a^b f(x)\mathrm{d}x = -\int_b^a f(x)\mathrm{d}x$．（反积分区间性质）

对于 $f(x)$ 在什么条件下可积，即定积分的存在问题，给出以下两个充分条件：

▪ **定理 19.1** ▸ 设 $f(x)$ 在区间 $[a,b]$ 上连续，则 $f(x)$ 在 $[a,b]$ 上可积．

▪ **定理 19.2** ▸ 设 $f(x)$ 在区间 $[a,b]$ 上有界，且只有有限个第一类间断点，则 $f(x)$ 在 $[a,b]$ 上可积．

根据定积分的定义，前面两个案例可以表述如下：

▸ **案例 19-1 的求解**

【解】曲线 $y=f(x)$（$f(x)\geqslant 0$）、x 轴及两条直线 $x=a$，$x=b$ 所围成的曲边梯形的面积

$$A = \int_a^b f(x)\mathrm{d}x.$$

▸ **案例 19-2 的求解**

【解】物体以变速 $v=v(t)$（$v(t)\geqslant 0$）做直线运动，从时刻 $t=T_1$ 到时刻 $t=T_2$，物体所经过的路程

$$S = \int_{T_1}^{T_2} v(t)\mathrm{d}t.$$

二、定积分的几何意义

从案例 19-1 我们知道，当 $[a,b]$ 上 $f(x)\geqslant 0$ 时，定积分 $\int_a^b f(x)\mathrm{d}x$ 表示由 $y=f(x)$ 为曲边、x 轴、两条直线 $x=a$，$x=b$ 所围成的曲边梯形的面积．

当 $[a,b]$ 上 $f(x)\leqslant 0$ 时，定积分 $\int_a^b f(x)\mathrm{d}x$ 是上述曲边梯形面积的相反数．因为

$$A = \lim_{\lambda\to 0}\sum_{i=1}^n [-f(\xi_i)]\Delta x_i = -\lim_{\lambda\to 0}\sum_{i=1}^n f(\xi_i)\Delta x_i = -\int_a^b f(x)\mathrm{d}x,$$

从而有 $\int_a^b f(x)\mathrm{d}x = -A$．

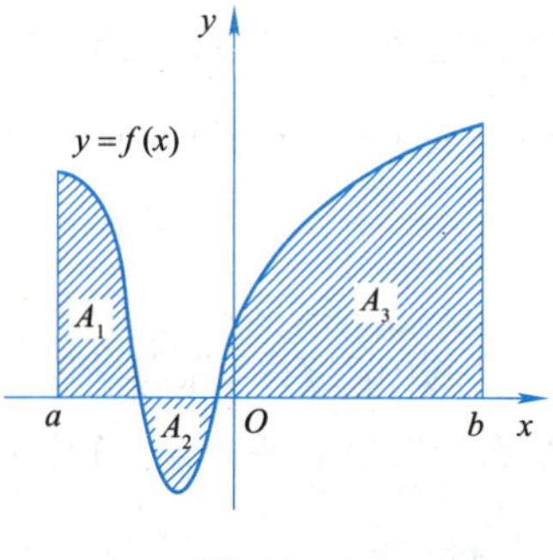

若 $[a,b]$ 上的连续函数 $f(x)$ 的符号不定，如图 19-3 所示，则积分 $\int_a^b f(x)\mathrm{d}x$ 的几何意义为以 $y=f(x)$ 为曲边、x 轴、两条直线 $x=a$，$x=b$ 所围成的曲边梯形的面积的代数和，即

$$\int_a^b f(x)\mathrm{d}x = A_1 - A_2 + A_3.$$

图 19-3

例 19.1 试用定积分的几何意义求 $\int_0^1 (1-x)\mathrm{d}x$．

【解】由定积分的几何意义，$\int_0^1 (1-x)\mathrm{d}x$ 表示 $y=1-x$，$x=0$，$y=0$ 所围成的三角形的面

积（见图 19-4）. 所以 $\int_0^1 (1-x)\,dx = \frac{1}{2} \times 1 \times 1 = \frac{1}{2}$.

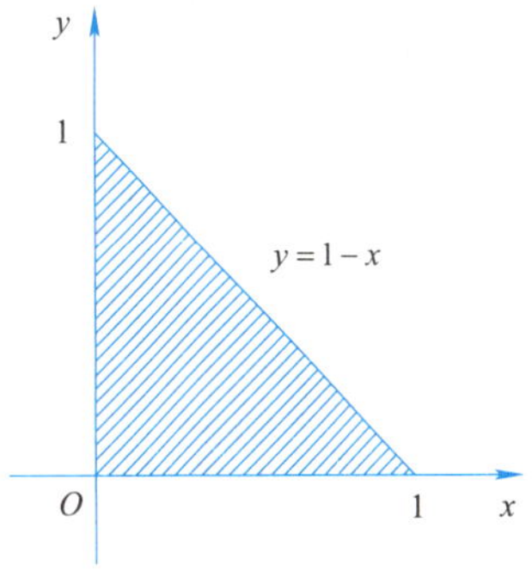

三、定积分的性质

下面讨论定积分的性质. 假设性质中所列出的定积分都是存在的.

■ **性质 19.1** ▶ 如果函数 $f(x), g(x)$ 都在 $[a,b]$ 上可积，α, β 均为常数，则

$$\int_a^b [\alpha f(x) + \beta g(x)]\,dx = \alpha \int_a^b f(x)\,dx + \beta \int_a^b g(x)\,dx.$$

图 19-4

■ **性质 19.2** ▶ 如果函数 $f(x)$ 在 $[a,b]$ 上可积，且 $a < c < b$，则

$$\int_a^b f(x)\,dx = \int_a^c f(x)\,dx + \int_c^b f(x)\,dx.$$

性质 19.2 表明定积分对积分区间具有可加性，事实上，不论 a, b, c 的相对位置如何总有

$$\int_a^b f(x)\,dx = \int_a^c f(x)\,dx + \int_c^b f(x)\,dx$$

成立.

例如 当 $a < b < c$ 时，因为 $\int_a^c f(x)\,dx = \int_a^b f(x)\,dx + \int_b^c f(x)\,dx$，所以有

$$\int_a^b f(x)\,dx = \int_a^c f(x)\,dx - \int_b^c f(x)\,dx = \int_a^c f(x)\,dx + [-\int_b^c f(x)\,dx] = \int_a^c f(x)\,dx + \int_c^b f(x)\,dx.$$

■ **性质 19.3** ▶ 如果在 $[a,b]$ 上 $f(x) = 1$，则有 $\int_a^b 1\,dx = \int_a^b dx = b - a$.

■ **性质 19.4** ▶ 如果在区间 $[a,b]$ 上 $f(x) \geq 0$，则有 $\int_a^b f(x)\,dx \geq 0$.

■ **推论** ▶ 如果在区间 $[a,b]$ 上 $f(x) \geq g(x)$，则 $\int_a^b f(x)\,dx \geq \int_a^b g(x)\,dx$.

证明 因为 $f(x) - g(x) \geq 0$，从而 $\int_a^b f(x)\,dx - \int_a^b g(x)\,dx = \int_a^b [f(x) - g(x)]\,dx \geq 0$，所以

$$\int_a^b f(x)\,dx \geq \int_a^b g(x)\,dx.$$

例 19.2 试比较 $\int_1^2 \ln x\,dx$ 与 $\int_1^2 \ln^2 x\,dx$ 的大小.

【解】 因为当 $x \in [1, 2]$ 时，有 $0 \leq \ln x < 1$，从而有 $\ln x \geq \ln^2 x$，所以由性质 19.4，得

$$\int_1^2 \ln x\,dx \geq \int_1^2 \ln^2 x\,dx.$$

■ **性质 19.5** ▶（积分估值定理）设函数 $f(x)$ 在区间 $[a,b]$ 上连续，且 $m \leq f(x) \leq M$，$x \in [a,b]$，则

$$m(b-a) \leqslant \int_a^b f(x)\mathrm{d}x \leqslant M(b-a).$$

证明 因为 $x \in [a,b]$，有 $m \leqslant f(x) \leqslant M$，

由推论得 $\int_a^b m\mathrm{d}x \leqslant \int_a^b f(x)\mathrm{d}x \leqslant \int_a^b M\mathrm{d}x$，

即 $m(b-a) \leqslant \int_a^b f(x)\mathrm{d}x \leqslant M(b-a)$.

例 19.3 估计定积分 $\int_1^3 \mathrm{e}^x \mathrm{d}x$ 的值.

【解】因为 e^x 在 $[1,3]$ 上单调增加，所以 e^x 在 $[1,3]$ 上最大值为 e^3，最小值为 e，由性质 19.5，得 $\mathrm{e}(3-1) \leqslant \int_1^3 \mathrm{e}^x \mathrm{d}x \leqslant \mathrm{e}^3(3-1)$，即 $2\mathrm{e} \leqslant \int_1^3 \mathrm{e}^x \mathrm{d}x \leqslant 2\mathrm{e}^3$.

性质 19.6 ▶（积分中值定理）设函数 $f(x)$ 在区间 $[a,b]$ 上连续，则至少存在一点 $\xi \in [a,b]$，使得

$$\int_a^b f(x)\mathrm{d}x = f(\xi)(b-a).$$

证明 因为函数 $f(x)$ 在区间 $[a,b]$ 上连续，所以 $f(x)$ 在区间 $[a,b]$ 存在最大值 M 和最小值 m，对于 $\forall x \in [a,b]$，有 $m \leqslant f(x) \leqslant M$，由性质 19.5，得

$$m(b-a) \leqslant \int_a^b f(x)\mathrm{d}x \leqslant M(b-a),$$

从而有 $m \leqslant \dfrac{1}{b-a}\int_a^b f(x)\mathrm{d}x \leqslant M$，

由连续函数的介值定理，在 $[a,b]$ 上至少存在一点 ξ，使得 $f(\xi) = \dfrac{1}{b-a}\int_a^b f(x)\mathrm{d}x$，即

$$\int_a^b f(x)\mathrm{d}x = f(\xi)(b-a).$$

积分中值定理的几何意义：若 $f(x)$ 在区间 $[a,b]$ 上连续且非负，当 $f(x) \geqslant 0$ 时，由曲线 $y=f(x)$，直线 $x=a$，$x=b$ 及 x 轴所围成的曲边梯形的面积等于以区间 $[a,b]$ 为底，以 $f(\xi)$ 为高的矩形的面积（见图 19-5）.

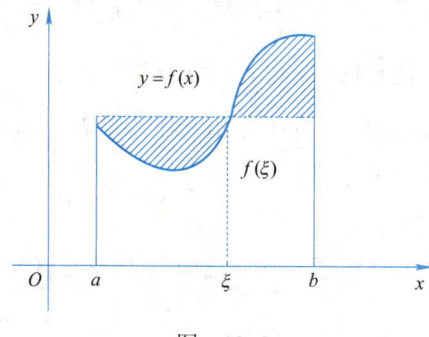

图 19-5

练一练

拓展练习

1 利用定积分的几何意义确定下列定积分的值.

(1) $\int_{-1}^{1} x^3 dx$;

(2) $\int_{-1}^{1} \sqrt{1-x^2} dx$;

(3) $\int_{0}^{\pi} \cos x dx$;

(4) $\int_{-1}^{2} |x| dx$.

2 比较下列定积分的大小.

(1) $\int_{1}^{2} x^2 dx$ 与 $\int_{1}^{2} x^3 dx$;

(2) $\int_{0}^{1} e^{-x} dx$ 与 $\int_{0}^{1} e^{-2x} dx$;

(3) $\int_{0}^{\frac{\pi}{4}} \cos x dx$ 与 $\int_{0}^{\frac{\pi}{4}} \sin x dx$;

(4) $\int_{0}^{1} \ln(1+x) dx$ 与 $\int_{0}^{1} x dx$.

3 估计下列定积分的范围.

(1) $\int_{1}^{2} \ln(1+x^2) dx$;

(2) $\int_{-1}^{2} e^{-x^2} dx$.

模块二十 积分上限函数

想一想

在模块十九中我们学习了定积分的概念，当 $[a,b]$ 上 $f(x) \geqslant 0$ 时，定积分 $\int_a^b f(x)dx$ 表示由以 $y=f(x)$ 为曲边、x 轴、两条直线 $x=a$，$x=b$ 所围成的曲边梯形的面积. 下面我们研究这样一个问题.

案例 20-1 已知函数 $f(x)=e^{-x^2}$ 在 $[1,2]$ 上可积，x 是 $[1,2]$ 上的动点，求 x 从 1 变化到 2 过程中，$f(x)=e^{-x^2}$ 在区间 $[1,x]$ 对应的曲边梯形面积的变化率.

分析 设 $f(x)=e^{-x^2}$ 在区间 $[1,x]$ 对应的曲边梯形面积记为 $\Phi(x)$，由定积分的几何意义，曲边梯形的面积

$$\Phi(x)=\int_1^x e^{-x^2}dx.$$

显然 $\int_1^x e^{-x^2}dx$ 是存在的，x 表示定积分的上限，被积表达式中的 x 也表示积分变量. 因为定积分与积分变量的符号无关，为了加以区分，将积分变量改用 t 表示，则上面的定积分可以表示为

$$\Phi(x)=\int_1^x e^{-t^2}dt.$$

由导数定义，曲边梯形面积 $\Phi(x)$ 的变化率即为 $\Phi(x)$ 的导数，那么 $\Phi(x)=\int_1^x e^{-t^2}dt$ 这种类型的函数如何求导？

学一学

▪ **定义** ▸ 设函数 $f(x)$ 在 $[a,b]$ 上连续，设 x 是 $[a,b]$ 上的一点，当 x 在区间 $[a,b]$ 上任意变动，则对于每个取定的 x，都有一个定积分 $\int_a^x f(t)dt$ 与 x 相对应，这样在区间 $[a,b]$ 上

定义了一个函数，称为 积分上限函数，记作 $\Phi(x)$，即
$$\Phi(x)=\int_a^x f(t)\mathrm{d}t, \quad x\in[a,b].$$
其图像见图 20-1.

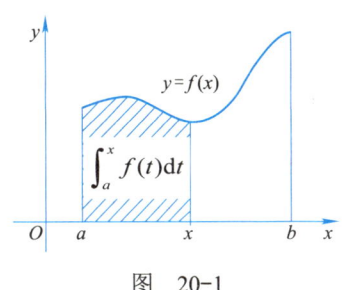

图 20-1

▸ **定理 20.1** ▸ 设函数 $f(x)$ 在 $[a,b]$ 上连续，则积分上限函数
$$\Phi(x)=\int_a^x f(t)\mathrm{d}t$$
在 $[a,b]$ 上可导，且
$$\Phi'(x)=\frac{\mathrm{d}}{\mathrm{d}x}\int_a^x f(t)\mathrm{d}t=f(x), \quad x\in[a,b].$$

定理 20.1 表明，如果函数 $f(x)$ 在区间 $[a,b]$ 上连续，则函数 $\Phi(x)=\int_a^x f(t)\mathrm{d}t$ 是函数 $f(x)$ 在区间 $[a,b]$ 上的一个原函数.

▸ **定理 20.2** ▸ 如果函数 $f(x)$ 在 $[a,b]$ 上连续，则 $f(x)$ 的原函数一定存在.

例 20.1 设 $\Phi(x)=\int_0^x \mathrm{e}^{-t+1}\mathrm{d}t$，求 $\Phi'(x)$.

【解】 $\Phi'(x)=\dfrac{\mathrm{d}}{\mathrm{d}x}\int_0^x \mathrm{e}^{-t+1}\mathrm{d}t=\mathrm{e}^{-x+1}$.

例 20.2 设 $\Phi(x)=\int_2^{3x}\ln(1+t)\mathrm{d}t$，求 $\Phi'(x)$.

【解】因为 $\int_2^{3x}\ln(1+t)\mathrm{d}t$ 是 $\int_2^u \ln(1+t)\mathrm{d}t$ 与 $u=3x$ 所构成的复合函数，从而
$$\frac{\mathrm{d}}{\mathrm{d}x}\int_2^{3x}\ln(1+t)\mathrm{d}t=\frac{\mathrm{d}}{\mathrm{d}u}\int_2^u \ln(1+t)\mathrm{d}t\cdot\frac{\mathrm{d}u}{\mathrm{d}x}=\ln(1+u)\cdot 3=3\ln(1+3x),$$
所以
$$\Phi'(x)=\frac{\mathrm{d}}{\mathrm{d}x}\int_2^{3x}\ln(1+t)\mathrm{d}t=3\ln(1+3x).$$

一般地，如果 $g(x)$ 可导，则
$$\frac{\mathrm{d}}{\mathrm{d}x}\int_a^{g(x)}f(t)\mathrm{d}t=f[g(x)]\cdot g'(x).$$

▸ **案例 20-1 的求解**

【解】设 $f(x)=\mathrm{e}^{-x^2}$ 在区间 $[1,x]$ 对应的曲边梯形面积记为 $\Phi(x)$，由定积

分的几何意义，曲边梯形的面积

$$\Phi(x) = \int_1^x e^{-t^2} dt.$$

从而有
$$\Phi'(x) = \frac{d}{dx}\int_1^x e^{-t^2} dt = e^{-x^2}$$

即曲边梯形面积 $\Phi(x)$ 的变化率为 e^{-x^2}.

例 20.3 设 $\Phi(x) = \int_{x^2}^0 \cos(1+3t)dt$，求 $\Phi'(x)$.

【解】因为 $\int_{x^2}^0 \cos(1+3t)dt = -\int_0^{x^2} \cos(1+3t)dt$，且

$$\frac{d}{dx}\int_0^{x^2} \cos(1+3t)dt = \cos(1+3x^2)\cdot 2x = 2x\cos(1+3x^2),$$

所以

$$\Phi'(x) = \frac{d}{dx}\int_{x^2}^0 \cos(1+3t)dt = \frac{d}{dx}[-\int_0^{x^2}\cos(1+3t)dt] = -2x\cos(1+3x^2).$$

一般地，如果 $\varphi(x)$ 可导，则

$$\frac{d}{dx}\int_{\varphi(x)}^b f(t)dt = -f(\varphi(x))\cdot \varphi'(x).$$

例 20.4 设 $\Phi(x) = \int_{2x}^{x^2} e^t \cos t \, dt$，求 $\Phi'(x)$.

【解】因为 $\int_{2x}^{x^2} e^t\cos t\, dt = \int_{2x}^0 e^t\cos t\, dt + \int_0^{x^2} e^t\cos t\, dt$，且

$$\frac{d}{dx}\int_0^{x^2} e^t\cos t\, dt = 2xe^{x^2}\cos(x^2),\quad \frac{d}{dx}\int_{2x}^0 e^t\cos t\, dt = -2e^{2x}\cos(2x),$$

所以

$$\Phi'(x) = \frac{d}{dx}\int_{2x}^{x^2} e^t\cos t\, dt = \frac{d}{dx}\left[\int_{2x}^0 e^t\cos t\, dt + \int_0^{x^2} e^t\cos t\, dt\right]$$

$$= -2e^{2x}\cos(2x) + 2xe^{x^2}\cos(x^2).$$

一般地，如果 $g(x)$，$\varphi(x)$ 可导，则

$$\frac{d}{dx}\int_{\varphi(x)}^{g(x)} f(t)dt = f(g(x))\cdot g'(x) - f(\varphi(x))\cdot \varphi'(x).$$

例 20.5 求 $\lim\limits_{x\to 0}\dfrac{\int_0^x \tan t\, dt}{x^2}$.

【解】因为 $\lim\limits_{x\to 0}\int_0^x \tan t\, dt = 0$，所以 $\lim\limits_{x\to 0}\dfrac{\int_0^x \tan t\, dt}{x^2}$ 是一个 $\dfrac{0}{0}$ 型未定式极限，

由洛必达法则，$\lim\limits_{x\to 0}\dfrac{\int_0^x \tan t\, dt}{x^2} = \lim\limits_{x\to 0}\dfrac{\left(\int_0^x \tan t\, dt\right)'}{(x^2)'} = \lim\limits_{x\to 0}\dfrac{\tan x}{2x} = \dfrac{1}{2}.$

例 20.6 求 $\lim\limits_{x \to 0} \dfrac{\int_{\cos x}^{1}(1-t)\mathrm{d}t}{x^4}$.

【解】 因为 $\lim\limits_{x \to 0}\int_{\cos x}^{1}(1-t)\mathrm{d}t = 0$, 所以 $\lim\limits_{x \to 0} \dfrac{\int_{\cos x}^{1}(1-t)\mathrm{d}t}{x^4}$ 是一个 $\dfrac{0}{0}$ 型未定式极限, 由洛必达法则,

$$\lim_{x \to 0} \frac{\int_{\cos x}^{1}(1-t)\mathrm{d}t}{x^4} = \lim_{x \to 0}\frac{(1-\cos x)(\sin x)}{4x^3} = \lim_{x \to 0}\frac{x^3}{8x^3} = \frac{1}{8}.$$

练一练

拓展练习

1 求下列导数.

(1) $\dfrac{\mathrm{d}}{\mathrm{d}x}\int_{0}^{x}\sqrt{1-t^3}\mathrm{d}t$;

(2) $\dfrac{\mathrm{d}}{\mathrm{d}x}\int_{0}^{\sin x}\ln(2-t)\mathrm{d}t$;

(3) $\dfrac{\mathrm{d}}{\mathrm{d}x}\int_{-x}^{0}\mathrm{e}^{-t^2}\mathrm{d}t$;

(4) $\dfrac{\mathrm{d}}{\mathrm{d}x}\int_{x^2}^{x^3}\mathrm{e}^{-t}\mathrm{d}t$.

2 求下列极限.

(1) $\lim\limits_{x \to 0}\dfrac{\int_{0}^{x}\ln(1+t)\mathrm{d}t}{x}$;

(2) $\lim\limits_{x \to 0}\dfrac{\int_{x}^{0}(\mathrm{e}^t-1)\mathrm{d}t}{x^2}$.

模块二十一 牛顿-莱布尼茨公式

想一想

利用定积分的定义计算定积分是很烦琐的，有时甚至无法计算．因此需要寻找一种较简单的计算定积分的方法．前面我们引入了不定积分的概念与计算，本模块将讨论不定积分与定积分的关系，并利用不定积分来计算定积分．

案例 21-1　变速直线运动的位移

设某物体做变速直线运动的速度函数为 $v(t)=2t+1$，则该物体前 10s 内通过的位移是多少？

分析　若已知变速直线运动的速度函数 $v(t)$，则该物体前 10s 内通过的位移可表示为 $\int_0^{10} v(t)dt$．另一方面，设该物体位置函数记为 $S(t)$，则 $S'(t)=v(t)$，从而

$$S(t)=\int(2t+1)dt=t^2+t+C,$$

当 $t=0$ 时，$S(0)=[t^2+t+C]_{t=0}=0$，即 $C=0$，所以 $S(t)=t^2+t$，因此，该物体前 10s 内通过的位移为

$$\int_0^{10} v(t)dt=S(10)-S(0)=110.$$

上式表明：速度函数 $v(t)$ 在区间上的定积分等于 $v(t)$ 的一个原函数 $S(t)$ 在区间上的增量．

学一学

▶ **定理** ▶ 设 $f(x)$ 在 $[a,b]$ 上可积，$F(x)$ 是 $f(x)$ 在 $[a,b]$ 上的一个原函数，则

$$\int_a^b f(x)dx=F(b)-F(a). \tag{21-1}$$

式 (21-1) 称为**牛顿-莱布尼茨** (Newton-Leibniz) **公式**，或称为**微积分基本公式**．

为便于表示，通常将 $F(b)-F(a)$ 记为 $[F(x)]_a^b$，于是公式 (21-1) 又可写成

$$\int_a^b f(x)\mathrm{d}x = \left[F(x)\right]_a^b = F(b) - F(a).$$

牛顿 - 莱布尼茨公式揭示了定积分与不定积分之间的关系：

一个连续函数 $f(x)$ 在区间 $[a,b]$ 上的定积分等于该函数的任一个原函数在区间 $[a,b]$ 上的增量.

例 21.1 求 $\int_0^1 x^2 \mathrm{d}x$.

【解】因为 $\frac{1}{3}x^3$ 是 x^2 的一个原函数，所以由牛顿 - 莱布尼茨公式，有

$$\int_0^1 x^2 \mathrm{d}x = \left[\frac{x^3}{3}\right]_0^1 = \frac{1}{3} - 0 = \frac{1}{3}.$$

例 21.2 求 $\int_1^{\sqrt{3}} \frac{1}{1+x^2} \mathrm{d}x$.

【解】因为 $\arctan x$ 是 $\frac{1}{1+x^2}$ 的一个原函数，所以由牛顿 - 莱布尼茨公式，有

$$\int_1^{\sqrt{3}} \frac{1}{1+x^2} \mathrm{d}x = \left[\arctan x\right]_1^{\sqrt{3}} = \arctan \sqrt{3} - \arctan 1 = \frac{\pi}{3} - \frac{\pi}{4} = \frac{\pi}{12}.$$

▶ 案例 21-1 的求解

【解】该物体前 10s 内通过的位移可表示为 $\int_0^{10} v(t)\mathrm{d}t$，从而该物体前 10s 内通过的位移

$$S = \int_0^{10} (2t+1)\mathrm{d}t = \left[t^2 + t\right]_0^{10} = (10^2 + 10) - 0 = 110.$$

例 21.3 求 $\int_0^1 \frac{\arctan x}{1+x^2} \mathrm{d}x$.

【解】$\int_0^1 \frac{\arctan x}{1+x^2} \mathrm{d}x = \int_0^1 \arctan x \, \mathrm{d}\arctan x = \left[\frac{1}{2}(\arctan x)^2\right]_0^1 = \frac{\pi^2}{32}.$

例 21.4 求 $\int_0^1 \frac{x}{\sqrt{1+x^2}} \mathrm{d}x$.

【解】$\int_0^1 \frac{x}{\sqrt{1+x^2}} \mathrm{d}x = \frac{1}{2} \int_0^1 \frac{1}{\sqrt{1+x^2}} \mathrm{d}(1+x^2) = \frac{1}{2} \int_0^1 (1+x^2)^{-\frac{1}{2}} \mathrm{d}(1+x^2) = \left[\sqrt{1+x^2}\right]_0^1 = \sqrt{2} - 1.$

例 21.5 求 $\int_0^2 f(x)\mathrm{d}x$，其中 $f(x) = \begin{cases} 1-x, & 0 \leq x < 1, \\ x-1, & 1 \leq x \leq 2. \end{cases}$

【解】因为 $f(x)$ 是一个分段函数，先用定积分的区间可加性将积分分成两个部分，所以

$$\int_0^2 f(x)\mathrm{d}x = \int_0^1 (1-x)\mathrm{d}x + \int_1^2 (x-1)\mathrm{d}x = \left[x - \frac{1}{2}x^2\right]_0^1 + \left[\frac{1}{2}x^2 - x\right]_1^2 = 1.$$

例 21.6 求 $\int_0^{\pi} |\cos x| dx$.

【解】 $\int_0^{\pi} |\cos x| dx = \int_0^{\frac{\pi}{2}} \cos x dx + \int_{\frac{\pi}{2}}^{\pi} (-\cos x) dx = [\sin x]_0^{\frac{\pi}{2}} + [-\sin x]_{\frac{\pi}{2}}^{\pi} = (1-0) + [0-(-1)] = 2$.

练一练

拓展练习

1 求下列各定积分.

(1) $\int_0^1 (\sin x + e^x) dx$；

(2) $\int_1^4 \sqrt{x}(1+\sqrt{x}) dx$；

(3) $\int_0^1 \frac{x^2-1}{x+1} dx$；

(4) $\int_{-2}^0 |x+1| dx$.

2 设 $f(x) = \begin{cases} x^2, & 0 \leq x \leq 1, \\ x+1, & 1 < x \leq 2, \end{cases}$ 求 $\int_0^2 f(x) dx$.

模块二十二 定积分的换元积分法和分部积分法

想一想

牛顿－莱布尼茨公式告诉我们，计算函数 $f(x)$ 的定积分 $\int_a^b f(x)dx$ 可以转化为求 $f(x)$ 的原函数在区间 $[a,b]$ 上的增量，说明函数的定积分计算与不定积分计算有着密切的联系.

案例 22-1 某公司每月销售额为 100(单位：万元)，为促进销售，公司计划进行为期 12 个月（变量 t：月）的广告宣传，根据以往经验，广告宣传期间的销售额变化率增长曲线可近似表示为

$$100e^{0.02t},$$

试求广告宣传期间的销售额.

分析 由定积分可知，广告宣传期间的销售额可表示为

$$\int_0^{12} 100e^{0.02t}dt.$$

用牛顿－莱布尼茨公式计算上述定积分，需要先求出被积函数的原函数. 由不定积分的换元法进行变量替换：设 $u = 0.02t$，则 $du = 0.02dt$，被积表达式 $100e^{0.02t}dt = 5000e^u du$；

已知定积分的积分区间为 $[0,12]$，该积分区间是 t 的变化范围，由于通过换元关系式积分变成 u，因此积分区间变为 $[0,0.24]$，于是

$$\int_0^{12} 100e^{0.02t}dt = \int_0^{0.24} 5000e^u du = \left[5000e^u\right]_0^{0.24} = 5000(e^{0.24}-1).$$

从案例 22-1 不难发现，不定积分的换元法同样可以应用于定积分的计算.

学一学

一、定积分的换元积分法

▶ **定理 22.1** ▶ 设函数 $f(x)$ 在 $[a,b]$ 上连续，函数 $x = \varphi(t)$ 满足：

(1) $\varphi(\alpha)=a, \varphi(\beta)=b$；

(2) $x=\varphi(t)$ 在 $[\alpha,\beta]$（或 $[\beta,\alpha]$）上具有连续的一阶导数，则有

$$\int_a^b f(x)dx = \int_\alpha^\beta f[\varphi(t)]\varphi'(t)dt，$$

此式称为定积分的换元积分公式．

换元积分法计算定积分时，要注意两点：

(1) 换元则换限，将积分变量 x 代换成积分变量 t 时，积分限要换成相应于变量 t 的积分限．

(2) 定积分的换元积分法无需将结果中的 t 回代成变量 x，而只要把新变量的上、下限代入原函数相减即可．

例22.1 计算 $\int_1^9 \dfrac{1}{x+\sqrt{x}}dx$．

【解】被积函数含有二次根式 $\sqrt{x}$，因此令 $t=\sqrt{x}$，即 $x=t^2$，$dx=2tdt$；当 $x=1$ 时，$t=1$；当 $x=9$ 时，$t=3$．从而有

$$\int_1^9 \frac{1}{x+\sqrt{x}}dx = 2\int_1^3 \frac{tdt}{t^2+t} = 2\int_1^3 \frac{dt}{t+1} = \left[2\ln(t+1)\right]_1^3 = 2[\ln(3+1)-\ln(1+1)] = 2\ln2．$$

例22.2 计算 $\int_0^{\frac{\pi}{2}} \sin^3 x\cos x dx$．

【解】令 $t=\sin x$，则 $dt=\cos xdx$．当 $x=0$ 时，$t=0$；当 $x=\dfrac{\pi}{2}$ 时，$t=1$．从而有

$$\int_0^{\frac{\pi}{2}} \sin^3 x\cos xdx = \int_0^1 t^3 dt = \left[\frac{1}{4}t^4\right]_0^1 = \frac{1}{4}．$$

例22.3 计算 $\int_0^{\ln 2} \sqrt{e^x-1}dx$．

【解】令 $\sqrt{e^x-1}=t$，则 $x=\ln(t^2+1)$，$dx=\dfrac{2t}{t^2+1}dt$．当 $x=0$ 时，$t=0$；当 $x=\ln 2$ 时，$t=1$．从而有

$$\int_0^{\ln 2}\sqrt{e^x-1}dx = \int_0^1 t\cdot\frac{2t}{t^2+1}dt = 2\int_0^1\left(1-\frac{1}{t^2+1}\right)dt = 2[t-\arctan t]_0^1 = 2-\frac{\pi}{2}．$$

例22.4 计算 $\int_0^1 \sqrt{1-x^2}dx$．

【解】令 $x=\sin t$，则 $dx=\cos tdt$．当 $x=0$ 时，$t=0$；当 $x=1$ 时，$t=\dfrac{\pi}{2}$．从而有

$$\int_0^1\sqrt{1-x^2}dx = \int_0^{\frac{\pi}{2}}\cos t\cdot\cos tdt = \frac{1}{2}\int_0^{\frac{\pi}{2}}(1+\cos 2t)dt = \frac{1}{2}\left[t+\frac{1}{2}\sin 2t\right]_0^{\frac{\pi}{2}} = \frac{\pi}{4}．$$

例22.5 设函数 $f(x)$ 在闭区间 $[-a,a]$（其中 $a>0$）上连续，证明：

(1) 当 $f(x)$ 为奇函数时，$\int_{-a}^a f(x)dx=0$；

(2) 当 $f(x)$ 为偶函数时，$\int_{-a}^a f(x)dx = 2\int_0^a f(x)dx$．

证明 因为 $\int_{-a}^{a}f(x)dx = \int_{-a}^{0}f(x)dx + \int_{0}^{a}f(x)dx$，对 $\int_{-a}^{0}f(x)dx$ 作代换 $x=-t$，从而有

$$\int_{-a}^{0}f(x)dx = \int_{a}^{0}f(-t)d(-t) = \int_{0}^{a}f(-t)dt,$$

所以 $\int_{-a}^{a}f(x)dx = \int_{0}^{a}f(-x)dx + \int_{0}^{a}f(x)dx = \int_{0}^{a}[f(-x)+f(x)]dx$.

(1) 当 $f(x)$ 为奇函数时，则有 $f(-x)+f(x)=0$，从而有 $\int_{-a}^{a}f(x)dx = 0$；

(2) 当 $f(x)$ 为偶函数时，则有 $f(-x)+f(x)=2f(x)$，从而

$$\int_{-a}^{a}f(x)dx = 2\int_{0}^{a}f(x)dx.$$

例 22.5 的结论，称为奇偶函数在对称区间上的积分性质，可当作公式直接使用．从定积分的几何意义上看，性质反映了对称区间上奇函数的正负面积相消、偶函数面积是半区间上面积的两倍这样一个事实（见图 22-1、图 22-2）．

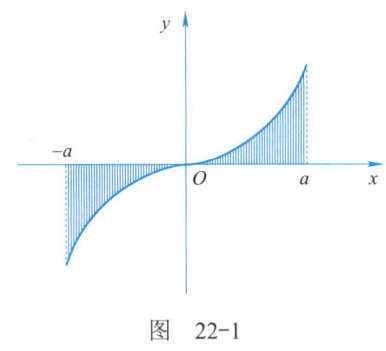

图 22-1

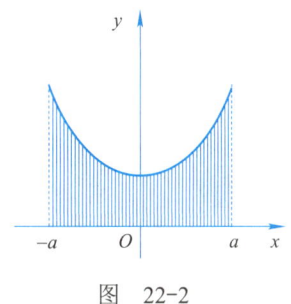

图 22-2

例 22.6 计算下列各定积分：

(1) $\int_{-1}^{1}(1+x^2)\sin^3 x dx$；

(2) $\int_{-\frac{\pi}{4}}^{\frac{\pi}{4}}\frac{1+x^3}{\cos^2 x}dx$.

【**解**】(1) 由于 $(1+x^2)\sin^3 x$ 在 $[-1,1]$ 上是奇函数，所以 $\int_{-1}^{1}(1+x^2)\sin^3 x dx = 0$.

(2) $\int_{-\frac{\pi}{4}}^{\frac{\pi}{4}}\frac{1+x^3}{\cos^2 x}dx = \int_{-\frac{\pi}{4}}^{\frac{\pi}{4}}\frac{1}{\cos^2 x}dx + \int_{-\frac{\pi}{4}}^{\frac{\pi}{4}}\frac{x^3}{\cos^2 x}dx$，由于 $\frac{1}{\cos^2 x}$ 在 $\left[-\frac{\pi}{4},\frac{\pi}{4}\right]$ 上是偶函数，$\frac{x^3}{\cos^2 x}$ 在 $\left[-\frac{\pi}{4},\frac{\pi}{4}\right]$ 上是奇函数，所以

$$\int_{-\frac{\pi}{4}}^{\frac{\pi}{4}}\frac{1+x^3}{\cos^2 x}dx = \int_{-\frac{\pi}{4}}^{\frac{\pi}{4}}\frac{1}{\cos^2 x}dx + \int_{-\frac{\pi}{4}}^{\frac{\pi}{4}}\frac{x^3}{\cos^2 x}dx = 2\int_{0}^{\frac{\pi}{4}}\frac{1}{\cos^2 x}dx = 2[\tan x]_{0}^{\frac{\pi}{4}} = 2.$$

二、定积分的分部积分法

与不定积分的分部积分法相似，定积分有如下的分部积分公式．

★ **定理 22.2** ▶ 设 $u'(x), v'(x)$ 在区间 $[a,b]$ 上连续，则

$$\int_a^b u(x)v'(x)\mathrm{d}x = \left[u(x)v(x)\right]_a^b - \int_a^b v(x)u'(x)\mathrm{d}x \ .$$

例 22.7 计算 $\int_0^\pi x\sin x\mathrm{d}x$.

【解】 $\int_0^\pi x\sin x\mathrm{d}x = \int_0^\pi x\mathrm{d}(-\cos x) = \left[-x\cos x\right]_0^\pi - \int_0^\pi (-\cos x)\mathrm{d}x = \pi + \left[\sin x\right]_0^\pi = \pi \ .$

例 22.8 计算 $\int_1^e \ln x\mathrm{d}x$.

【解】 $\int_1^e \ln x\mathrm{d}x = \left[x\ln x\right]_1^e - \int_1^e x\mathrm{d}\ln x = e - \int_1^e \mathrm{d}x = e - \left[x\right]_1^e = 1 \ .$

例 22.9 计算 $\int_0^1 e^{\sqrt{x}}\mathrm{d}x$.

【解】 被积函数含有二次根式 $\sqrt{x}$ ，因此令 $\sqrt{x} = t$ ，则 $x = t^2$ ， $\mathrm{d}x = 2t\mathrm{d}t$ ，从而有

$$\int_0^1 e^{\sqrt{x}}\mathrm{d}x = 2\int_0^1 te^t\mathrm{d}t = 2\int_0^1 t\mathrm{d}e^t = 2\left[te^t\right]_0^1 - 2\int_0^1 e^t\mathrm{d}t = 2e - 2\left[e^t\right]_0^1 = 2 \ .$$

练一练

拓展练习

❶ 计算下列各定积分.

(1) $\int_0^1 \dfrac{x^2}{1+x^3}\mathrm{d}x$;

(2) $\int_0^1 \dfrac{e^x}{1+e^x}\mathrm{d}x$;

(3) $\int_1^e \dfrac{\ln^4 x}{x}\mathrm{d}x$;

(4) $\int_1^4 \dfrac{1}{\sqrt{x}+1}\mathrm{d}x$.

❷ 计算下列各定积分.

(1) $\int_0^1 xe^{-x}\mathrm{d}x$;

(2) $\int_0^1 \arctan x\mathrm{d}x$;

(3) $\int_1^3 x\ln(1+x)\mathrm{d}x$;

(4) $\int_0^\pi e^x\sin x\mathrm{d}x$.

❸ 利用函数奇偶性计算下列定积分.

(1) $\int_{-\pi}^\pi (x^3+x)\cos x\mathrm{d}x$;

(2) $\int_{-1}^1 \dfrac{1+x}{\sqrt{1-x^2}}\mathrm{d}x$.

模块二十三 无穷限的反常积分

想一想

前面讨论的定积分，积分区间是有限的. 但在实际问题中，常会遇到积分区间是无穷的情况，在本模块中我们讨论无穷区间上的积分，显然这样的积分已经不是通常意义下的定积分，故称为无穷区间上的反常积分.

案例 23-1　（开口曲边梯形的面积）

求由曲线 $y=\dfrac{1}{x^2}$，$x=\dfrac{1}{2}$ 及 x 轴所围成的开口曲边梯形的面积 (见图 23-1).

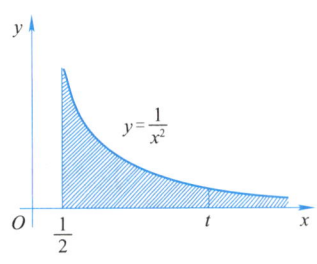

图 23-1

分析　类似定积分的几何意义，开口曲边梯形的面积可表示为

$$A=\int_{\frac{1}{2}}^{+\infty}\frac{1}{x^2}\mathrm{d}x.$$

上面的积分不是通常意义上的定积分，它的积分区间 $\left[\dfrac{1}{2},+\infty\right)$ 是无限区间，下面我们研究 $A=\int_{\frac{1}{2}}^{+\infty}\dfrac{1}{x^2}\mathrm{d}x$ 该如何计算.

任取实数 $t>\dfrac{1}{2}$，则以曲线 $y=\dfrac{1}{x^2}$ 为曲边、$\left[\dfrac{1}{2},t\right]$ 为底的曲边梯形的面积 $A(t)$ 可表示为

$$A(t)=\int_{\frac{1}{2}}^{t}\frac{1}{x^2}\mathrm{d}x=2-\frac{1}{t}.$$

当 $t\to +\infty$ 时，$A(t)$ 的极限就是开口曲边梯形面积的精确值，即

$$\int_{\frac{1}{2}}^{+\infty}\frac{1}{x^2}\mathrm{d}x=\lim_{t\to +\infty}\int_{\frac{1}{2}}^{t}\frac{1}{x^2}\mathrm{d}x=\lim_{t\to +\infty}\left(2-\frac{1}{t}\right)=2.$$

学一学

一般地，设函数 $f(x)$ 在 $[a,+\infty)$ 上连续，取 $t>a$，作定积分 $\int_a^t f(x)\mathrm{d}x$，则称 $\lim\limits_{t\to+\infty}\int_a^t f(x)\mathrm{d}x$ 为 $f(x)$ 在无穷区间 $[a,+\infty)$ 上的**反常积分**，记为 $\int_a^{+\infty} f(x)\mathrm{d}x$，即

$$\int_a^{+\infty} f(x)\mathrm{d}x = \lim_{t\to+\infty}\int_a^t f(x)\mathrm{d}x. \tag{23-1}$$

▶ **定义 23.1** ▶ 设函数 $f(x)$ 在 $[a,+\infty)$ 上连续，取 $t>a$，如果 $\lim\limits_{t\to+\infty}\int_a^t f(x)\mathrm{d}x$ 存在，则称 $\int_a^{+\infty} f(x)\mathrm{d}x$ **收敛**，并称此极限为 $\int_a^{+\infty} f(x)\mathrm{d}x$ 的**值**；如果上述极限不存在，则称 $\int_a^{+\infty} f(x)\mathrm{d}x$ **发散**。

类似地，设函数 $f(x)$ 在 $(-\infty, b]$ 上连续，可以定义 $f(x)$ 在无穷区间 $(-\infty, b]$ 上的**反常积分**为 $\int_{-\infty}^b f(x)\mathrm{d}x$，即

$$\int_{-\infty}^b f(x)\mathrm{d}x = \lim_{t\to-\infty}\int_t^b f(x)\mathrm{d}x. \tag{23-2}$$

▶ **定义 23.2** ▶ 设函数 $f(x)$ 在 $(-\infty, b]$ 上连续，取 $t<b$，如果 $\lim\limits_{t\to-\infty}\int_t^b f(x)\mathrm{d}x$ 存在，则称 $\int_{-\infty}^b f(x)\mathrm{d}x$ **收敛**，并称此极限为 $\int_{-\infty}^b f(x)\mathrm{d}x$ 的**值**；如果上述极限不存在，则称 $\int_{-\infty}^b f(x)\mathrm{d}x$ **发散**。

设函数 $f(x)$ 在区间 $(-\infty,+\infty)$ 上连续，则 $\int_{-\infty}^a f(x)\mathrm{d}x + \int_a^{+\infty} f(x)\mathrm{d}x$ 称为函数 $f(x)$ 在无穷区间 $(-\infty,+\infty)$ 上的反常积分（其中 a 为任意实数），记为 $\int_{-\infty}^{+\infty} f(x)\mathrm{d}x$，即

$$\int_{-\infty}^{+\infty} f(x)\mathrm{d}x = \int_{-\infty}^a f(x)\mathrm{d}x + \int_a^{+\infty} f(x)\mathrm{d}x.$$

▶ **定义 23.3** ▶ 设函数 $f(x)$ 在 $(-\infty,+\infty)$ 上连续，如果 $\int_{-\infty}^a f(x)\mathrm{d}x$ 和 $\int_a^{+\infty} f(x)\mathrm{d}x$ 均**收敛**，则称 $\int_{-\infty}^{+\infty} f(x)\mathrm{d}x$ 收敛，并称 $\int_{-\infty}^a f(x)\mathrm{d}x$ 和 $\int_a^{+\infty} f(x)\mathrm{d}x$ 之和为 $\int_{-\infty}^{+\infty} f(x)\mathrm{d}x$ 的**值**；否则就称 $\int_{-\infty}^{+\infty} f(x)\mathrm{d}x$ **发散**。

上述的反常积分统称为无穷限的反常积分。

设 $F(x)$ 为 $f(x)$ 在 $[a,+\infty)$ 上的一个原函数，若 $\lim\limits_{x\to+\infty} F(x)$ 存在，令 $\lim\limits_{x\to+\infty} F(x) = F(+\infty)$，则反常积分 $\int_a^{+\infty} f(x)\mathrm{d}x = F(+\infty) - F(a)$。

为了书写方便，在计算无穷限的反常积分过程中，常常将极限符号省去，形式上利用牛顿-莱布尼茨公式直接计算。即

$$\int_a^{+\infty} f(x)\mathrm{d}x = \left[F(x)\right]_a^{+\infty} = F(+\infty) - F(a).$$

同理：
$$\int_{-\infty}^b f(x)\mathrm{d}x = \left[F(x)\right]_{-\infty}^b = F(b) - F(-\infty),$$

$$\int_{-\infty}^{+\infty} f(x)\mathrm{d}x = \left[F(x)\right]_{-\infty}^{+\infty} = F(+\infty) - F(-\infty).$$

▶ **例 23.1** ▶ 计算 $\int_0^{+\infty} \mathrm{e}^{-x}\mathrm{d}x$。

【解】$\int_0^{+\infty} e^{-x} dx = -\left[e^{-x}\right]_0^{+\infty} = -\left[\lim_{x \to +\infty} e^{-x} - 1\right] = 1$.

案例 23-1 的求解

【解】开口曲边梯形的面积

$$A = \int_{\frac{1}{2}}^{+\infty} \frac{1}{x^2} dx = \left[-\frac{1}{x}\right]_{\frac{1}{2}}^{+\infty} = \lim_{x \to +\infty}\left[-\frac{1}{x}\right] + 2 = 2.$$

例 23.2 计算 $\int_{-\infty}^{-1} \frac{1}{x^3} dx$.

【解】$\int_{-\infty}^{-1} \frac{1}{x^3} dx = \left[-\frac{1}{2x^2}\right]_{-\infty}^{-1} = -\frac{1}{2} - \lim_{x \to -\infty}\left[-\frac{1}{2x^2}\right] = -\frac{1}{2}$.

例 23.3 计算 $\int_{-\infty}^{+\infty} \frac{1}{1+x^2} dx$.

【解】$\int_{-\infty}^{+\infty} \frac{1}{1+x^2} dx = [\arctan x]_{-\infty}^{+\infty} = \lim_{x \to +\infty} \arctan x - \lim_{x \to -\infty} \arctan x = \frac{\pi}{2} - \left(-\frac{\pi}{2}\right) = \pi$.

当计算熟练以后，上式求极限过程可以省略，即

$$\int_{-\infty}^{+\infty} \frac{1}{1+x^2} dx = [\arctan x]_{-\infty}^{+\infty} = \frac{\pi}{2} - \left(-\frac{\pi}{2}\right) = \pi.$$

例 23.4 讨论 $\int_2^{+\infty} \frac{dx}{x \ln x}$ 的敛散性.

【解】$\int_2^{+\infty} \frac{dx}{x \ln x} = \int_2^{+\infty} \frac{d(\ln x)}{\ln x} = [\ln(\ln x)]_2^{+\infty} = +\infty$，所以广义积分 $\int_2^{+\infty} \frac{dx}{x \ln x}$ 是发散的.

例 23.5 证明反常积分 $\int_a^{+\infty} \frac{1}{x^p} dx\ (a > 0)$ 当 $p > 1$ 时收敛，当 $p \leqslant 1$ 时发散.

证明 当 $p = 1$ 时，$\int_a^{+\infty} \frac{1}{x} dx = [\ln x]_a^{+\infty} = +\infty$；

当 $p \neq 1$ 时，$\int_a^{+\infty} \frac{1}{x^p} dx = \left[\frac{1}{1-p} x^{1-p}\right]_a^{+\infty} = \begin{cases} \dfrac{a^{1-p}}{p-1}, & p > 1, \\ +\infty, & p < 1, \end{cases}$

因此，当 $p > 1$ 时该反常积分收敛，当 $p \leqslant 1$ 时该反常积分发散.

练一练

拓展练习

下列广义积分是否收敛？若收敛，求出它的值.

(1) $\int_{\frac{1}{e}}^{+\infty} \frac{\ln x}{x} dx$；

(2) $\int_0^{+\infty} \frac{1}{(1+x)^3} dx$；

(3) $\int_{-\infty}^0 \frac{2x}{x^2+1} dx$；

(4) $\int_{-\infty}^{+\infty} x e^{-\frac{x^2}{2}} dx$.

模块二十四 元素法

学一学

我们可以从引入定积分概念的实例中总结出应用定积分解决实际问题的一般方法——元素法. 下面先回顾一下曲边梯形面积的计算方法和步骤.

设 $f(x)$ 在区间 $[a,b]$ 上连续，且 $f(x) \geqslant 0$，求以曲线 $y = f(x)$ 为曲边，底为 $[a,b]$ 的曲边梯形的面积 A.

其主要过程为：分割、近似、求和、取极限.

(1) 分割

用任意一组分点将区间 $[a,b]$ 分成长度为 Δx_i 的 n 个小区间 $[x_{i-1}, x_i]$，相应地原曲边梯形被划分成 n 个小曲边梯形，第 i 个小曲边梯形的面积记为 ΔA_i，于是有

$$A = \sum_{i=1}^{n} \Delta A_i.$$

(2) 近似

以矩形代替小曲边梯形，计算 ΔA_i 的近似值

$$\Delta A_i \approx f(\xi_i) \Delta x_i, \text{ 其中 } \xi_i \in [x_{i-1}, x_i] \ (i = 1, 2, \cdots, n).$$

(3) 求和

求和，得 A 的近似值

$$A \approx \sum_{i=1}^{n} f(\xi_i) \Delta x_i.$$

(4) 取极限

记 $\lambda = \max\{\Delta x_1, \Delta x_2, \cdots, \Delta x_n\}$，取极限，得

$$A = \lim_{\lambda \to 0} \sum_{i=1}^{n} f(\xi_i) \Delta x_i = \int_a^b f(x) \mathrm{d}x.$$

在上述问题中我们不难发现，所求量 A 与区间 $[a,b]$ 有关. 如果把区间 $[a,b]$ 分成许多部分区间，所求量相应地分成许多部分量（即 ΔA_i），而所求量等于所有部分量之和（即

$A = \sum_{i=1}^{n} \Delta A_i$），这一性质称为所求量对于区间$[a,b]$具有可加性．

上述四步我们发现，第二步最关键，需确定ΔA_i的近似值$f(\xi_i)\Delta x_i$．将ξ_i换为x，Δx_i换为$\mathrm{d}x$，即可得被积表达式的形式（即$\Delta A \approx f(x)\mathrm{d}x$）．在实际应用中，为简便起见，在区间$[a,b]$内任取一子区间$[x, x+\mathrm{d}x]$，以$\mathrm{d}x$为底，$f(x)$为高的小矩形的面积近似代替小曲边梯形的面积，即

$$\Delta A \approx f(x)\mathrm{d}x，$$

其中$f(x)\mathrm{d}x$称为所求面积A的面积微元，记为$\mathrm{d}A = f(x)\mathrm{d}x$，于是

$$A = \lim \sum f(x)\mathrm{d}x = \int_a^b f(x)\mathrm{d}x．$$

一般地，用元素法求具有可加性的总量U的步骤如下：

第一步　根据问题，选取一个变量x为积分变量，并确定它的变化区间$[a,b]$．

第二步　将区间$[a,b]$分成若干小区间，取其中的任一小区间$[x, x+\mathrm{d}x]$，求出它所对应的部分量ΔU的近似值

$$\Delta U \approx f(x)\mathrm{d}x，$$

称$f(x)\mathrm{d}x$为量U的微元，记作$\mathrm{d}U = f(x)\mathrm{d}x$．

第三步　以量U的微元$\mathrm{d}U$作被积表达式，以$[a,b]$为积分区间，得

$$U = \int_a^b f(x)\mathrm{d}x．$$

备注：

(1) 元素法实质是找出量U的微元$\mathrm{d}U$的微分表达式

$$\mathrm{d}U = f(x)\mathrm{d}x \quad (a \leqslant x \leqslant b)．$$

(2) 用元素法求总量的关键是求出微元的表达式，这需要分析问题的实际意义及数量关系，一般按在局部$[x, x+\mathrm{d}x]$上，以"常代变""匀代不匀""直代曲"的思路（局部线性化），写出局部上所求量的近似值，即为微元$\mathrm{d}U = f(x)\mathrm{d}x$．

模块二十五 定积分几何应用——平面图形面积

想一想

前面的模块中，我们学习了定积分的概念，根据定积分的几何意义，可以求解曲边梯形的面积，那么对于一般的平面图形的面积，我们又该如何求解？

案例 25-1 求由两条抛物线 $y^2 = x$，$y = x^2$ 所围成的平面图形的面积.

分析 由元素法，需要合理选取变量及变量的变化区间，在区间上任取一小区间，构造面积的微元，则所要求解的图形面积就等于面积微元在变化区间上的定积分.

下面我们先用元素法学习两种特殊的平面图形面积的求法.

学一学

一、X-型平面图形的面积

由直线 $x = a, x = b (a < b)$ 及两条连续曲线 $y = f_1(x), y = f_2(x)(f_2(x) \leqslant f_1(x))$ 所围成的平面图形称为 **X-型平面图形** (见图 25-1)，该图形的面积如何表示？

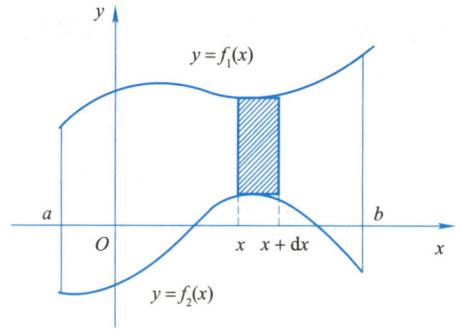

图 25-1

由元素法，选取横坐标 x 为积分变量，$x\in[a,b]$．在区间 $[a,b]$ 上任取一小区间 $[x,x+\mathrm{d}x]$，则区域面积的微元 $\mathrm{d}A$ 是以 $f_1(x)-f_2(x)$ 为高、$\mathrm{d}x$ 为底的矩形面积，即

$$\mathrm{d}A=[f_1(x)-f_2(x)]\mathrm{d}x，$$

从而 X-型平面图形的面积可表示为

$$A=\int_a^b[f_1(x)-f_2(x)]\mathrm{d}x．\tag{25-1}$$

二、Y-型平面图形的面积

把由直线 $y=c$，$y=d(c<d)$ 及两条连续曲线 $x=g_1(y)$，$x=g_2(y)(g_2(y)\leqslant g_1(y))$ 所围成的平面图形称为 *Y-型平面图形*（见图 25-2），则该图形的面积该如何表示？

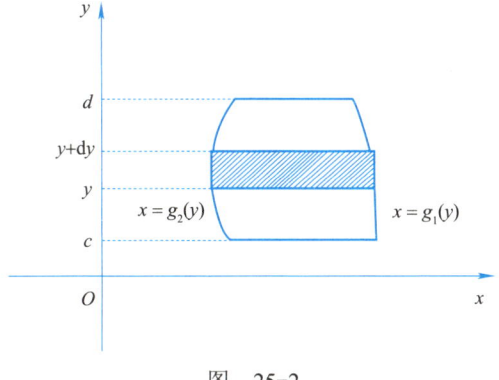

图 25-2

由元素法，取纵坐标 y 为积分变量，$y\in[c,d]$．在区间 $[c,d]$ 上任取一小区间 $[y,y+\mathrm{d}y]$，则区域面积的微元 $\mathrm{d}A$ 是以 $g_1(y)-g_2(y)$ 为高、$\mathrm{d}y$ 为底的矩形面积，即

$$\mathrm{d}A=[g_1(y)-g_2(y)]\mathrm{d}y，$$

从而 Y-型平面图形的面积可表示为：

$$A=\int_c^d[g_1(y)-g_2(y)]\mathrm{d}y．\tag{25-2}$$

将平面图形的面积表示为定积分，关键在于选择积分变量，因此我们要会区分 X-型与 Y-型平面图形．其观察方法如下：

上、下边界曲线的函数表达式均为单一表达式，取 x 为积分变量；左、右边界曲线的函数表达式均为单一表达式，取 y 为积分变量．

例 25.1 求由曲线 $y=\mathrm{e}^x$，直线 $x=1$，$x=2$ 及 x 轴所围成平面图形的面积．

【解】 曲线 $y=\mathrm{e}^x$，直线 $x=1$，$x=2$ 及 x 轴所围成平面图形如图 25-3 所示．

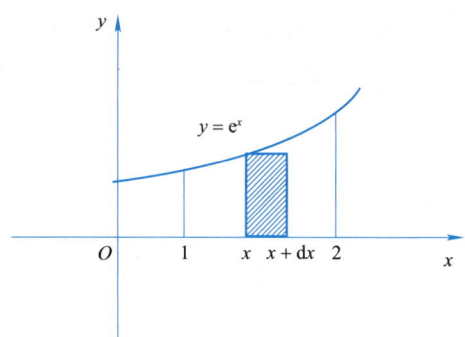

图 25-3

将平面图形看作 X - 型平面图形，取横坐标 x 为积分变量，$x \in [1,2]$．在区间 $[1,2]$ 上任取一小区间 $[x, x+\mathrm{d}x]$，则平面图形的面积微元为

$$dA = e^x \mathrm{d}x,$$

从而平面图形的面积　　　　$A = \int_1^2 e^x \mathrm{d}x = \left[e^x \right]_1^2 = e^2 - e.$

▶ 案例 25-1 的求解

【解】解方程组 $\begin{cases} y^2 = x \\ y = x^2 \end{cases}$ 得交点 $(0,0), (1,1)$．$y^2 = x, y = x^2$ 所围成平面图形如图 25-4 所示．

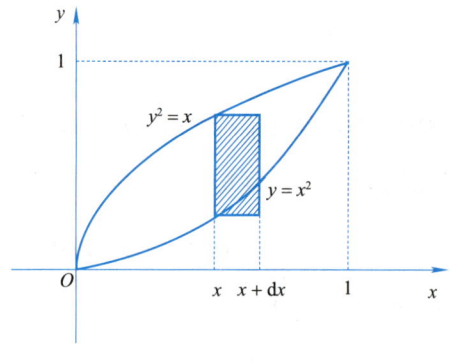

图 25-4

将平面图形看作 X - 型平面图形，取横坐标 x 为积分变量，$x \in [0,1]$．在区间 $[0,1]$ 上任取一小区间 $[x, x+\mathrm{d}x]$，则平面图形的面积微元

$$dA = (\sqrt{x} - x^2)\mathrm{d}x,$$

从而平面图形的面积　　　　$A = \int_0^1 (\sqrt{x} - x^2)\mathrm{d}x = \left[\frac{2}{3} x^{\frac{3}{2}} - \frac{1}{3} x^3 \right]_0^1 = \frac{1}{3}.$

例 25.2　求由抛物线 $y^2 = 2x$ 与直线 $y = x - 4$ 所围成平面图形的面积．

【解】解方程组 $\begin{cases} y^2 = 2x \\ y = x - 4 \end{cases}$ 得交点 $(2, -2)$，$(8, 4)$．抛物线 $y^2 = 2x$ 与直线 $y = x - 4$ 所围成

的平面图形如图 25-5 所示.

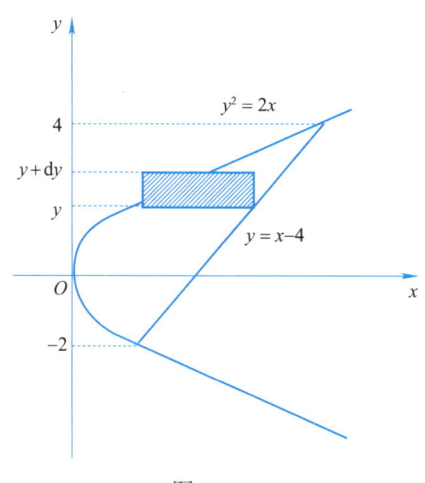

图 25-5

将平面图形看作 Y - 型平面图形，取纵坐标 y 为积分变量，$y \in [-2,4]$. 在区间 $[-2,4]$ 上任取一小区间 $[y, y+\mathrm{d}y]$，则平面图形的面积微元

$$\mathrm{d}A = \left(y + 4 - \frac{1}{2}y^2\right)\mathrm{d}y,$$

从而平面图形的面积 $A = \int_{-2}^{4}\left(y + 4 - \frac{1}{2}y^2\right)\mathrm{d}y = \left[\frac{1}{2}y^2 + 4y - \frac{1}{6}y^3\right]_{-2}^{4} = 18$.

练一练

拓展练习

① 求曲线 $y = x^3$，直线 $x = 0$，$y = 1$ 所围成平面图形的面积.

② 求曲线 $y = \sin x$，直线 $x = \dfrac{\pi}{2}$，$y = 0$ 所围成平面图形的面积.

③ 求抛物线 $y = 2 - x^2$ 与直线 $y = 3x - 2$ 所围成平面图形的面积.

模块二十六 定积分几何应用——旋转体体积

想一想

旋转体在日常生活中十分常见，由于旋转体形成过程的特殊而使其具备极强的艺术价值和对称美，这种美在瓷器上更加体现得淋漓尽致，古代诗人就曾用"可参造化先天妙"称赞青花瓷体态造化天成 (见图 26-1).

图 26-1

数学上，我们称一个平面图形绕该平面内的一条直线旋转一周而成的立体称为**旋转体**，该直线称为该旋转体的旋转轴.

案例 26-1　求曲线 $y = \ln x$，直线 $y = 0$，$y = 1$ 及 y 轴围成的平面图形绕 y 轴旋转一周所得旋转体的体积.

分析　由元素法，需要合理选取变量及变量的变化区间，在区间上任取一小区间，构造旋转体的体积微元，则所要求的旋转体的体积就等于体积微元在变化区间上的定积分.

学一学

下面我们先讨论 X—型图形的曲边梯形绕 x 轴旋转得到的旋转体和 Y—型图形的曲边梯形绕 y 轴旋转得到的旋转体.

一、X—型的单曲边梯形绕 x 轴旋转得到的旋转体

X—型的单曲边梯形是由直线 $x = a$，$x = b(a < b)$，连续曲线 $y = f(x)$ 及 x 轴所围成的平

面图形. 则该图形绕 x 轴旋转得到的旋转体的体积(见图 26-2)该如何表示？

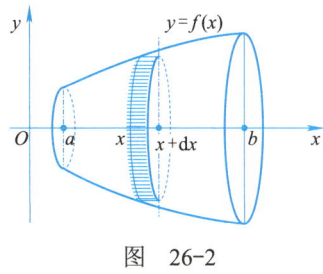

图 26-2

取横坐标 x 为积分变量，$x \in [a,b]$. 在区间 $[a,b]$ 上任取一小区间 $[x, x+dx]$，则旋转体的体积微元 dV 是以 $y = f(x)$ 为底面半径、dx 为高的圆柱体积，即

$$dV_x = \pi [f(x)]^2 dx,$$

从而旋转体的体积

$$V_x = \pi \int_a^b [f(x)]^2 dx. \tag{26-1}$$

二、Y—型的单曲边梯形绕 y 轴旋转得到的旋转体

Y—型的单曲边梯形是由直线 $y = c, y = d (c < d)$，连续曲线 $x = \varphi(y)$ 及 y 轴所围成的平面图形，则该图形绕 y 轴旋转得到的旋转体的体积(见图 26-3)该如何表示？

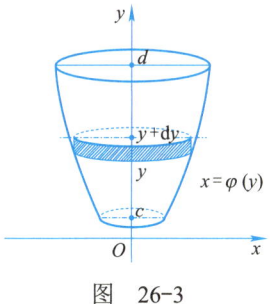

图 26-3

取纵坐标 y 为积分变量，$y \in [c,d]$. 在区间 $[c,d]$ 上任取一小区间 $[y, y+dy]$，则旋转体的体积微元 dV 是以 $x = \varphi(y)$ 为底面半径、dy 为高的圆柱体积，即

$$dV_y = \pi [\varphi(y)]^2 dy,$$

从而旋转体的体积

$$V_y = \pi \int_c^d [\varphi(y)]^2 dy. \tag{26-2}$$

例 26.1 求由曲线 $y = x^2$，$x = 1$ 及 x 轴所围成的图形绕 x 轴旋转一周所得旋转体的体积.

【解】曲线 $y = x^2$，$x = 1$ 及 x 轴所围成的图形绕 x 轴旋转得到的旋转体如图 26-4 所示.

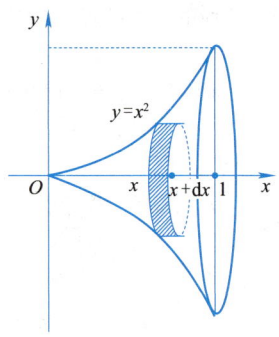

图 26-4

取横坐标 x 为积分变量，$x \in [0,1]$．在区间 $[0,1]$ 上任取一小区间 $[x, x+\mathrm{d}x]$，则旋转体的体积微元

$$\mathrm{d}V_x = \pi(x^2)^2 \mathrm{d}x = \pi x^4 \mathrm{d}x,$$

从而旋转体的体积 $\quad V_x = \pi \int_0^1 x^4 \mathrm{d}x = \pi \left[\dfrac{1}{5}x^5\right]_0^1 = \dfrac{\pi}{5}.$

例 26.2 证明：$x^2 + y^2 = R^2$ 的上半圆面绕 x 轴旋转一周所得球体的体积等于 $\dfrac{4}{3}\pi R^3$．

证　$x^2 + y^2 = R^2$ 的上半圆面绕 x 轴旋转得到球体如图 26-5 所示．

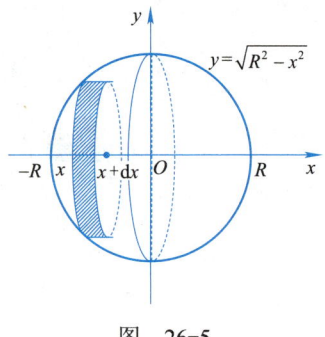

图 26-5

取横坐标 x 为积分变量，$x \in [-R, R]$．在区间 $[-R, R]$ 上任取一小区间 $[x, x+\mathrm{d}x]$，则旋转体的体积微元

$$\mathrm{d}V_x = \pi(\sqrt{R^2 - x^2})^2 \mathrm{d}x = \pi(R^2 - x^2)\mathrm{d}x,$$

从而旋转体的体积

$$V_x = \pi \int_{-R}^{R} (R^2 - x^2)\mathrm{d}x = 2\pi \int_0^R (R^2 - x^2)\mathrm{d}x = 2\pi \left[R^2 x - \dfrac{1}{3}x^3\right]_0^R = \dfrac{4}{3}\pi R^3.$$

▶ **案例 26-1 的求解**

【解】曲线 $y = \ln x$，直线 $y = 0$，$y = 1$ 及 y 轴围成的平面图形绕 y 轴旋转

一周所得旋转体如图 26-6 所示.

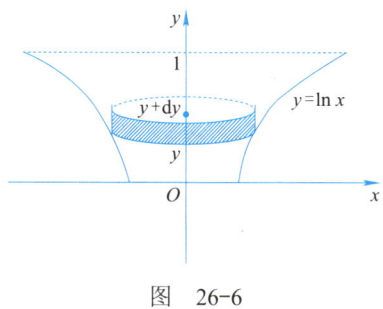

图 26-6

取纵坐标 y 为积分变量，$y \in [0,1]$. 在区间 $[0,1]$ 上任取一小区间 $[y, y+dy]$，则旋转体的体积微元

$$dV_y = \pi(e^y)^2 dy = \pi e^{2y} dy,$$

从而旋转体的体积 $V_y = \pi \int_0^1 e^{2y} dy = \pi \left[\frac{1}{2} e^{2y}\right]_0^1 = \frac{\pi}{2}(e^2 - 1).$

练一练

拓展练习

❶ 求曲线 $y = \ln x$ 与直线 $x = 1$，$x = 2$ 及 x 轴围成的单曲边梯形绕 x 轴旋转一周所得旋转体的体积.

❷ 求曲线 $y = x^3$ 与直线 $x = 2$ 及 x 轴围成的图形绕 y 轴旋转一周所得旋转体的体积.

模块二十七 定积分在经济学中的应用

学一学

前面介绍了经济学中常见的几种函数,如成本函数、收益函数、利润函数等经济函数,通过求导研究了经济函数的边际问题. 在实际应用中,我们也会遇到相反的问题,即已知边际函数,求原经济总量函数的问题. 归纳起来一般分为两类问题:

(1) 已知边际函数或变化率,用定积分求经济总量函数;

(2) 已知边际函数或变化率,用定积分求变量从 a 变化到 b 时经济总量函数的改变量.

一、需求函数

已知某产品的边际需求 $Q'(p)$ 是价格 p 的连续函数,一般地,价格 $p=0$ 时需求量最大,最大需求量记为 Q_0,则总需求函数 $Q(p)$ 可表示为

$$Q(p) = \int_0^p Q'(t)dt + Q_0 \tag{27-1}$$

产量从 a 变化到 b 时,需求函数的改变量 ΔQ 为

$$\Delta Q = \int_a^b Q'(p)dp \tag{27-2}$$

例 27.1 已知某商品的需求量是价格 p 的函数,且边际需求 $Q'(p) = -4$,该商品的最大需求量为 80,求

(1) 需求量与价格的总需求函数 $Q(p)$;

(2) 价格从 2 增加到 4 时总需求的改变量 ΔQ.

【解】(1) 由式 (27-1) 有

$$Q(p) = \int_0^p Q'(t)dt + 80 = \int_0^p (-4)dt + 80 = [-4t]_0^p + 80 = -4p + 80.$$

(2) 由式 (27-2) 得总需求的改变量

$$\Delta Q = \int_2^4 Q'(p)dp = \int_2^4 (-4)dp = [-4t]_2^4 = -8.$$

二、总成本函数

已知某产品的边际成本 $C'(Q)$ 是产量 Q 的连续函数，固定成本为 C_0，则总成本函数 $C(Q)$ 可表示为

$$C(Q) = \int_0^Q C'(t)dt + C_0 \qquad (27\text{-}3)$$

产量从 a 变化到 b 时，总成本的改变量 ΔC 为

$$\Delta C = \int_a^b C'(Q)dQ \qquad (27\text{-}4)$$

例 27.2 已知某厂生产某产品的边际成本 $C'(Q) = 3Q^2 - 10Q + 50$（单位：万元 /t）是关于产量 Q 的连续函数，固定成本为 100 万元，求

(1) 总成本函数 $C(Q)$；

(2) 产量从 2 t 增加到 4 t 时总成本的改变量 ΔC.

【解】 (1) 由式 (27-3) 有

$$C(Q) = \int_0^Q C'(t)dt + 100 = \int_0^Q (3t^2 - 10t + 50)dt + 100$$

$$= \left[t^3 - 5t^2 + 50t\right]_0^Q + 100 = Q^3 - 5Q^2 + 50Q + 100.$$

(2) 由式 (27-4) 得总成本的改变量 ΔC 为

$$\Delta C = \int_2^4 C'(Q)dQ = \int_2^4 (3Q^2 - 10Q + 50)dQ = 96 \text{（万元）}.$$

三、收益函数

已知某产品的边际收益 $R'(Q)$ 是产量 Q 的连续函数，则总收益函数 $R(Q)$ 可表示为

$$R(Q) = \int_0^Q R'(t)dt \qquad (27\text{-}5)$$

产量 Q 从 a 变化到 b 时，总收益的改变量 ΔR 为

$$\Delta R = \int_a^b R'(Q)dQ \qquad (27\text{-}6)$$

例 27.3 某产品的边际收益为 $R'(Q) = 100 - 0.01Q$（Q 的单位为件，R 的单位为元），求

(1) 产品产量为 100 件时的总收入和平均收益；

(2) 生产 100 件后，再生产 100 件时的收益.

【解】 (1) 由式 (27-5) 可得产量为 100 件时的总收益为

$$R(Q) = \int_0^{100} R'(Q)dQ = \int_0^{100} (100 - 0.01Q)dQ = 9950 \text{（元）};$$

平均收益为
$$\bar{R} = \frac{R}{100} = 99.5 \text{（元）}.$$

(2) 由式 (27-6)，生产 100 件后，再生产 100 件时的收益为
$$\Delta R = \int_{100}^{200} R'(Q) \mathrm{d}Q = \int_{100}^{200} (100 - 0.01Q) \mathrm{d}Q = 9850 \text{（元）}.$$

四、利润函数

已知某产品的边际收益是 $R'(Q)$，边际成本是 $C'(Q)$，则边际利润 $L'(Q)$ 为
$$L'(Q) = R'(Q) - C'(Q) \tag{27-7}$$

则利润函数 $L(Q)$ 可表示为
$$L(Q) = \int_0^Q L'(t) \mathrm{d}t = \int_0^Q [R'(t) - C'(t)] \mathrm{d}t \tag{27-8}$$

变量 x 从 a 变化到 b 时，总利润的改变量 ΔL 为
$$\Delta L = \int_a^b L'(Q) \mathrm{d}Q \tag{27-9}$$

例 27.4 已知某产品的边际成本 $C'(Q) = 2$（元/件），固定成本为 0，边际收益 $R'(Q) = 20 - 0.02Q$，求

(1) 产量为多少时利润 $L(Q)$ 最大？

(2) 在最大利润产量的基础上再生产 40 件，利润会发生什么变化？

【解】(1) 该产品的边际利润为
$$L'(Q) = R'(Q) - C'(Q) = 20 - 0.02Q - 2 = 18 - 0.02Q,$$

令 $L'(Q) = 0$，即 $18 - 0.02Q = 0$，从而有 $Q = 900$，即当产量为 900 件时，可获利润最大.

(2) 在最大利润产量的基础上再生产 40 件，利润的改变量 ΔL 为
$$\Delta L = \int_{900}^{940} L'(Q) \mathrm{d}Q = \int_{900}^{940} (18 - 0.02Q) \mathrm{d}Q = -16 \text{（元）},$$

即在最大利润产量的基础上再生产 40 件时，利润减少了 16 元.

五、资本现值

若现有 a 元本金，按年利率为 r 作连续复利计算，则 t 年后的本利和 $A(t)$ 为 $A(t) = a\mathrm{e}^{rt}$ 元；反过来，若 t 年后的本利和 $A(t)$ 已知，则按连续复利计算，现在应有本金 $a = A\mathrm{e}^{-rt}$ 元，称 a 为资本现值.

设在时间区间 $[0, T]$ 内 t 时刻的单位时间的收入为 $A(t)$，称此为收入率，

若按年利率为 r 的连续复利计算，则在 $[0,T]$ 内的总收入现值为

$$R(t) = \int_0^T A(t) e^{-rt} dt.$$

若收入率为 A（A 为常数），称此为均匀收入率，若年利率为 r 也为常数，则总收入的现值为

$$R = \int_0^T A e^{-rt} dt = \left[\frac{-A}{r} e^{-rt}\right]_0^T = \frac{A}{r}(1 - e^{-rT}).$$

例 27.5 若连续 3 年内保持收益率每年 7500 元不变，且利率为 7.5%，问其现值是多少？

【解】因均匀收益率 $A = 7500$，$r = 7.5\%$，则其现值为

$$R = \int_0^3 A e^{-rt} dt = \int_0^3 7500 e^{-0.075t} dt = \left[\frac{-7500}{0.075} e^{-0.075t}\right]_0^3 \approx 20150 \text{（元）},$$

即现值约为 20150 元.

练一练

拓展练习

❶ 已知某产品的边际收益为 $R'(Q) = 200 - 0.03Q^2$（Q 的单位为件，R 的单位为元），求产品产量为 100 件时的总收益和平均收益.

❷ 已知某产品的边际成本为 $MC = 20 + \frac{1}{3}Q$（万元/t），固定成本为 8 万元，边际收入函数 $MR = 140 - Q$（万元/t），求 (1) 利润函数；(2) 产量为多少时利润最大？

模块二十八 微分方程的基本概念

想一想

在日常生活和科学研究中，常常需要寻找反映客观事物变化规律的函数关系，但在很多问题中，很难直接找到所需的函数关系，而是通过建立实际问题的数学模型，即微分方程．对微分方程进行研究，从而求出变化规律的函数关系．

案例 28-1 （销售模型）

设某产品时刻 t 的销售数量记为 $y(t)$，需求量的上限记为 K，当 $t=0$ 时，有 $y(t)=0$．若产品销售增长率与销售数量和需求量的乘积成正比，比例系数记为 r，则从 t 到 $t+\Delta t$ 时间内销售的增量

$$y(t+\Delta t) - y(t) = ry(t)[K - y(t)]\Delta t,$$

从而有 $\dfrac{y(t+\Delta t) - y(t)}{\Delta t} = ry(t)[K - y(t)]$，当 $\Delta t \to 0$ 时，有

$$\frac{\mathrm{d}y(t)}{\mathrm{d}t} = ry(t)[K - y(t)], \tag{28-1}$$

可得 $y(t)$ 满足的方程为

$$\begin{cases} \dfrac{\mathrm{d}y(t)}{\mathrm{d}t} = ry(t)[K - y(t)], \\ y(t)\big|_{t=0} = 0. \end{cases}$$

案例 28-2 （人口增长模型）

设某地区时刻 t 的人口数量记为 $y(t)$，初始人口记为 $y(t_0)$，人口增长率记为常数 r，则单位时间内人口 $y(t)$ 的增量为 $ry(t)$，则 t 到 $t+\Delta t$ 时间内人口增量

$$y(t+\Delta t) - y(t) = ry(t)\Delta t,$$

从而有 $\dfrac{y(t+\Delta t) - y(t)}{\Delta t} = ry(t),$

当 $\Delta t \to 0$ 时，有
$$\frac{\mathrm{d}y(t)}{\mathrm{d}t} = ry(t) \tag{28-2}$$
可得 $y(t)$ 满足的方程
$$\begin{cases} \dfrac{\mathrm{d}y(t)}{\mathrm{d}t} = ry(t), \\ y(t)\big|_{t=t_0} = y(t_0). \end{cases}$$

上述案例中，式 (28-1) 和式 (28-2) 中都含有未知函数的导数，这样的方程我们称为微分方程．下面给出微分方程的概念．

学一学

一、微分方程的概念

▼ **定义 28.1** ▶ 表示未知函数、未知函数的导数与自变量之间关系的方程，称为微分方程．

▼ **定义 28.2** ▶ 微分方程中出现的未知函数的最高阶导数的阶，称为微分方程的阶．

例如 $\dfrac{\mathrm{d}y(t)}{\mathrm{d}t} = ry(t)[K-y(t)]$、$\dfrac{\mathrm{d}y(t)}{\mathrm{d}t} = ry(t)$ 是一阶微分方程；

$y'' + \dfrac{y'}{x} = xe^x$ 是二阶微分方程．

二阶及二阶以上的微分方程称为高阶微分方程．一般地，n 阶微分方程的形式表示为
$$F(x, y, y', \cdots, y^{(n)}) = 0.$$
特别地，一阶微分方程的形式为
$$F(x, y, y') = 0.$$

二、微分方程的解

在研究某些实际问题时，首先要建立微分方程，而解决该问题，就需要找出满足微分方程的函数（解微分方程），即找到一个函数，把这个函数代入微分方程能使方程成为恒等式，则称该函数为微分方程的解．

▼ **定义 28.3** ▶ 设函数 $y = y(x)$ 在某一区间 I 上有 n 阶导数，将函数 $y = y(x)$ 代入微分方程
$$F(x, y, y', \cdots, y^{(n)}) = 0,$$
如果对于 $\forall x \in I$，都有 $F(x, y(x), y'(x), \cdots, y^{(n)}(x)) = 0$ 成立，则称函数 $y = y(x)$ 是微分方程在区间 I 上的解．

例如 因为函数 $y = x^2 + C$（C 为任意常数）和 $y = x^2 + 1$ 代入微分方程 $\dfrac{dy}{dx} = 2x$ 都使方程成立，所以都是微分方程 $\dfrac{dy}{dx} = 2x$ 的解.

因为函数 $y = e^x$、$y = e^{2x}$、$y = C_1 e^x + C_2 e^{2x}$（C_1, C_2 为任意常数）代入微分方程 $y'' - 3y' + 2y = 0$ 都使方程成立，所以 $y = e^x$、$y = e^{2x}$、$y = C_1 e^x + C_2 e^{2x}$ 都是微分方程 $y'' - 3y' + 2y = 0$ 的解.

可以看到，微分方程的解有些不含任意常数，有些含有任意常数，且任意常数的个数与微分方程的阶相同.

▶ **定义 28.4** ▶ 如果微分方程的解中含有相互独立的任意常数，且相互独立的任意常数的个数与微分方程的阶数相同，则这样的解称为微分方程的通解.

例如 函数 $y = x^2 + C$（C 为任意常数）是方程 $\dfrac{dy}{dx} = 2x$ 的通解；

函数 $y = C_1 e^x + C_2 e^{2x}$（C_1, C_2 为任意常数）是微分方程 $y'' - 3y' + 2y = 0$ 的通解.

▶ **定义 28.5** ▶ 微分方程中用来确定通解中任意常数取值的条件，称为初值条件，满足初值条件的解，称为微分方程的特解.

一般地，求微分方程满足初值条件的特解问题称为初值问题.

求一阶微分方程 $y' = f(x, y)$ 满足初值条件 $y|_{x=x_0} = y_0$ 的特解，称为一阶微分方程的初值问题，记作

$$\begin{cases} y' = f(x, y), \\ y|_{x=x_0} = y_0. \end{cases}$$

求二阶微分方程 $y'' = f(x, y, y')$ 满足初值条件 $y|_{x=x_0} = y_0$，$y'|_{x=x_0} = y_1$ 的特解，称为二阶微分方程的初值问题，记作

$$\begin{cases} y'' = f(x, y, y'), \\ y|_{x=x_0} = y_0, \\ y'|_{x=x_0} = y_1. \end{cases}$$

例 验证函数 $y = C_1 e^x + C_2 e^{-x}$（C_1, C_2 为任意常数）是微分方程

$$y'' - y = 0$$

的解，并求满足初值条件 $y|_{x=0} = 2$，$y'|_{x=0} = 0$ 的特解.

【解】 因为

$$y' = C_1 e^x - C_2 e^{-x}, \quad y'' = C_1 e^x + C_2 e^{-x},$$

将 y，y'' 代入微分方程，得

$$y'' - y = (C_1 e^x + C_2 e^{-x}) - (C_1 e^x + C_2 e^{-x}) = 0,$$

所以函数 $y = C_1 e^x + C_2 e^{-x}$ 是所给微分方程的解.

因为 $y|_{x=0}=2$，即 $C_1+C_2=2$；$y'|_{x=0}=0$，即 $C_1-C_2=0$，从而有 $C_1=1$，$C_2=1$，所以满足初值条件 $y|_{x=0}=2$，$y'|_{x=0}=0$ 的特解为 $y=e^x+e^{-x}$.

练一练

拓展练习

❶ 验证函数 $y=C_1\cos x+C_2\sin x$（C_1，C_2 为任意常数）是微分方程 $y''+y=0$ 的解，并求满足初值条件 $y|_{x=0}=1$，$y'|_{x=\frac{\pi}{2}}=1$ 的特解.

❷ 曲线过坐标原点，且在点 (x,y) 处的切线斜率等于该点横坐标的平方，写出曲线满足条件的初值问题.

模块二十九 一阶微分方程

想一想

在科学技术和经济管理的许多问题中,需要寻求与问题有关的变量之间的函数关系,而这种函数关系往往与该函数的变化率(一阶导数)密切相关,建立的数学模型通常是一个一阶微分方程.

案例 29-1 已知某公司的利润与广告投入密切相关,若公司的利润 $L(x)$ 与广告投入费用 x 的关系如下:

$$\frac{\mathrm{d}L}{\mathrm{d}x} = 1 - L - x.$$

若无广告投入费用,则此时的利润为 $L(0) = 3$. 试求公司的利润与广告投入费用之间的函数关系.

分析 因为公司的利润 $L(x)$ 与广告投入费用 x 满足微分方程,

$$\frac{\mathrm{d}L}{\mathrm{d}x} = 1 - L - x,$$

故通过求解上式即可得公司的利润与广告投入费用之间的函数关系.

一般地,一阶微分方程的形式表示为 $F(x,y,y')=0$,有时,也可写成 $y'=f(x,y)$ 或 $P(x,y)\mathrm{d}x + Q(x,y)\mathrm{d}y = 0$.

学一学

本模块主要介绍三种类型的一阶微分方程,即可分离变量的一阶微分方程、齐次方程和一阶线性微分方程.

一、可分离变量的一阶微分方程

▶ **定义 29.1** ▶ 如果一个一阶微分方程能写成

$$g(y)\mathrm{d}y = f(x)\mathrm{d}x \tag{29-1}$$

的形式，则该方程称为**可分离变量的微分方程**.

特点：方程可化为等式一端只含有 y 的函数和 $\mathrm{d}y$，另一端只含有 x 的函数和 $\mathrm{d}x$.

对式 (29-1) 两边同时求不定积分，即

$$\int g(y)\mathrm{d}y = \int f(x)\mathrm{d}x,$$

分别记 $G(y)$、$F(x)$ 为 $g(y)$、$f(x)$ 的原函数，于是有

$$G(y) = F(x) + C,$$

即为方程 (29-1) 的通解.

例 29.1 求微分方程 $\dfrac{\mathrm{d}y}{\mathrm{d}x} = 2xy$ 的通解.

【解】当 $y \neq 0$ 时，分离变量得

$$\frac{\mathrm{d}y}{y} = 2x\mathrm{d}x,$$

方程两边积分

$$\int \frac{\mathrm{d}y}{y} = \int 2x\mathrm{d}x,$$

得

$$\ln|y| = x^2 + C_1,$$

即

$$y = \pm e^{x^2 + C_1} = \pm e^{C_1} \cdot e^{x^2}.$$

因为 C_1 为任意常数，所以 $\pm e^{C_1}$ 是任意非零常数，又 $y = 0$ 是方程的解，所以方程的通解表示为

$$y = Ce^{x^2}, \text{ 其中 } C \text{ 为任意常数}.$$

例 29.2 求微分方程 $(1+x^2)yy' - x = 0$ 的满足初始条件 $y|_{x=0} = 1$ 的特解.

【解】分离变量，得

$$y\mathrm{d}y = \frac{x}{1+x^2}\mathrm{d}x,$$

方程两边积分

$$\int y\mathrm{d}y = \int \frac{x}{1+x^2}\mathrm{d}x,$$

得

$$\frac{1}{2}y^2 = \frac{1}{2}\ln(1+x^2) + \frac{1}{2}C,$$

即

$$y^2 = \ln(1+x^2) + C.$$

将初始条件 $y|_{x=0} = 1$ 代入通解，得 $C = 1$，因此，微分方程的特解为 $y^2 = \ln(1+x^2) + 1$.

例 29.3 某种产品的需求量 $Q(p)$ 是价格 p 的函数，需求价格弹性系数等于 -1，求该产品的需求函数.

【解】由需求价格弹性系数 ε_p 的定义

$$\varepsilon_p = \frac{p}{Q}\frac{\mathrm{d}Q}{\mathrm{d}p}$$

有
$$\frac{p}{Q}\frac{dQ}{dp} = -1$$

分离变量，得
$$\frac{dQ}{Q} = -\frac{dp}{p}$$

方程两边积分
$$\int \frac{1}{Q}dQ = -\int \frac{1}{p}dp$$

得
$$\ln|Q| = -\ln|p| + \ln|C|$$

从而得该产品的需求函数
$$Q = \frac{C}{p}.$$

二、齐次方程

▼ **定义 29.2** ▶ 如果一个一阶微分方程 $\frac{dy}{dx} = f(x,y)$ 可写成

$$\frac{dy}{dx} = \varphi\left(\frac{y}{x}\right) \tag{29-2}$$

的形式，则称该方程为齐次方程．

所谓分式 $\frac{f(x,y)}{g(x,y)}$ 是 k 次齐次的，是指出现在 $f(x,y)$，$g(x,y)$ 的各项都是 x,y 的幂，且各项 x,y 幂之和都相等且为 k．

例如 方程 $x\frac{dy}{dx} - y = 2\sqrt{xy}$ 是一个齐次方程．因为可化成 $\frac{dy}{dx} = \frac{2\sqrt{xy}+y}{x}$，等号右边是一个 1 次齐次式，从而可化方程为 $\frac{dy}{dx} = 2\sqrt{\frac{y}{x}} + \frac{y}{x}$ 的形式．

在齐次方程中 $\frac{dy}{dx} = \varphi\left(\frac{y}{x}\right)$，作变量代换，就能将方程转化为可分离变量的一阶微分方程，从而求得通解．其具体步骤如下：

第一步 化原方程为 $\frac{dy}{dx} = \varphi\left(\frac{y}{x}\right)$ 的形式；

第二步 令 $u = \frac{y}{x}$，则 $y = ux$，从而有 $\frac{dy}{dx} = u + x\frac{du}{dx}$，代入方程 (29-2)，可得

$$u + x\frac{du}{dx} = \varphi(u),$$

上述方程为一个关于 u 的可分离变量的一阶微分方程，分离变量得

$$\frac{du}{\varphi(u) - u} = \frac{dx}{x}. \tag{29-3}$$

两边积分即可求出通解；

第三步 将 $u = \frac{y}{x}$ 回代，即得原齐次方程的通解．

例 29.4 求方程 $\dfrac{dy}{dx} = \dfrac{y}{x} + \cos^2\left(\dfrac{y}{x}\right)$ 的通解.

【解】令 $u = \dfrac{y}{x}$, 则 $y = ux$, 从而有 $\dfrac{dy}{dx} = u + x\dfrac{du}{dx}$, 代入上式得

$$u + x\dfrac{du}{dx} = u + \cos^2 u,$$

分离变量, 得

$$\dfrac{1}{\cos^2 u}du = \dfrac{dx}{x},$$

方程两边积分, 得

$$\tan u = \ln|x| + \ln|C|,$$

即 $\tan u = \ln|Cx|$, 将 $u = \dfrac{y}{x}$ 回代, 得原方程的通解为 $\tan\left(\dfrac{y}{x}\right) = \ln|Cx|$.

例 29.5 求微分方程 $x\dfrac{dy}{dx} - y = 2\sqrt{xy}$ 的通解.

【解】原方程可化为

$$\dfrac{dy}{dx} = \dfrac{2\sqrt{xy} + y}{x},$$

从而有

$$\dfrac{dy}{dx} = 2\sqrt{\dfrac{y}{x}} + \dfrac{y}{x},$$

令 $u = \dfrac{y}{x}$, 则 $y = ux$, 从而有 $\dfrac{dy}{dx} = u + x\dfrac{du}{dx}$, 代入上式得

$$x\dfrac{du}{dx} = 2\sqrt{u},$$

分离变量, 得

$$\dfrac{du}{2\sqrt{u}} = \dfrac{dx}{x},$$

方程两边积分, 得

$$\sqrt{u} = \ln|x| + C,$$

将 $u = \dfrac{y}{x}$ 回代, 得原方程的通解为 $\sqrt{\dfrac{y}{x}} = \ln|x| + C$.

三、一阶线性微分方程

▶ **定义 29.3** ▶ 形如 $y' + P(x)y = Q(x)$ 的微分方程, 称为一阶线性微分方程, 其中 $P(x)$ 和 $Q(x)$ 是已知连续函数.

若 $Q(x) = 0$, 即 $y' + P(x)y = 0$, 则称方程为齐次的, 若 $Q(x) \neq 0$, 即 $y' + P(x)y = Q(x)$, 则称方程为非齐次的.

1. 齐次线性方程 $y' + P(x)y = 0$ 的通解

显然, 齐次线性方程是可分离变量的微分方程, 分离变量得

$$\frac{dy}{y} = -P(x)dx,$$

两边积分，得
$$\ln|y| = -\int P(x)dx + \ln C_1,$$

从而有
$$y = Ce^{-\int P(x)dx} \quad (C = \pm e^{C_1}), \tag{29-4}$$

即为方程 $\frac{dy}{dx} + P(x)y = 0$ 的通解，其中 $\int P(x)dx$ 不带任意常数，表示 $P(x)$ 的最简原函数.

例 29.6 求微分方程 $(1+x^2)y' - 2xy = 0$ 的通解.

【解】原方程可化为 $y' - \frac{2x}{1+x^2}y = 0$，所以 $(1+x^2)y' - 2xy = 0$ 是齐次线性方程，其中 $P(x) = -\frac{2x}{1+x^2}$，代入式 (29-4)，可得该方程的通解

$$y = Ce^{-\int\left(-\frac{2x}{1+x^2}\right)dx} = Ce^{\int\frac{2x}{1+x^2}dx} = C(1+x^2).$$

2. 非齐次线性微分方程 $y' + P(x)y = Q(x)$ 的通解

由于非齐次线性方程 $y' + P(x)y = Q(x)$ 的右端是 x 的函数，左端与其对应的齐次线性方程的左端相同，根据函数的求导特点，将齐次线性方程通解中的任意常数 C 改变为 x 的待定函数 $C(x)$ 后，有可能是非齐次线性方程的解. 令 $y = C(x) \cdot e^{-\int P(x)dx}$ 为非齐次线性方程的解，并将其代入方程 $y' + P(x)y = Q(x)$ 中，则有

$$C'(x) \cdot e^{-\int P(x)dx} - C(x) \cdot P(x) \cdot e^{-\int P(x)dx} + P(x) \cdot C(x) \cdot e^{-\int P(x)dx} = Q(x),$$

从而有
$$C'(x) \cdot e^{-\int P(x)dx} = Q(x),$$

两边积分，得
$$C(x) = \int Q(x)e^{\int P(x)dx}dx + C,$$

将 $C(x)$ 代入 $y = C(x) \cdot e^{-\int P(x)dx}$，可得非齐次线性方程的通解公式

$$y = e^{-\int P(x)dx}\left(\int Q(x)e^{\int P(x)dx}dx + C\right) \quad (C \text{ 为任意常数}) \tag{29-5}$$

上述通过把对应的齐次线性方程通解中的任意常数 C 改变为待定函数 $C(x)$，然后求出非齐次线性方程通解的方法，称为**常数变易法**.

式 (29-5) 可写成下面的形式：

$$y = C \cdot e^{-\int P(x)dx} + e^{-\int P(x)dx}\int Q(x)e^{\int P(x)dx}dx.$$

上式右端第一项恰是对应的齐次线性方程的通解，第二项可由非齐次线性方程的通解 (29-5) 中取 $C = 0$ 得到. 由此可知，非齐次线性方程的通解结构是：对应齐次线性方程的通解与它的一个特解之和.

例29.7 求微分方程 $y' + y = 2e^x$ 的通解.

【解】该方程是一阶线性微分方程，其中 $P(x) = 1$，$Q(x) = 2e^x$，代入式 (29-5)，可得通解

$$y = e^{-\int dx}\left[\int 2e^x e^{\int dx} dx + C\right]$$

$$= e^{-x}\left[\int 2e^x e^x dx + C\right]$$

$$= e^{-x}\left[\int 2e^{2x} dx + C\right]$$

$$= e^{-x}[e^{2x} + C].$$

例29.8 求方程 $y'\sin x - y\cos x = 2x\sin^2 x$ 的通解.

【解】该方程可化为 $y' - y\cot x = 2x\sin x$，

所以原方程是一阶线性微分方程，$P(x) = -\cot x$，$Q(x) = 2x\sin x$，代入式 (29-5)，可得通解

$$y = e^{-\int(-\cot x)dx}\left[\int 2x\sin x e^{\int(-\cot x)dx} dx + C\right]$$

$$= e^{\ln\sin x}\left[\int 2x\sin x e^{(-\ln\sin x)} dx + C\right]$$

$$= \sin x\left[\int 2x\sin x \frac{1}{\sin x} dx + C\right]$$

$$= \sin x\left[\int 2x dx + C\right]$$

$$= \sin x[x^2 + C].$$

▶ 案例 29-1 的求解

【解】因为 $\dfrac{dL}{dx} = 1 - L - x$ 可化为如下的一阶线性非齐次方程

$$\frac{dL}{dx} + L = 1 - x,$$

$$P(x) = 1,\quad Q(x) = 1 - x,$$

代入式 (29-5)，可得通解

$$L(x) = e^{-\int dx}\left[\int(1-x)e^{\int dx} dx + C\right]$$

$$= e^{-x}\left[\int(1-x)e^x dx + C\right]$$

$$= e^{-x}[(2-x)e^x + C]$$

$$= Ce^{-x} - x + 2,$$

当 $x=0$ 时，$L(0)=3$，代入通解，即 $C+2=3$，可得 $C=1$. 所以公司的利润与广告投入费用之间的函数关系：$L(x)=e^{-x}-x+2$.

练一练

拓展练习

❶ 求解下列可分离变量的微分方程.

(1) $x\dfrac{dy}{dx}-y=0$；

(2) $y'=e^{2x-y}$，$y|_{x=0}=0$.

❷ 求解下列齐次微分方程.

(1) $\dfrac{dy}{dx}=\dfrac{y}{x}+\left(\dfrac{y}{x}\right)^2$；

(2) $\dfrac{dy}{dx}=\dfrac{y}{x}+\dfrac{x}{y}$，$y|_{x=1}=2$.

❸ 求下列一阶线性方程.

(1) $y'+\dfrac{2}{x}y=x$；

(2) $y'+\dfrac{y}{x}=\dfrac{\sin x}{x}$，$y|_{x=\pi}=1$.

模块三十 二阶常系数线性微分方程

想一想

我们在前面模块中学习了一些一阶微分方程的求法,在科学技术和经济管理的许多问题中,需要寻求与问题有关的变量之间的函数关系,该函数关系有时与该函数的一阶导数、二阶导数密切相关,建立的数学模型是一个二阶微分方程. 本模块我们研究一类特殊的二阶线性微分方程——二阶常系数线性微分方程.

案例 30-1 某物体做阻尼简谐振动,该物体运动规律的函数 $x(t)$ 满足方程
$$x''(t) + 2x'(t) - 3x(t) = 0,$$
且在初始时刻 $t=0$ 时,初始位置 $x(0)=4$,初始速度 $x'(0)=0$,求该物体运动规律的函数 $x(t)$.

分析 该物体运动规律的函数 $x(t)$ 满足方程 $x''(t)+2x'(t)-3x(t)=0$,显然该方程是一个二阶线性方程,且系数皆为常数,要求解该物体运动规律的函数 $x(t)$,我们需要解决这类微分方程的求解问题.

学一学

一、二阶常系数线性微分方程解的结构

▎**定义** ▶形如
$$y'' + py' + qy = f(x) \quad (\text{其中 } p, q \text{ 为常数}) \tag{30-1}$$
的二阶微分方程称为<u>二阶常系数线性微分方程</u>,函数 $f(x)$ 称为<u>自由项</u>.

当 $f(x) \equiv 0$ 时,称方程
$$y'' + py' + qy = 0$$
为方程 (30-1) 对应的<u>二阶常系数齐次线性微分方程</u>.

▎**定理 30.1** ▶如果函数 y_1 与 y_2 是方程 $y''+py'+qy=0$ 的两个解,则线性组合

$$y = C_1 y_1 + C_2 y_2 \quad (C_1, C_2 \text{ 是任意常数})$$

也是该方程的解.

定理 30.1 说明了 $y'' + py' + qy = 0$ 的任意两个解的线性组合仍然是该方程的解，那么这个含有任意常数 C_1 和 C_2 的解是否是 $y'' + py' + qy = 0$ 的通解呢？

例如 设二阶线性微分方程为 $y'' + y' - 2y = 0$，可以验证 $y_1 = e^x$，$y_1 = e^{x+1}$ 是该方程的两个解，它们的线性组合为

$$C_1 y_1 + C_2 y_2 = C_1 e^x + C_2 e^{x+1} = (C_1 + C_2 e) e^x,$$

因为 C_1, C_2 是任意常数，故 $C_1 + C_2 e$ 表示一个任意常数，与二阶微分方程的通解含有两个任意常数矛盾，所以 $C_1 y_1 + C_2 y_2$ 不是通解.

当 y_1 与 y_2 之比不为常数时，则可回避上述情况的出现. 如果 $\dfrac{y_1}{y_2} = k$（k 为常数），则称 y_1 与 y_2 是 线性相关的；如果 $\dfrac{y_1}{y_2} \neq k$（k 为常数），则称 y_1 与 y_2 是 线性无关的.

▪ **定理 30.2** ▶ 如果函数 y_1 与 y_2 是方程 $y'' + py' + qy = 0$ 的两个线性无关的解，则线性组合

$$y = C_1 y_1 + C_2 y_2 \quad (C_1, C_2 \text{ 是任意常数})$$

是该方程的通解.

例如 设二阶线性微分方程为 $y'' + y = 0$，可以验证 $y_1 = \cos x$，$y_2 = \sin x$ 是该方程的两个解，因为 $\dfrac{y_2}{y_1} = \dfrac{\sin x}{\cos} = \tan x \neq$ 常数，即它们是线性无关的，所以该方程的通解为

$$y = C_1 \cos x + C_2 \sin x.$$

▪ **定理 30.3** ▶ 设 y^* 是 $y'' + py' + qy = f(x)$ 的一个特解，而 Y 是其对应的 $y'' + py' + qy = 0$ 的通解，则 $y = Y + y^*$ 是 $y'' + py' + qy = f(x)$ 的通解.

例如 设二阶线性微分方程为 $y'' - 2y' + y = x - 1$，可以验证 $y = C_1 e^x + C_2 x e^x$ 是对应的齐次方程 $y'' - 2y' + y = 0$ 的通解，$y^* = x + 1$ 是所给方程的一个特解，因此，$y = C_1 e^x + C_2 x e^x + x + 1$ 是所给方程的通解.

二、二阶常系数齐次线性微分方程的解法

由定理 30.2 可知，求微分方程 $y'' + py' + qy = 0$ 的通解，需要寻找该方程的两个线性无关的解. 观察 $y'' + py' + qy = 0$ 不难发现，若 y 是该方程的解，则要求 y 的一阶导数 y'、二阶导数 y'' 只能是 y 的常数倍数，显然 $y = e^{rx}$ 的形式符合上述特征，下面我们讨论当 $y = e^{rx}$ 是方程的解时，r 应当满足什么条件.

将 $y = e^{rx}$ 代入 $y'' + py' + qy = 0$，得

$$(e^{rx})'' + p(e^{rx})' + q e^{rx} = 0,$$

即

$$e^{rx}(r^2 + pr + q) = 0,$$

从而有

$$r^2 + pr + q = 0. \tag{30-2}$$

上面所得到的一元二次方程式

$$r^2 + pr + q = 0$$

称为微分方程 $y'' + py' + qy = 0$ 的<u>特征方程</u>，特征方程的根称为微分方程的<u>特征根</u>．

若 r 是特征方程的解，则 $y = e^{rx}$ 一定是微分方程 $y'' + py' + qy = 0$ 的解．

特征方程是一元二次方程，下面根据特征根的三种不同情况讨论微分方程的通解．

(1) 当 $\Delta = p^2 - 4q > 0$ 时，特征方程有两个不相等的实根，记为 r_1, r_2．此时，微分方程有两个对应的特解 $y_1 = e^{r_1 x}, y_2 = e^{r_2 x}$，且 $\dfrac{y_1}{y_2} = e^{(r_1 - r_2)x} \neq$ 常数，从而可知，y_1 与 y_2 是线性无关的，于是微分方程 $y'' + py' + qy = 0$ 的通解为 $y = C_1 e^{r_1 x} + C_2 e^{r_2 x}$．

例 30.1 求微分方程 $y'' + 2y' - 3y = 0$ 的通解．

【解】微分方程的特征方程 $\qquad r^2 + 2r - 3 = 0$，

特征根 $\qquad r_1 = 1, r_2 = -3$，

所以微分方程的通解为

$$y = C_1 e^{x} + C_2 e^{-3x}.$$

例 30.2 求微分方程 $y'' - 5y' + 6y = 0$ 满足初值条件 $y|_{x=0} = 2$，$y'|_{x=0} = 5$ 的特解．

【解】微分方程的特征方程 $\qquad r^2 - 5r + 6 = 0$，

特征根 $\qquad r_1 = 2, r_2 = 3$，

所以微分方程的通解为

$$y = C_1 e^{2x} + C_2 e^{3x}.$$

将初值条件 $y|_{x=0} = 2$，$y'|_{x=0} = 5$ 代入通解，则有

$$\begin{cases} C_1 + C_2 = 2, \\ 2C_1 + 3C_2 = 5, \end{cases}$$

解得 $C_1 = 1, C_2 = 1$，因此方程满足初值条件的特解为 $y = e^{2x} + e^{3x}$．

> **案例 30-1 的求解**

【解】微分方程的特征方程 $\qquad r^2 + 2r - 3 = 0$，

特征根 $\qquad r_1 = 1, r_2 = -3$，

所以微分方程的通解为

$$x(t) = C_1 e^{t} + C_2 e^{-3t}.$$

因为初始时刻 $t = 0$ 时，初始位置 $x(0) = 4$，初始速度 $x'(0) = 0$，从而有

$$\begin{cases} C_1 + C_2 = 4, \\ C_1 - 3C_2 = 0, \end{cases}$$

解得 $C_1 = 3, C_2 = 1$，因此物体运动规律的函数 $x(t) = 3e^{t} + e^{-3t}$．

(2) 当 $\Delta = p^2 - 4q = 0$ 时，特征方程有两个相等的实根，记为 $r_1 = r_2 = r = -\dfrac{p}{2}$．此时，微分方程只有一个对应的特解 $y_1 = \mathrm{e}^{rx}$．因此，需再确定一个特解 y_2，且 y_1 与 y_2 线性无关，即 $\dfrac{y_1}{y_2} \neq$ 常数．设 $\dfrac{y_2}{y_1} = u(x)$，则 $y_2 = \mathrm{e}^{rx} u(x)$，从而有

$$y_2' = \mathrm{e}^{rx}(u' + ru),$$
$$y_2'' = \mathrm{e}^{rx}(u'' + 2ru' + r^2 u),$$

将 y_2，y_2'，y_2'' 代入 $y'' + py' + qy = 0$，可得

$$\mathrm{e}^{rx}[(u'' + 2ru' + r^2 u) + p(u' + ru) + qu] = 0,$$

即
$$\mathrm{e}^{rx}[u'' + (2r + p)u' + (r^2 + pr + q)u] = 0,$$

所以
$$u'' + (2r + p)u' + (r^2 + pr + q)u = 0,$$

又因为 $r = -\dfrac{p}{2}$ 是特征方程 (30-2) 的根，故有

$$r^2 + pr + q = 0, \quad 2r + p = 0,$$

从而有
$$u'' = 0,$$

连续两次积分可得

$$u = C_1 + C_2 x, \quad \text{其中 } C_1, C_2 \text{ 为任意常数,}$$

取 $C_1 = 0$，$C_2 = 1$，则得 $y_2 = x\mathrm{e}^{rx}$，显然 y_1 与 y_2 线性无关．因此，$y'' + py' + qy = 0$ 的通解为

$$y = (C_1 + C_2 x)\mathrm{e}^{rx}.$$

例 30.3 求微分方程 $y'' + 2y' + y = 0$ 的通解．

【解】 微分方程的特征方程 $\qquad r^2 + 2r + 1 = 0,$

特征根 $\qquad r_1 = r_2 = -1,$

所以微分方程的通解为

$$y = (C_1 + C_2 x)\mathrm{e}^{-x}.$$

例 30.4 求微分方程 $y'' - 6y' + 9y = 0$ 满足初值条件 $y|_{x=0} = 1, y'|_{x=0} = 2$ 的特解．

【解】 微分方程的特征方程 $\qquad r^2 - 6r + 9 = 0,$

特征根 $\qquad r_1 = r_2 = 3,$

方程的通解

$$y = (C_1 + C_2 x)\mathrm{e}^{3x}.$$

将初值条件 $y|_{x=0} = 1$，$y'|_{x=0} = 2$ 代入通解，则有

$$\begin{cases} C_1 = 1, \\ 3C_1 + C_2 = 2, \end{cases}$$

解得，$C_1 = 1$，$C_2 = -1$，因此，满足初值条件的特解为 $y = (1 - x)\mathrm{e}^{3x}$．

(3) 当 $\Delta = p^2 - 4q < 0$ 时，特征方程有一对共轭复根，记为

$$r_1 = \alpha + \beta\mathrm{i}, \quad r_2 = \alpha - \beta\mathrm{i}, \quad (\beta \neq 0)$$

此时，微分方程有两个对应的特解
$$y_1 = e^{(\alpha+\beta i)x}, \quad y_2 = e^{(\alpha-\beta i)x},$$
由欧拉公式有
$$y_1 = e^{(\alpha+\beta i)x} = e^{\alpha x} \cdot e^{(\beta x)i} = e^{\alpha x}[\cos(\beta x) + i\sin(\beta x)],$$
$$y_2 = e^{(\alpha-\beta i)x} = e^{\alpha x} \cdot e^{(-\beta x)i} = e^{\alpha x}[\cos(\beta x) - i\sin(\beta x)],$$

由定理 30.1，y_1, y_2 线性组合
$$\overline{y_1} = \frac{1}{2}(y_1 + y_2) = e^{\alpha x}\cos(\beta x),$$
$$\overline{y_2} = \frac{1}{2}(y_1 - y_2) = e^{\alpha x}\sin(\beta x),$$

是 $y'' + py' + qy = 0$ 的特解。又因为 $\dfrac{\overline{y_1}}{\overline{y_2}} = \dfrac{e^{\alpha x}\cos(\beta x)}{e^{\alpha x}\sin(\beta x)} = \cot(\beta x) \neq$ 常数，所以 $y'' + py' + qy = 0$ 的通解为
$$y = e^{\alpha x}(C_1 \cos\beta x + C_2 \sin\beta x).$$

例 30.5 求微分方程 $y'' + 2y' + 5y = 0$ 的通解。

【**解**】微分方程的特征方程
$$r^2 + 2r + 5 = 0,$$
特征根
$$r_1 = -1 + 2i, r_2 = -1 - 2i,$$
所以微分方程的通解为
$$y = e^{-x}[C_1 \cos(2x) + C_2 \sin(2x)].$$

下面我们给出求微分方程 $y'' + py' + qy = 0$ 通解的求解步骤如下：

第一步 给出微分方程 $y'' + py' + qy = 0$ 的特征方程
$$r^2 + pr + q = 0;$$

第二步 求解特征方程的特征根 r_1，r_2；

第三步 根据特征根 r_1，r_2 的不同情形，按下表可写出微分方程 $y'' + py' + qy = 0$ 的通解。

特 征 根	通 解
$r_1 \neq r_2$	$y = C_1 e^{r_1 x} + C_2 e^{r_2 x}$
$r_1 = r_2 = r$	$y = (C_1 + C_2 x)e^{rx}$
$r_1 = \alpha + \beta i,\ r_2 = \alpha - \beta i$	$y = e^{\alpha x}(C_1 \cos\beta x + C_2 \sin\beta x)$

三、二阶常系数非齐次线性微分方程的解法

下面我们讨论二阶常系数非齐次线性微分方程
$$y'' + py' + qy = f(x),$$
的解法。

由定理 30.3 知，$y'' + py' + qy = f(x)$ 的通解可以用 $y'' + py' + qy = 0$ 的通解 Y 和自身一个特解 y^* 的和表示. 特解 y^* 的形式与自由项 $f(x)$ 的具体形式密切相关. 下面讨论自由项 $f(x) = P_m(x)\mathrm{e}^{\alpha x}$（其中 α 为常数，$P_m(x)$ 是关于 x 的 m 次多项式）时，$y'' + py' + qy = f(x)$ 特解的求法.

因为多项式函数与指数函数乘积的导数仍然是多项式函数与指数函数的乘积，而 $f(x)$ 是多项式 $P_m(x)$ 与指数函数 $\mathrm{e}^{\alpha x}$ 乘积，因此可设 $y'' + py' + qy = f(x)$ 的特解为 $y^* = Q(x)\mathrm{e}^{\alpha x}$，其中 $Q(x)$ 是待定的多项式函数. 将

$$(y^*)' = [\alpha Q(x) + Q'(x)]\mathrm{e}^{\alpha x}$$

$$(y^*)'' = [\alpha^2 Q(x) + 2\alpha Q'(x) + Q''(x)]\mathrm{e}^{\alpha x}$$

代入 $y'' + py' + qy = f(x)$ 并消去 $\mathrm{e}^{\alpha x}$，得

$$Q''(x) + (2\alpha + p)Q'(x) + (\alpha^2 + p\alpha + q)Q(x) = P_m(x) \qquad (30\text{-}3)$$

(1) 若 $\alpha^2 + p\alpha + q \neq 0$，即 α 不是特征方程 $r^2 + pr + q = 0$ 的根，由式 (30-3) 可知 $Q(x)$ 与 $P_m(x)$ 的次数相等. 令 $Q(x) = Q_m(x)$，其中 $Q_m(x)$ 是一个 m 次多项式函数，代入式 (30-3)，利用多项式相等可确定 $Q_m(x)$ 的系数，从而得到 $y'' + py' + qy = f(x)$ 具有如下形式的特解

$$y^* = Q_m(x)\mathrm{e}^{\alpha x}.$$

(2) 若 $\alpha^2 + p\alpha + q = 0$，且 $2\alpha + p \neq 0$，即 α 是特征方程 $r^2 + pr + q = 0$ 的特征单根，且 $\alpha \neq -\dfrac{p}{2}$，此时，方程 (30-3) 可化为

$$Q''(x) + (2\alpha + p)Q'(x) = P_m(x),$$

因此，$Q(x)$ 的次数比 $P_m(x)$ 的次数高一次. 令 $Q(x) = xQ_m(x)$，其中 $Q_m(x)$ 是一个 m 次多项式函数，代入式 (30-3)，由多项式相等可确定 $Q_m(x)$ 的系数，从而得到微分方程具有如下形式的特解

$$y^* = xQ_m(x)\mathrm{e}^{\alpha x}.$$

(3) 若 $\alpha^2 + p\alpha + q = 0$，且 $2\alpha + p = 0$，即 α 是特征方程 $r^2 + pr + q = 0$ 的二重特征根，此时，方程 (30-3) 可化为

$$Q''(x) = P_m(x),$$

因此，$Q(x)$ 的次数比 $P_m(x)$ 的次数高二次. 令 $Q(x) = x^2 Q_m(x)$，其中 $Q_m(x)$ 是一个 m 次多项式函数，代入式 (30-3)，由多项式相等可确定 $Q_m(x)$ 的系数，从而得到微分方程具有如下形式的特解

$$y^* = x^2 Q_m(x)\mathrm{e}^{\alpha x}.$$

综上所述，若二阶常系数非齐次线性微分方程 30-1 中的 $f(x) = P_m(x)\mathrm{e}^{\alpha x}$，微分方程具有如下形式的特解

$$y^* = x^k Q_m(x) e^{\alpha x},$$

其中 $Q_m(x)$ 是与 $P_m(x)$ 次数相同的待定多项式，k 的取值满足：

$$k = \begin{cases} 0, & \alpha \text{ 不是特征根,} \\ 1, & \alpha \text{ 是特征单根,} \\ 2, & \alpha \text{ 是二重特征根.} \end{cases}$$

例 30.6 求微分方程 $y'' + 2y' = 3e^{-2x}$ 的通解.

【解】对应的齐次线性微分方程 $y'' + 2y' = 0$，

特征方程 $r^2 + 2r = 0$，

特征根 $r_1 = 0$，$r_2 = -2$，

相应的齐次线性微分方程的通解为

$$Y = C_1 + C_2 e^{-2x}.$$

因为 -2 是特征方程的特征单根，所以可设原方程的特解为

$$y^* = xA e^{-2x};$$

将 y^* 代入原方程，得 $-2A = 3$，

从而有 $A = -\dfrac{3}{2}$，

因此原方程的特解为 $y^* = -\dfrac{3}{2} x e^{-2x};$

综上所述，原方程的通解为 $y = C_1 + C_2 e^{-2x} - \dfrac{3}{2} x e^{-2x}.$

例 30.7 求微分方程 $y'' - 2y' - 3y = 3x + 1$ 的一个特解.

【解】对应的齐次线性微分方程 $y'' - 2y' - 3y = 0$，

特征方程 $r^2 - 2r - 3 = 0$，

特征根 $r_1 = -1$，$r_2 = 3$；

因为由于 $\alpha = 0$ 不是特征方程的特征根，所以可设原方程的特解为

$$y^* = Ax + B;$$

将 y^* 代入原方程，得

$$-3Ax - 2A - 3B = 3x + 1,$$

从而有 $\begin{cases} -3A = 3, \\ -2A - 3B = 1, \end{cases}$

解得 $A = -1$，$B = \dfrac{1}{3}$，

因此原方程的特解为 $y^* = -x + \dfrac{1}{3}.$

练一练

拓展练习

1 求下列微分方程的通解或特解.

(1) $y'' + y' - 12y = 0$;

(2) $y'' + y' + 10y = 0$;

(3) $4y'' + 4y' + y = 0$, $y|_{x=0} = 2$, $y'|_{x=0} = 0$.

2 求下列微分方程的通解.

(1) $2y'' + y' - y = 2e^x$;

(2) $y'' + 3y' + 2y = 3xe^{-x}$;

(3) $y'' - 6y' + 9y = e^{3x}$.

行 列 式

线性代数被广泛地应用于自然科学和经济管理各个领域,是大学阶段学生必备的数学基础,具有较强的抽象性与逻辑性.从本模块开始主要介绍行列式、矩阵、线性方程组、向量组的概念、性质、运算等知识.

想一想

为了更好地理解行列式概念是如何形成的,我们先看下面的案例,初步了解一下行列式的概念.

案例 31-1 求解二元一次线性方程组

$$\begin{cases} a_{11}x_1 + a_{12}x_2 = b_1, \\ a_{21}x_1 + a_{22}x_2 = b_2. \end{cases} \quad (31\text{-}1)$$

分析 运用消元法,可得

$$(a_{11}a_{22} - a_{12}a_{21})x_1 = b_1a_{22} - b_2a_{12},$$
$$(a_{11}a_{22} - a_{12}a_{21})x_2 = b_2a_{11} - b_1a_{21},$$

显然,方程中 x_1 和 x_2 的 4 个系数组成的算式 $a_{11}a_{22} - a_{12}a_{21}$ 决定了该方程组是否有解,当 $a_{11}a_{22} - a_{12}a_{21} \neq 0$ 时,则方程组 (31-1) 的解为

$$x_1 = \frac{b_1a_{22} - b_2a_{12}}{a_{11}a_{22} - a_{12}a_{21}}, \quad x_2 = \frac{b_2a_{11} - b_1a_{21}}{a_{11}a_{22} - a_{12}a_{21}}.$$

为便于记忆,将 $a_{11}a_{22} - a_{12}a_{21}$ 按照方程组 (31-1) 中的位置,排成二行二列的数表 $\begin{vmatrix} a_{11} & a_{12} \\ a_{21} & a_{22} \end{vmatrix}$ 进行表示,即

$$\begin{vmatrix} a_{11} & a_{12} \\ a_{21} & a_{22} \end{vmatrix} = a_{11}a_{22} - a_{12}a_{21},$$

则数表 $\begin{vmatrix} a_{11} & a_{12} \\ a_{21} & a_{22} \end{vmatrix}$ 称为二阶行列式.

一、二阶、三阶行列式

定义 31.1 2^2 个数排列成的符号 $\begin{vmatrix} a_{11} & a_{12} \\ a_{21} & a_{22} \end{vmatrix}$ 表示数值 $a_{11}a_{22} - a_{12}a_{21}$,则称 $\begin{vmatrix} a_{11} & a_{12} \\ a_{21} & a_{22} \end{vmatrix}$ 为**二阶行列式**,记作 D. 每个横排称为行列式的行,每个竖排称为行列式的列,a_{ij} ($i=1,2;j=1,2$) 称为该行列式的元素,a_{ij} 的第一个下标 i 表示自上而下的第 i 行,第二个下标 j 表示自左向右的第 j 列,即 a_{ij} 表示位于行列式的第 i 行与第 j 列相交处的元素.

从二阶行列式的左上角到右下角元素的对角线称为主对角线,右上角到左下角元素的对角线称为次对角线,由定义可见二阶行列式的值等于主对角线上两元素之积减去次对角线上两元素之积,称这个算法为二阶行列式的对角线法则,可记为

$$\begin{vmatrix} a_{11} & a_{12} \\ a_{21} & a_{22} \end{vmatrix} = a_{11}a_{22} - a_{12}a_{21}.$$

根据二阶行列式的定义,在案例 31-1 中,分别记:

$$D = \begin{vmatrix} a_{11} & a_{12} \\ a_{21} & a_{22} \end{vmatrix} = a_{11}a_{22} - a_{12}a_{21},$$

$$D_1 = \begin{vmatrix} b_1 & a_{12} \\ b_2 & a_{22} \end{vmatrix} = b_1 a_{22} - b_2 a_{12},$$

$$D_2 = \begin{vmatrix} a_{11} & b_1 \\ a_{21} & b_2 \end{vmatrix} = b_2 a_{11} - b_1 a_{21},$$

则方程组 (31-1) 的解可写为 $\quad x_1 = \dfrac{D_1}{D} = \dfrac{\begin{vmatrix} b_1 & a_{12} \\ b_2 & a_{22} \end{vmatrix}}{\begin{vmatrix} a_{11} & a_{12} \\ a_{21} & a_{22} \end{vmatrix}}, \quad x_2 = \dfrac{D_2}{D} = \dfrac{\begin{vmatrix} a_{11} & b_1 \\ a_{21} & b_2 \end{vmatrix}}{\begin{vmatrix} a_{11} & a_{12} \\ a_{21} & a_{22} \end{vmatrix}}.$

例 31.1 求解二元线性方程组 $\begin{cases} x_1 - x_2 = 2, \\ 2x_1 + 3x_2 = 1. \end{cases}$

【解】因为 $D = \begin{vmatrix} 1 & -1 \\ 2 & 3 \end{vmatrix} = 5$, $D_1 = \begin{vmatrix} 2 & -1 \\ 1 & 3 \end{vmatrix} = 7$, $D_2 = \begin{vmatrix} 1 & 2 \\ 2 & 1 \end{vmatrix} = -3$,

所以 $\quad x_1 = \dfrac{D_1}{D} = \dfrac{\begin{vmatrix} 2 & -1 \\ 1 & 3 \end{vmatrix}}{\begin{vmatrix} 1 & -1 \\ 2 & 3 \end{vmatrix}} = \dfrac{7}{5}, \quad x_2 = \dfrac{D_2}{D} = \dfrac{\begin{vmatrix} 1 & 2 \\ 2 & 1 \end{vmatrix}}{\begin{vmatrix} 1 & -1 \\ 2 & 3 \end{vmatrix}} = -\dfrac{3}{5}.$

类似地,可定义三阶行列式.

模块三十一 行列式

▸ **定义 31.2** ▸ 设 3^2 个数排列成的符号 $\begin{vmatrix} a_{11} & a_{12} & a_{13} \\ a_{21} & a_{22} & a_{23} \\ a_{31} & a_{32} & a_{33} \end{vmatrix}$ 表示数值

$$a_{11}a_{22}a_{33} + a_{12}a_{23}a_{31} + a_{13}a_{21}a_{32} - a_{11}a_{23}a_{32} - a_{12}a_{21}a_{33} - a_{13}a_{22}a_{31},$$

则称 $\begin{vmatrix} a_{11} & a_{12} & a_{13} \\ a_{21} & a_{22} & a_{23} \\ a_{31} & a_{32} & a_{33} \end{vmatrix}$ 为**三阶行列式**，记作 D.

三阶行列式的值可按如下的对角线法则来记忆．实线所连三个元素的积取正号，虚线所连三个元素的积取负号，他们的代数和就是三阶行列式的值．

▸ **例 31.2** ▸ 计算行列式 $D = \begin{vmatrix} 1 & 2 & 1 \\ -2 & 1 & -1 \\ 1 & 3 & -1 \end{vmatrix}$.

【解】 $D = 1 \times 1 \times (-1) + 2 \times (-1) \times 1 + (-2) \times 3 \times 1 - 1 \times 1 \times 1 - 2 \times (-2) \times (-1) - 1 \times (-1) \times 3$
$= -11$.

▸ **例 31.3** ▸ 求解方程 $\begin{vmatrix} 1 & 1 & 1 \\ 2 & 3 & x \\ 4 & 9 & x^2 \end{vmatrix} = 0$.

【解】 $\begin{vmatrix} 1 & 1 & 1 \\ 2 & 3 & x \\ 4 & 9 & x^2 \end{vmatrix} = 3x^2 + 4x + 18 - 9x - 2x^2 - 12 = x^2 - 5x + 6 = 0$，所以 $x = 2$ 或 $x = 3$.

二、n 阶行列式

▸ **定义 31.3** ▸ 将 n^2 个数 a_{ij} ($i, j = 1, 2, \cdots, n$) 排列成 n 行 n 列，并在左、右两边各加一竖线构成的符号

$$D = \begin{vmatrix} a_{11} & a_{12} & \cdots & a_{1n} \\ a_{21} & a_{22} & \cdots & a_{2n} \\ \vdots & \vdots & & \vdots \\ a_{n1} & a_{n2} & \cdots & a_{nn} \end{vmatrix}$$

表示一个由确定的运算关系所得到的算式，则称 D 为 n **阶行列式**，简记为 $\det(a_{ij})$ 或 $|a_{ij}|$，其中 a_{ij} ($i, j = 1, 2, \cdots, n$) 称为 n 阶行列式 D 中位于行列式的第 i 行与第 j 列相交处的**元素**.

▸ **定义 31.4** ▸ 在 n 阶行列式中，划去元素 a_{ij} 所在的第 i 行和第 j 列后，余下元素构成

的 $n-1$ 阶行列式，即

$$M_{ij} = \begin{vmatrix} a_{11} & \cdots & a_{1,j-1} & a_{1,j+1} & \cdots & a_{1n} \\ \vdots & & \vdots & \vdots & & \vdots \\ a_{i-1,1} & \cdots & a_{i-1,j-1} & a_{i-1,j+1} & \cdots & a_{i-1,n} \\ a_{i+1,1} & \cdots & a_{i+1,j-1} & a_{i+1,j+1} & \cdots & a_{i+1,n} \\ \vdots & & \vdots & \vdots & & \vdots \\ a_{n1} & \cdots & a_{n,j-1} & a_{n,j+1} & \cdots & a_{nn} \end{vmatrix},$$

称 M_{ij} 为元素 a_{ij} 的**余子式**；$(-1)^{i+j}M_{ij}$ 称为元素 a_{ij} 的**代数余子式**，记为 A_{ij}，即 $A_{ij} = (-1)^{i+j}M_{ij}$.

n 阶行列式的运算作如下规定：

(1) 当 $n=1$ 时，$|a_{11}|=a_{11}$；

(2) 当 $n>1$ 时，

$$D = \begin{vmatrix} a_{11} & a_{12} & \cdots & a_{1n} \\ a_{21} & a_{22} & \cdots & a_{2n} \\ \vdots & \vdots & & \vdots \\ a_{n1} & a_{n2} & \cdots & a_{nn} \end{vmatrix} = a_{11}A_{11} + a_{12}A_{12} + \cdots + a_{1n}A_{1n} = \sum_{j=1}^{n} a_{1j}A_{1j},$$

即 n 阶行列式表示的算式等于第一行元素与该元素对应代数余子式乘积的和.

例 31.4 设三阶行列式 $D = \begin{vmatrix} 3 & 4 & 1 \\ -2 & 5 & 3 \\ 1 & 2 & 1 \end{vmatrix}$，求：

(1) 元素 -2 的代数余子式 A_{21}； (2) D 的值.

【解】(1) $A_{21} = (-1)^{2+1}\begin{vmatrix} 4 & 1 \\ 2 & 1 \end{vmatrix} = -(4 \times 1 - 1 \times 2) = -2$.

(2) $D = \begin{vmatrix} 3 & 4 & 1 \\ -2 & 5 & 3 \\ 1 & 2 & 1 \end{vmatrix} = 3 \times (-1)^{1+1}\begin{vmatrix} 5 & 3 \\ 2 & 1 \end{vmatrix} + 4 \times (-1)^{1+2}\begin{vmatrix} -2 & 3 \\ 1 & 1 \end{vmatrix} + 1 \times (-1)^{1+3}\begin{vmatrix} -2 & 5 \\ 1 & 2 \end{vmatrix} = 8$.

例 31.5 证明对角行列式 $D = \begin{vmatrix} \lambda_1 & 0 & \cdots & 0 & 0 \\ 0 & \lambda_2 & \cdots & 0 & 0 \\ \vdots & \vdots & & \vdots & \vdots \\ 0 & 0 & \cdots & \lambda_{n-1} & 0 \\ 0 & 0 & \cdots & 0 & \lambda_n \end{vmatrix} = \lambda_1\lambda_2\cdots\lambda_{n-1}\lambda_n$.

证明 利用 n 阶行列式的定义依次按第一行展开，则

$$D = \begin{vmatrix} \lambda_1 & 0 & \cdots & 0 & 0 \\ 0 & \lambda_2 & \cdots & 0 & 0 \\ \vdots & \vdots & & \vdots & \vdots \\ 0 & 0 & \cdots & \lambda_{n-1} & 0 \\ 0 & 0 & \cdots & 0 & \lambda_n \end{vmatrix} = \lambda_1 (-1)^{1+1} \begin{vmatrix} \lambda_2 & 0 & \cdots & 0 & 0 \\ 0 & \lambda_3 & \cdots & 0 & 0 \\ \vdots & \vdots & & \vdots & \vdots \\ 0 & 0 & \cdots & \lambda_{n-1} & 0 \\ 0 & 0 & \cdots & 0 & \lambda_n \end{vmatrix}$$

$$= \lambda_1 \lambda_2 (-1)^{1+1} \begin{vmatrix} \lambda_3 & 0 & \cdots & 0 & 0 \\ 0 & \lambda_4 & \cdots & 0 & 0 \\ \vdots & \vdots & & \vdots & \vdots \\ 0 & 0 & \cdots & \lambda_{n-1} & 0 \\ 0 & 0 & \cdots & 0 & \lambda_n \end{vmatrix}$$

$$= \lambda_1 \lambda_2 \cdots \lambda_{n-2} (-1)^{1+1} \begin{vmatrix} \lambda_{n-1} & 0 \\ 0 & \lambda_n \end{vmatrix}$$

$$= \cdots = \lambda_1 \lambda_2 \cdots \lambda_{n-1} \lambda_n .$$

例 31.6 证明 n 阶下三角行列式 $D = \begin{vmatrix} a_{11} & 0 & \cdots & 0 \\ a_{21} & a_{22} & \cdots & 0 \\ \vdots & \vdots & & \vdots \\ a_{n1} & a_{n2} & \cdots & a_{nn} \end{vmatrix} = a_{11} a_{22} \cdots a_{nn} .$

证明 利用 n 阶行列式的定义依次按第一行展开，则

$$D = \begin{vmatrix} a_{11} & 0 & \cdots & 0 \\ a_{21} & a_{22} & \cdots & 0 \\ \vdots & \vdots & & \vdots \\ a_{n1} & a_{n2} & \cdots & a_{nn} \end{vmatrix} = a_{11} (-1)^{1+1} \begin{vmatrix} a_{22} & 0 & \cdots & 0 \\ a_{32} & a_{33} & \cdots & 0 \\ \vdots & \vdots & & \vdots \\ a_{n2} & a_{n3} & \cdots & a_{nn} \end{vmatrix}$$

$$= a_{11} a_{22} (-1)^{1+1} \begin{vmatrix} a_{33} & 0 & \cdots & 0 \\ a_{43} & a_{44} & \cdots & 0 \\ \vdots & \vdots & & \vdots \\ a_{n3} & a_{n4} & \cdots & a_{nn} \end{vmatrix}$$

$$= a_{11} a_{22} \cdots a_{n-2, n-2} (-1)^{1+1} \begin{vmatrix} a_{n-1, n-1} & 0 \\ 0 & a_{nn} \end{vmatrix}$$

$$= \cdots = a_{11} a_{22} \cdots a_{nn} .$$

三、行列式性质

用行列式的定义计算 n 阶行列式是比较繁琐的．为了简化行列式的运算，我们下面给出行列式的性质．

▸ 定义 31.5 ▸ 设 $D = \begin{vmatrix} a_{11} & a_{12} & \cdots & a_{1n} \\ a_{21} & a_{22} & \cdots & a_{2n} \\ \vdots & \vdots & & \vdots \\ a_{n1} & a_{n2} & \cdots & a_{nn} \end{vmatrix}$ 为 n 阶行列式，将行列式的行列互换后，得到

n 阶行列式 $D^{\mathrm{T}} = \begin{vmatrix} a_{11} & a_{21} & \cdots & a_{n1} \\ a_{12} & a_{22} & \cdots & a_{n2} \\ \vdots & \vdots & & \vdots \\ a_{1n} & a_{2n} & \cdots & a_{nn} \end{vmatrix}$，则称 D^{T} 为行列式 D 的 转置行列式.

▸ 性质 31.1 ▸ 行列式与其转置行列式的值相等，即 $D = D^{\mathrm{T}}$.

说明　由于行列式中行列地位是等同的，因此行列式对行成立的性质对列同样成立.

例 31.7　证明：上三角行列式

$$D = \begin{vmatrix} a_{11} & a_{12} & \cdots & a_{1n} \\ 0 & a_{22} & \cdots & a_{2n} \\ \vdots & \vdots & & \vdots \\ 0 & 0 & \cdots & a_{nn} \end{vmatrix} = a_{11}a_{22}\cdots a_{nn}.$$

证明　由性质 31.1，得 $D = D^{\mathrm{T}} = \begin{vmatrix} a_{11} & 0 & \cdots & 0 \\ a_{12} & a_{22} & \cdots & 0 \\ \vdots & \vdots & & \vdots \\ a_{1n} & a_{2n} & \cdots & a_{nn} \end{vmatrix}$，由例 31.6 可知下三角行列式

$D^{\mathrm{T}} = a_{11}a_{22}\cdots a_{nn}$，所以 $D = a_{11}a_{22}\cdots a_{nn}$.

▸ 性质 31.2 ▸ 互换行列式的两行（列），行列式的值变号.

例如　$\begin{vmatrix} a_{11} & a_{12} & a_{13} \\ a_{21} & a_{22} & a_{23} \\ a_{31} & a_{32} & a_{33} \end{vmatrix} = -\begin{vmatrix} a_{31} & a_{32} & a_{33} \\ a_{21} & a_{22} & a_{23} \\ a_{11} & a_{12} & a_{13} \end{vmatrix}$.

▸ 推论 31.1 ▸ 如果行列式有两行（列）对应元素相同，则此行列式的值为零.

例如　$\begin{vmatrix} 1 & 2 & -1 \\ 2 & 2 & 3 \\ 1 & 2 & -1 \end{vmatrix} = 0$

▸ 性质 31.3 ▸ 行列式的某一行（列）中所有的元素都乘以同一数 k，等于用数 k 乘此行列式，即

$$\begin{vmatrix} a_{11} & a_{12} & \cdots & a_{1n} \\ \vdots & \vdots & & \vdots \\ ka_{i1} & ka_{i2} & \cdots & ka_{in} \\ \vdots & \vdots & & \vdots \\ a_{n1} & a_{n2} & \cdots & a_{nn} \end{vmatrix} = k \begin{vmatrix} a_{11} & a_{12} & \cdots & a_{1n} \\ \vdots & \vdots & & \vdots \\ a_{i1} & a_{i2} & \cdots & a_{in} \\ \vdots & \vdots & & \vdots \\ a_{n1} & a_{n2} & \cdots & a_{nn} \end{vmatrix}.$$

▸ **推论 31.2** ▸ 行列式的某一行(列)中所有元素的公因子可以提到行列式的外面.

▸ **推论 31.3** ▸ 如果一个行列式有一行(列)的元素全为零,那么这个行列式的值等于零.

例如
$$D=\begin{vmatrix} a_{11} & a_{12} & a_{13} \\ 0 & 0 & 0 \\ a_{31} & a_{32} & a_{33} \end{vmatrix}=0.$$

▸ **推论 31.4** ▸ 如果一个行列式有两行(列)的对应元素成比例,那么这个行列式的值等于零.

例如
$$D=\begin{vmatrix} a_{11} & a_{12} & a_{13} \\ 3a_{11} & 3a_{12} & 3a_{13} \\ a_{31} & a_{32} & a_{33} \end{vmatrix}=0.$$

▸ **性质 31.4** ▸ 若行列式的某一列(行)的元素都是两项之和,即

$$D=\begin{vmatrix} a_{11} & a_{12} & \cdots & (a_{1i}+a'_{1i}) & \cdots & a_{1n} \\ a_{21} & a_{22} & \cdots & (a_{2i}+a'_{2i}) & \cdots & a_{2n} \\ \vdots & \vdots & & \vdots & & \vdots \\ a_{n1} & a_{n2} & \cdots & (a_{ni}+a'_{ni}) & \cdots & a_{nn} \end{vmatrix},$$

则 D 等于下列两个行列式之和:

$$D=\begin{vmatrix} a_{11} & \cdots & a_{1i} & \cdots & a_{1n} \\ a_{21} & \cdots & a_{2i} & \cdots & a_{2n} \\ \vdots & & \vdots & & \vdots \\ a_{n1} & \cdots & a_{ni} & \cdots & a_{nn} \end{vmatrix}+\begin{vmatrix} a_{11} & \cdots & a'_{1i} & \cdots & a_{1n} \\ a_{21} & \cdots & a'_{2i} & \cdots & a_{2n} \\ \vdots & & \vdots & & \vdots \\ a_{n1} & \cdots & a'_{ni} & \cdots & a_{nn} \end{vmatrix}.$$

▸ **性质 31.5** ▸ 行列式的某一列(行)的各元素乘以同一数然后加到另一列(行)对应的元素上去,行列式的值不变.

$$\begin{vmatrix} a_{11} & \cdots & a_{1i} & \cdots & a_{1j} & \cdots & a_{1n} \\ a_{21} & \cdots & a_{2i} & \cdots & a_{2j} & \cdots & a_{2n} \\ \vdots & & \vdots & & \vdots & & \vdots \\ a_{n1} & \cdots & a_{ni} & \cdots & a_{nj} & \cdots & a_{nn} \end{vmatrix}=\begin{vmatrix} a_{11} & \cdots & (a_{1i}+ka_{1j}) & \cdots & a_{1j} & \cdots & a_{1n} \\ a_{21} & \cdots & (a_{2i}+ka_{2j}) & \cdots & a_{2j} & \cdots & a_{2n} \\ \vdots & & \vdots & & \vdots & & \vdots \\ a_{n1} & \cdots & (a_{ni}+ka_{nj}) & \cdots & a_{nj} & \cdots & a_{nn} \end{vmatrix}.$$

▸ **性质 31.6** ▸ 行列式 D 中任一行(列)的各个元素与其代数余子式乘积之和等于行列式 D 的值,即 $D=a_{i1}A_{i1}+a_{i2}A_{i2}+\cdots+a_{in}A_{in}\ (i=1,2,\cdots,n)$.

例如 $D=\begin{vmatrix} a_{11} & a_{12} & a_{13} \\ a_{21} & a_{22} & a_{23} \\ a_{31} & a_{32} & a_{33} \end{vmatrix}=a_{11}A_{11}+a_{12}A_{12}+a_{13}A_{13}$(按第一行展开)

$\qquad\qquad\qquad\quad =a_{31}A_{31}+a_{32}A_{32}+a_{33}A_{33}$(按第三行展开)

$\qquad\qquad\qquad\quad =a_{11}A_{11}+a_{21}A_{21}+a_{31}A_{31}$(按第一列展开)

推论 31.5 行列式任一行(列)的元素与另一行(列)的对应元素的代数余子式乘积之和等于零,即

$$a_{i1}A_{j1} + a_{i2}A_{j2} + \cdots + a_{in}A_{jn} = 0, i \neq j.$$

例如 设 $D = \begin{vmatrix} a_{11} & a_{12} & a_{13} \\ a_{21} & a_{22} & a_{23} \\ a_{31} & a_{32} & a_{33} \end{vmatrix}$,则 $a_{11}A_{21} + a_{12}A_{22} + a_{13}A_{23} = 0$.

利用行列式的按行(列)展开法则和性质,可以简化行列式的计算. 计算行列式时,常利用性质把某一行(列)的元素化成尽可能多的零,再按该行(列)展开.

现将行列式第 i 行记作 r_i,第 j 列记作 c_j,为方便运算,作如下规定:

(1) 交换第 i 行(列)和第 j 行(列)两行(列)位置,记作:$r_i \leftrightarrow r_j (c_i \leftrightarrow c_j)$;

(2) 第 i 行(列)的 k 倍加到第 j 行(列),记作:$r_j + kr_i$ ($c_j + kc_i$);

(3) 数 k 乘以第 i 行(列),记作:kr_i (kc_i).

例 31.8 计算行列式 $D = \begin{vmatrix} 1 & 1 & 1 & 1 \\ 1 & 2 & 2 & 1 \\ 2 & 1 & 2 & 0 \\ 3 & 0 & 4 & 2 \end{vmatrix}$.

【解】方法一:利用行列式的性质将行列式化为三角行列式进行运算是行列式计算中最常见、也是最有效的方法之一.

$$D = \begin{vmatrix} 1 & 1 & 1 & 1 \\ 1 & 2 & 2 & 1 \\ 2 & 1 & 2 & 0 \\ 3 & 0 & 4 & 2 \end{vmatrix} \xrightarrow[r_4-3r_1]{\substack{r_2-r_1 \\ r_3-2r_1}} \begin{vmatrix} 1 & 1 & 1 & 1 \\ 0 & 1 & 1 & 0 \\ 0 & -1 & 0 & -2 \\ 0 & -3 & 1 & -1 \end{vmatrix} \xrightarrow[r_4+3r_2]{r_3+r_2} \begin{vmatrix} 1 & 1 & 1 & 1 \\ 0 & 1 & 1 & 0 \\ 0 & 0 & 1 & -2 \\ 0 & 0 & 4 & -1 \end{vmatrix} \xrightarrow{r_4-4r_3} \begin{vmatrix} 1 & 1 & 1 & 1 \\ 0 & 1 & 1 & 0 \\ 0 & 0 & 1 & -2 \\ 0 & 0 & 0 & 7 \end{vmatrix} = 7.$$

方法二:将行列式的性质与行列式按行(列)展开降阶有效结合,通常是简化行列式运算过程的有效途径之一.

$$D = \begin{vmatrix} 1 & 1 & 1 & 1 \\ 1 & 2 & 2 & 1 \\ 2 & 1 & 2 & 0 \\ 3 & 0 & 4 & 2 \end{vmatrix} \xrightarrow[r_4-2r_1]{r_2-r_1} \begin{vmatrix} 1 & 1 & 1 & 1 \\ 0 & 1 & 1 & 0 \\ 2 & 1 & 2 & 0 \\ 1 & -2 & 2 & 0 \end{vmatrix} = -\begin{vmatrix} 0 & 1 & 1 \\ 2 & 1 & 2 \\ 1 & -2 & 2 \end{vmatrix} \xrightarrow{c_2-c_3} -\begin{vmatrix} 0 & 0 & 1 \\ 2 & -1 & 2 \\ 1 & -4 & 2 \end{vmatrix} = -\begin{vmatrix} 2 & -1 \\ 1 & -4 \end{vmatrix} = 7.$$

例 31.9 计算行列式 $D = \begin{vmatrix} 2 & 1 & 1 & 1 \\ 1 & 2 & 1 & 1 \\ 1 & 1 & 2 & 1 \\ 1 & 1 & 1 & 2 \end{vmatrix}$.

【解】 $D = \begin{vmatrix} 2 & 1 & 1 & 1 \\ 1 & 2 & 1 & 1 \\ 1 & 1 & 2 & 1 \\ 1 & 1 & 1 & 2 \end{vmatrix} \xrightarrow{r_1+r_2+r_3+r_4} \begin{vmatrix} 5 & 5 & 5 & 5 \\ 1 & 2 & 1 & 1 \\ 1 & 1 & 2 & 1 \\ 1 & 1 & 1 & 2 \end{vmatrix} = 5\begin{vmatrix} 1 & 1 & 1 & 1 \\ 1 & 2 & 1 & 1 \\ 1 & 1 & 2 & 1 \\ 1 & 1 & 1 & 2 \end{vmatrix} \xrightarrow[r_4-r_1]{\substack{r_2-r_1 \\ r_3-r_1}} 5\begin{vmatrix} 1 & 1 & 1 & 1 \\ 0 & 1 & 0 & 0 \\ 0 & 0 & 1 & 0 \\ 0 & 0 & 0 & 1 \end{vmatrix} = 5.$

四、行列式的应用

在案例 31-1 中,我们知道了二元线性方程组的解可用行列式表示. 这一结论可以推广到 n 个方程组成的 n 元线性方程组.

含有 n 个未知量,n 个线性方程的方程组

$$\begin{cases} a_{11}x_1 + a_{12}x_2 + \cdots + a_{1n}x_n = b_1, \\ a_{21}x_1 + a_{22}x_2 + \cdots + a_{2n}x_n = b_2, \\ \quad\quad\quad\quad\quad \vdots \\ a_{n1}x_1 + a_{n2}x_2 + \cdots + a_{nn}x_n = b_n, \end{cases}$$

称为 n 元线性方程组,其中 $x_j(j=1,2,\cdots,n)$ 是未知量,$a_{ij}(i,j=1,2,\cdots,n)$ 是第 i 个方程第 j 个未知量 x_j 的系数,$b_i(i=1,2,\cdots,n)$ 是第 i 个方程的常数项.

n 元线性方程组的系数 $a_{ij}(i,j=1,2,\cdots,n)$ 构成的行列式

$$D = \begin{vmatrix} a_{11} & a_{12} & \cdots & a_{1n} \\ a_{21} & a_{22} & \cdots & a_{2n} \\ \vdots & \vdots & & \vdots \\ a_{n1} & a_{n2} & \cdots & a_{nn} \end{vmatrix}$$

称为方程组的系数行列式. 若 $b_1, b_2, \cdots, b_n$ 不全为零,则称方程组为非齐次的;若 $b_1, b_2, \cdots, b_n$ 全为零,则称方程组为齐次的.

★ **定理 31.1** ▸(克拉默法则)如果 n 元线性方程组

$$\begin{cases} a_{11}x_1 + a_{12}x_2 + \cdots + a_{1n}x_n = b_1, \\ a_{21}x_1 + a_{22}x_2 + \cdots + a_{2n}x_n = b_2, \\ \quad\quad\quad\quad\quad \vdots \\ a_{n1}x_1 + a_{n2}x_2 + \cdots + a_{nn}x_n = b_n \end{cases}$$

的系数行列式 D 不等于零,即

$$D = \begin{vmatrix} a_{11} & a_{12} & \cdots & a_{1n} \\ a_{21} & a_{22} & \cdots & a_{2n} \\ \vdots & \vdots & & \vdots \\ a_{n1} & a_{n2} & \cdots & a_{nn} \end{vmatrix} \neq 0,$$

则线性方程组有唯一的解,且解可以表为

$$x_1 = \frac{D_1}{D}, \; x_2 = \frac{D_2}{D}, \; x_3 = \frac{D_3}{D}, \cdots, x_n = \frac{D_n}{D},$$

其中:$D_j(j=1,2,\cdots,n)$ 为系数行列式 D 中第 j 列的元素用方程组的常数项代替后所得的 n 阶行列式,即

应用经济数学

$$D_j = \begin{vmatrix} a_{11} & \cdots & a_{1,j-1} & b_1 & a_{1,j+1} & \cdots & a_{1n} \\ a_{21} & \cdots & a_{2,j-1} & b_2 & a_{2,j+1} & \cdots & a_{2n} \\ \vdots & & \vdots & \vdots & \vdots & & \vdots \\ a_{n1} & \cdots & a_{n,j-1} & b_n & a_{n,j+1} & \cdots & a_{nn} \end{vmatrix}.$$

例 31.10 解线性方程组 $\begin{cases} 2x_1 + x_2 - 5x_3 = -2, \\ x_2 - x_3 = 0, \\ x_1 - 3x_3 = -2. \end{cases}$

【解】因为系数行列式为 $D = \begin{vmatrix} 2 & 1 & -5 \\ 0 & 1 & -1 \\ 1 & 0 & -3 \end{vmatrix} = -2 \neq 0$，所以线性方程组有唯一的解．又因为

$$D_1 = \begin{vmatrix} -2 & 1 & -5 \\ 0 & 1 & -1 \\ -2 & 0 & -3 \end{vmatrix} = -2, \quad D_2 = \begin{vmatrix} 2 & -2 & -5 \\ 0 & 0 & -1 \\ 1 & -2 & -3 \end{vmatrix} = -2, \quad D_3 = \begin{vmatrix} 2 & 1 & -2 \\ 0 & 1 & 0 \\ 1 & 0 & -2 \end{vmatrix} = -2,$$

所以线性方程组的解为 $x_1 = \dfrac{D_1}{D} = 1$，$x_2 = \dfrac{D_2}{D} = 1$，$x_3 = \dfrac{D_3}{D} = 1$．

对于齐次线性方程组 $\begin{cases} a_{11}x_1 + a_{12}x_2 + \cdots + a_{1n}x_n = 0, \\ a_{21}x_1 + a_{22}x_2 + \cdots + a_{2n}x_n = 0, \\ \vdots \\ a_{n1}x_1 + a_{n2}x_2 + \cdots + a_{nn}x_n = 0, \end{cases}$ 显然，$x_1 = x_2 = \cdots = x_n = 0$ 是齐次线

性方程组的解，称该解为齐次线性方程组的零解．若 $x_1, x_2, \cdots, x_n$ 是齐次线性方程组的解，且不全为零，则称该解为齐次线性方程组的非零解．根据定理 31.1，我们容易得到如下定理：

▶ **定理 31.2** ▶ 若齐次线性方程组的系数行列式 $D \neq 0$，则该齐次线性方程组有且只有零解．

说明 (1) 若齐次线性方程组有非零解，则该齐次线性方程组的系数行列式 $D = 0$；

(2) 当齐次线性方程组有非零解时，齐次线性方程组有无穷多解．

例 31.11 判断齐次线性方程组 $\begin{cases} x_1 + 3x_2 - 4x_3 + 2x_4 = 0, \\ 3x_1 - x_2 + 2x_3 - x_4 = 0, \\ -2x_1 + 4x_2 - x_3 + 3x_4 = 0, \\ 3x_1 + 9x_2 - 7x_3 + 6x_4 = 0 \end{cases}$ 有无非零解．

【解】因为

$$D = \begin{vmatrix} 1 & 3 & -4 & 2 \\ 3 & -1 & 2 & -1 \\ -2 & 4 & -1 & 3 \\ 3 & 9 & -7 & 6 \end{vmatrix} = \begin{vmatrix} 1 & 3 & -4 & 2 \\ 0 & -10 & 14 & -7 \\ 0 & 10 & -9 & 7 \\ 0 & 0 & 5 & 0 \end{vmatrix} = \begin{vmatrix} 1 & 3 & -4 & 2 \\ 0 & -10 & 14 & -7 \\ 0 & 0 & 5 & 0 \\ 0 & 0 & 5 & 0 \end{vmatrix} = 0$$

所以该齐次线性方程组有非零解．

例 31.12 已知齐次线性方程组 $\begin{cases} \lambda x_1 + x_2 + x_3 = 0, \\ x_1 + \lambda x_2 + x_3 = 0, \\ x_1 + x_2 + \lambda x_3 = 0 \end{cases}$ 有无穷多解，则 λ 应取何值？

【解】方程组的系数行列式

$$D = \begin{vmatrix} \lambda & 1 & 1 \\ 1 & \lambda & 1 \\ 1 & 1 & \lambda \end{vmatrix} = \begin{vmatrix} \lambda+2 & \lambda+2 & \lambda+2 \\ 1 & \lambda & 1 \\ 1 & 1 & \lambda \end{vmatrix} = (\lambda+2) \begin{vmatrix} 1 & 1 & 1 \\ 1 & \lambda & 1 \\ 1 & 1 & \lambda \end{vmatrix} = (\lambda+2) \begin{vmatrix} 1 & 1 & 1 \\ 0 & \lambda-1 & 0 \\ 0 & 0 & \lambda-1 \end{vmatrix}$$

$$= (\lambda+2)(\lambda-1)^2,$$

因为方程组有无穷多解，所以 $D = 0$，即 $(\lambda+2)(\lambda-1)^2 = 0$，所以 $\lambda = -2$ 或 $\lambda = 1$.

练一练

拓展练习

1 计算行列式.

(1) $\begin{vmatrix} 2 & -1 & 0 \\ 1 & 3 & 0 \\ 5 & 0 & 2 \end{vmatrix}$;

(2) $\begin{vmatrix} 1 & 3 & 2 \\ -1 & 0 & 3 \\ 2 & 1 & 0 \end{vmatrix}$;

(3) $\begin{vmatrix} 1 & 2 & 1 & 3 \\ 0 & -1 & 1 & 2 \\ 0 & -1 & 0 & 1 \\ 2 & 0 & 3 & 2 \end{vmatrix}$;

(4) $\begin{vmatrix} a & 1 & 1 & 1 \\ 1 & a & 1 & 1 \\ 1 & 1 & a & 1 \\ 1 & 1 & 1 & a \end{vmatrix}$.

2 利用克拉默法则计算线性方程组 $\begin{cases} x_2 + 2x_3 = 5, \\ x_1 + x_2 + x_3 = 3, \\ x_1 - x_2 = 0. \end{cases}$

3 已知齐次线性方程组 $\begin{cases} -3x_1 + (2-\lambda)x_2 = 0, \\ (1-\lambda)x_1 - 2x_2 = 0 \end{cases}$ 有无穷多解，则 λ 应取何值？

模块三十二 矩阵的概念

想一想

矩阵概念产生于 19 世纪 50 年代．在研究方程的个数与未知量的个数不相同的线性方程组时，引入了矩阵的概念．实际上，我国在东汉时期就已经有了矩阵的萌芽，在《九章算术》中已经有所描述，只是没有将它作为一个独立的概念加以研究，没能形成独立的矩阵理论．矩阵是现代科学技术的一个重要的数学工具，作为一种紧凑的表达式，是线性代数中最基本的概念之一．

案例 32-1 某旅游胜地，"青山绿水，桃红宿雨，柳绿带烟"，其中三个著名景点每季度游客的数量（单位：万人）见表 32-1．

表 32-1 （单位：万人）

季度	景点		
	A	B	C
一季度	30	40	50
二季度	45	50	55
三季度	55	60	70
四季度	65	70	80

上述数表在保持数值相对位置不变的条件下，可以用如下 4 行 3 列的矩形数表简明表示：

$$\begin{pmatrix} 30 & 40 & 50 \\ 45 & 50 & 55 \\ 55 & 60 & 70 \\ 65 & 70 & 80 \end{pmatrix}.$$

在自然科学、经济领域中，经常遇到类似这样的矩形数表．数表可以简洁地反映实际问题中的有用信息，因此对实际问题的研究，常常可以转化为对这些矩形数表的研究．

学一学

一、矩阵的概念

★ **定义 32.1** ▶ 由 $m \times n$ 个数 a_{ij} ($i=1,2,\cdots,m;\ j=1,2,\cdots n$) 排成的 m 行 n 列的矩形数表

$$\begin{matrix} a_{11} & a_{12} & \cdots & a_{1n} \\ a_{21} & a_{22} & \cdots & a_{2n} \\ \vdots & \vdots & & \vdots \\ a_{m1} & a_{m2} & \cdots & a_{mn} \end{matrix}$$

称为 m 行 n 列矩阵,简称 $m \times n$ 矩阵. 一般用大写的英文黑体字母来表示矩阵,记作

$$A = \begin{pmatrix} a_{11} & a_{12} & \cdots & a_{1n} \\ a_{21} & a_{22} & \cdots & a_{2n} \\ \vdots & \vdots & & \vdots \\ a_{m1} & a_{m2} & \cdots & a_{mn} \end{pmatrix},$$

其中 a_{ij} 称为矩阵 A 的第 i 行第 j 列元素. 以 a_{ij} 为第 i 行第 j 列元素的矩阵可简记为 $(a_{ij})_{m \times n}$.

二、常用的特殊矩阵

1. 行矩阵和列矩阵

一个 1 行 n 列的矩阵 $A_{1 \times n} = (a_1, a_2, \cdots, a_n)$ 称为行矩阵或行向量,一个 m 行 1 列的矩阵 $B_{m \times 1} = \begin{pmatrix} b_1 \\ b_2 \\ \vdots \\ b_m \end{pmatrix}$ 称为列矩阵或列向量.

2. 零矩阵

若一个矩阵的所有元素均为零,则称该矩阵为零矩阵. 一个 $m \times n$ 的零矩阵记作 $O_{m \times n}$,简记为 O.

3. 方阵

若一个矩阵的行数和列数均为 n,则称该矩阵为 n 阶方阵,记作 A_n,即

$$A_n = \begin{pmatrix} a_{11} & a_{12} & \cdots & a_{1n} \\ a_{21} & a_{22} & \cdots & a_{2n} \\ \vdots & \vdots & & \vdots \\ a_{n1} & a_{n2} & \cdots & a_{nn} \end{pmatrix}.$$

其中从左上角到右下角的实连线叫作主对角线.

定义 32.2 ▶ n 阶方阵 A_n 的所有元素保持相对位置不变构成的行列式称为方阵 A_n 的行列式，记为 $|A_n|$，即

$$|A_n| = \begin{vmatrix} a_{11} & a_{12} & \cdots & a_{1n} \\ a_{21} & a_{22} & \cdots & a_{2n} \\ \vdots & \vdots & & \vdots \\ a_{n1} & a_{n2} & \cdots & a_{nn} \end{vmatrix}.$$

例 32.1 设 $A = \begin{pmatrix} 1 & 2 \\ -2 & 1 \end{pmatrix}$，$B = \begin{pmatrix} 2 & 0 & 1 \\ 3 & 1 & 2 \\ 1 & 2 & 0 \end{pmatrix}$，求方阵 A 和 B 的行列式 $|A|$ 和 $|B|$.

【解】$|A| = \begin{vmatrix} 1 & 2 \\ -2 & 1 \end{vmatrix} = 1-(-4) = 5$；$|B| = \begin{vmatrix} 2 & 0 & 1 \\ 3 & 1 & 2 \\ 1 & 2 & 0 \end{vmatrix} = \begin{vmatrix} 2 & 0 & 1 \\ -1 & 1 & 0 \\ 1 & 2 & 0 \end{vmatrix} = \begin{vmatrix} -1 & 1 \\ 1 & 2 \end{vmatrix} = -3$.

4. 对角矩阵

若一个 n 阶方阵中除主对角线上的元素 $\lambda_1, \lambda_2, \cdots, \lambda_n$ 外，其余的元素都等于零，则称该矩阵为对角矩阵，记作 Λ，即

$$\Lambda = \begin{pmatrix} \lambda_1 & 0 & \cdots & 0 \\ 0 & \lambda_2 & \cdots & 0 \\ \vdots & \vdots & & \vdots \\ 0 & 0 & \cdots & \lambda_n \end{pmatrix}.$$

5. 单位矩阵

若一个 n 阶对角矩阵主对角线上的元素都是 1，则称该矩阵为单位矩阵，记作 E_n 或 E，即

$$E = \begin{pmatrix} 1 & 0 & \cdots & 0 \\ 0 & 1 & \cdots & 0 \\ \vdots & \vdots & & \vdots \\ 0 & 0 & \cdots & 1 \end{pmatrix}.$$

6. 对称矩阵

若一个 n 阶方阵 $A_n = (a_{ij})_{n \times n}$ 满足条件 $a_{ij} = a_{ji}$ $(i, j = 1, 2, \cdots, n)$，则称该矩

模块三十二 矩阵的概念

阵为 对称矩阵.

显然,对称矩阵的元素以主对角线为对称轴对应相等.

例如 $\begin{pmatrix} a_1 & b & c \\ b & a_2 & d \\ c & d & a_3 \end{pmatrix}$.

若两个矩阵的行数和列数都相等,则称它们是 同型矩阵.

★ **定义 32.3** ▶ 若两个同型矩阵 $A = (a_{ij})_{m \times n}$ 与矩阵 $B = (b_{ij})_{m \times n}$ 对应位置的元素相等,即

$$a_{ij} = b_{ij} \ (i=1,2,\cdots,m; j=1,2,\cdots,n),$$

则称矩阵 A 和矩阵 B 相等,记作 $A = B$.

例 32.2 设 $A = \begin{pmatrix} x & 3 & -5 \\ 1 & y & 0 \\ 3 & 6 & 8 \end{pmatrix}$, $B = \begin{pmatrix} 6 & 3 & -5 \\ 1 & 1 & 0 \\ 3 & 6 & z \end{pmatrix}$,若 $A = B$,求 x, y, z 的值.

【解】因为 $A = B$,所以 $x = 6, y = 1, z = 8$.

练一练

拓展练习

❶ 设 $A = \begin{pmatrix} x & 3 & -5 \\ 1 & 3 & 0 \\ 3 & 6 & 5 \end{pmatrix}$, $B = \begin{pmatrix} 1 & y & -5 \\ 1 & 3 & 0 \\ 3 & z & 5 \end{pmatrix}$,若 $A = B$,则 $x = $ _____ , $y = $ _____ , $z = $ _____ .

❷ 设 $A = \begin{pmatrix} 1 & 1 & 1 \\ 1 & 3 & 0 \\ 2 & 4 & 5 \end{pmatrix}$,求方阵 A 的行列式的值.

模块三十三 矩阵的线性运算

想一想

矩阵是线性代数中一个非常重要的概念,在自然科学、经济管理的许多领域中都有着广泛的应用,因此,为了充分发挥其作用,对矩阵定义的一些运算就显得十分重要.

案例 33-1 发展低碳经济,新能源汽车无疑将成为未来汽车的重点发展方向. 现有三家新能源汽车企业同时生产纯电动汽车和混合动力汽车,其销量情况见表 33-1. 试求三家新能源汽车企业的纯电动汽车和混合动力汽车的年销售量.

表 33-1 （单位:万辆）

企业	车型和销售时间			
	上半年纯电动汽车	上半年混合动力汽车	下半年纯电动汽车	下半年混合动力汽车
A	14.2	18.6	15	12
B	5.3	5.5	8.4	2
C	22.8	24.2	19.3	21.8

分析 三家新能源汽车企业上半年和下半年的汽车销量情况可分别写成矩阵 A 和矩阵 B,即

$$A = \begin{pmatrix} 14.2 & 18.6 \\ 5.3 & 5.5 \\ 22.8 & 24.2 \end{pmatrix}, \quad B = \begin{pmatrix} 15 & 12 \\ 8.4 & 2 \\ 19.3 & 21.8 \end{pmatrix}.$$

三家新能源汽车企业纯电动汽车的年销量(见表 33-2):

A 企业纯电动汽车年销量:14.2+15=29.2（万辆）;A 企业混合动力汽车年销量:18.6+12=30.6（万辆）;

B 企业纯电动汽车年销量:5.3+8.4=13.7（万辆）;B 企业混合动力汽车年销量:5.5+2=7.5（万辆）;

C 企业纯电动汽车年销量:22.8+19.3=42.1（万辆）;C 企业混合动力汽车年销量:24.2+21.8=46（万辆）.

表 33-2 　　　　　　　　　　　　　　　（单位：万辆）

企业	车型和销售时间	
	全年纯电动汽车	全年混合动力汽车
A	29.2	30.6
B	13.7	7.5
C	42.1	46

三家新能源汽车企业的纯电动汽车和混合动力汽车的年销量记为矩阵 C，即

$$C = \begin{pmatrix} 29.2 & 30.6 \\ 13.7 & 7.5 \\ 42.1 & 46 \end{pmatrix}$$

比较上述三个矩阵不难发现矩阵 C 中的元素是由矩阵 A 和矩阵 B 中的对应元素相加得到的，这就是本模块我们即将学习的矩阵加法.

学一学

一、矩阵的加法

★ **定义 33.1** ▶ 设矩阵 $A = (a_{ij})_{m \times n}$ 与矩阵 $B = (b_{ij})_{m \times n}$ 为同型矩阵，则称矩阵 $(a_{ij} + b_{ij})_{m \times n}$ 为矩阵 A 与矩阵 B 的<u>和</u>，记作 $A + B$，即

$$A + B = \begin{pmatrix} a_{11} + b_{11} & a_{12} + b_{12} & \cdots & a_{1n} + b_{1n} \\ a_{21} + b_{21} & a_{22} + b_{22} & \cdots & a_{2n} + b_{2n} \\ \vdots & \vdots & & \vdots \\ a_{m1} + b_{m1} & a_{m2} + b_{m2} & \cdots & a_{mn} + b_{mn} \end{pmatrix}.$$

说明 只有当两个矩阵是同型矩阵时，才能进行加法运算.

★ **定义 33.2** ▶ 设 $A = (a_{ij})_{m \times n}$，则称矩阵 $(-a_{ij})_{m \times n}$ 为 A 的负矩阵，记作 $-A$，即

$$-A = \begin{pmatrix} -a_{11} & -a_{12} & \cdots & -a_{1n} \\ -a_{21} & -a_{22} & \cdots & -a_{2n} \\ \vdots & \vdots & & \vdots \\ -a_{m1} & -a_{m2} & \cdots & -a_{mn} \end{pmatrix}.$$

- **定义 33.3** 设 $A=(a_{ij})_{m\times n}$ 与矩阵 $B=(b_{ij})_{m\times n}$ 为同型矩阵，则称矩阵 $(a_{ij}-b_{ij})_{m\times n}$ 为矩阵 A 与矩阵 B 的差，记作 $A-B$，即

$$A-B=\begin{pmatrix} a_{11}-b_{11} & a_{12}-b_{12} & \cdots & a_{1n}-b_{1n} \\ a_{21}-b_{21} & a_{22}-b_{22} & \cdots & a_{2n}-b_{2n} \\ \vdots & \vdots & & \vdots \\ a_{m1}-b_{m1} & a_{m2}-b_{m2} & \cdots & a_{mn}-b_{mn} \end{pmatrix}.$$

设矩阵 A, B, C 为 $m\times n$ 同型矩阵，O 是 $m\times n$ 零矩阵，矩阵的加法满足下列运算规律：

(1) 交换律：$A+B=B+A$；　　　　(2) 结合律：$(A+B)+C=A+(B+C)$；
(3) $A+O=A$；　　　　　　　　　(4) $A+(-A)=O$.

例 33.1 设 $A=\begin{pmatrix} 12 & 3 & -5 \\ 1 & -9 & 0 \\ 3 & 6 & 8 \end{pmatrix}$，$B=\begin{pmatrix} 1 & 8 & 9 \\ 6 & 5 & 4 \\ 3 & 2 & 1 \end{pmatrix}$，求 $A+B$，$A-B$.

【解】$A+B=\begin{pmatrix} 12+1 & 3+8 & -5+9 \\ 1+6 & -9+5 & 0+4 \\ 3+3 & 6+2 & 8+1 \end{pmatrix}=\begin{pmatrix} 13 & 11 & 4 \\ 7 & -4 & 4 \\ 6 & 8 & 9 \end{pmatrix}$；

$A-B=\begin{pmatrix} 12-1 & 3-8 & -5-9 \\ 1-6 & -9-5 & 0-4 \\ 3-3 & 6-2 & 8-1 \end{pmatrix}=\begin{pmatrix} 11 & -5 & -14 \\ -5 & -14 & -4 \\ 0 & 4 & 7 \end{pmatrix}$.

> **案例 33-1 的求解**

【解】三家新能源汽车企业上半年和下半年的汽车销量可分别写成矩阵 A 和 B，即

$$A=\begin{pmatrix} 14.2 & 18.6 \\ 5.3 & 5.5 \\ 22.8 & 24.2 \end{pmatrix}, \quad B=\begin{pmatrix} 15 & 12 \\ 8.4 & 2 \\ 19.3 & 21.8 \end{pmatrix}.$$

三家新能源汽车企业的纯电动汽车和混合动力汽车的年销量写成矩阵 C，则

$$C=A+B=\begin{pmatrix} 14.2 & 18.6 \\ 5.3 & 5.5 \\ 22.8 & 24.2 \end{pmatrix}+\begin{pmatrix} 15 & 12 \\ 8.4 & 2 \\ 19.3 & 21.8 \end{pmatrix}=\begin{pmatrix} 29.2 & 30.6 \\ 13.7 & 7.5 \\ 42.1 & 46 \end{pmatrix}.$$

即 A 汽车企业的纯电动汽车和混合动力汽车的年销量分别为 29.2 万辆和 30.6 万辆；B 汽车企业的纯电动汽车和混合动力汽车的年销量分别为 13.7 万辆和 7.5 万辆；C 汽车企业的纯电动汽车和混合动力汽车的年销量分别为 42.1 万辆和 46 万辆.

二、数与矩阵的数乘

- **定义 33.4** 设 λ 为任意实数，矩阵 $A=(a_{ij})_{m\times n}$，则称矩阵 $(\lambda a_{ij})_{m\times n}$ 为数 λ 与矩阵 A 的数量乘积，简称为数乘，记作 λA，即

$$\lambda \boldsymbol{A} = \begin{pmatrix} \lambda a_{11} & \lambda a_{12} & \cdots & \lambda a_{1n} \\ \lambda a_{21} & \lambda a_{22} & \cdots & \lambda a_{2n} \\ \vdots & \vdots & & \vdots \\ \lambda a_{m1} & \lambda a_{m2} & \cdots & \lambda a_{mn} \end{pmatrix}.$$

设 λ 为任意实数，矩阵 $\boldsymbol{A}, \boldsymbol{B}$ 是 $m \times n$ 矩阵，矩阵的数乘满足下列运算规律：

(1) 结合律：$(\lambda \mu)\boldsymbol{A} = \lambda(\mu \boldsymbol{A})$；

(2) 分配律：$(\lambda + \mu)\boldsymbol{A} = \lambda \boldsymbol{A} + \mu \boldsymbol{A}$，$\lambda(\boldsymbol{A} + \boldsymbol{B}) = \lambda \boldsymbol{A} + \lambda \boldsymbol{B}$；

(3) $1 \cdot \boldsymbol{A} = \boldsymbol{A} \cdot 1 = \boldsymbol{A}$.

■ **性质** ▶ 设矩阵 $\boldsymbol{A}$ 为 n 阶方阵，λ 为任意实数，则 $|\lambda \boldsymbol{A}| = \lambda^n |\boldsymbol{A}|$.

例 33.2 设 $\boldsymbol{A} = \begin{pmatrix} 1 & 1 & 1 \\ 1 & 3 & 0 \\ 2 & 4 & 5 \end{pmatrix}$，求 $-2\boldsymbol{A}$，$|-2\boldsymbol{A}|$.

【解】$-2\boldsymbol{A} = \begin{pmatrix} -2 \times 1 & -2 \times 1 & -2 \times 1 \\ -2 \times 1 & -2 \times 3 & -2 \times 0 \\ -2 \times 2 & -2 \times 4 & -2 \times 5 \end{pmatrix} = \begin{pmatrix} -2 & -2 & -2 \\ -2 & -6 & 0 \\ -4 & -8 & -10 \end{pmatrix}$；

$$|-2\boldsymbol{A}| = \begin{vmatrix} -2 & -2 & -2 \\ -2 & -6 & 0 \\ -4 & -8 & -10 \end{vmatrix} = (-2)^3 \begin{vmatrix} 1 & 1 & 1 \\ 1 & 3 & 0 \\ 2 & 4 & 5 \end{vmatrix} = -8 \begin{vmatrix} 1 & -2 & 1 \\ 1 & 0 & 0 \\ 2 & -2 & 5 \end{vmatrix} = 8 \begin{vmatrix} -2 & 1 \\ -2 & 5 \end{vmatrix} = -64.$$

例 33.3 已知 $\boldsymbol{A} = \begin{pmatrix} 2 & 1 \\ 0 & 3 \\ -1 & 4 \end{pmatrix}$，$\boldsymbol{B} = \begin{pmatrix} -1 & 4 \\ 2 & 0 \\ 5 & -3 \end{pmatrix}$，且满足 $2\boldsymbol{A} - 3\boldsymbol{X} = \boldsymbol{B}$，求矩阵 $\boldsymbol{X}$.

【解】因为 $2\boldsymbol{A} - 3\boldsymbol{X} = \boldsymbol{B}$，从而有 $\boldsymbol{X} = \dfrac{2}{3}\boldsymbol{A} - \dfrac{1}{3}\boldsymbol{B}$，所以

$$\boldsymbol{X} = \dfrac{2}{3}\begin{pmatrix} 2 & 1 \\ 0 & 3 \\ -1 & 4 \end{pmatrix} - \dfrac{1}{3}\begin{pmatrix} -1 & 4 \\ 2 & 0 \\ 5 & -3 \end{pmatrix} = \begin{pmatrix} \dfrac{5}{3} & -\dfrac{2}{3} \\ -\dfrac{2}{3} & 2 \\ -\dfrac{7}{3} & \dfrac{11}{3} \end{pmatrix}.$$

练一练

拓展练习

① 设 A 为三阶方阵，且 $|A|=3$，则 $|-2A|=$ _____ .

② 设 $A=\begin{pmatrix} 2 & 3 \\ 1 & -2 \\ 0 & 1 \end{pmatrix}$，$B=\begin{pmatrix} 3 & -2 \\ -1 & 1 \\ 2 & 0 \end{pmatrix}$，求 $2A-3B$.

③ 设 $A=\begin{pmatrix} 3 & -1 & 1 \\ -2 & 0 & 2 \end{pmatrix}$，$B=\begin{pmatrix} -3 & -1 & 1 \\ 1 & 3 & -1 \end{pmatrix}$，若 $2A-3X+B=O$，求矩阵 X.

矩阵的乘法与转置

想一想

上个模块我们学习了矩阵的线性运算,本模块我们继续来学习矩阵乘法运算和转置.

案例 34-1 数字经济是继农业经济、工业经济之后的主要经济形态,是以数据资源为关键要素,以现代信息网络为主要载体,以信息通信技术融合应用、全要素数字化转型为重要推动力,促进公平与效率更加统一的新经济形态.直播带货是营销与直播融合的产物,是主播、商家基于直播技术的营销行为.现有两直播平台同时代理甲、乙、丙三种产品,不同产品销售量见表34-1,产品的销售单价及单位利润见表34-2.则两直播平台的销售额及总利润各为多少?

表 34-1 (单位:件)

平台	产品		
	甲	乙	丙
平台1	100	450	200
平台2	150	300	160

表 34-2 (单位:元/件)

产品	单价	利润
甲	399	149
乙	199	70
丙	299	110

分析 直播平台产品销售量(见表34-1)、单价与利润(见表34-2)分别写成如下矩阵 A 和矩阵 B,即

$$A=\begin{pmatrix} 100 & 450 & 200 \\ 150 & 300 & 160 \end{pmatrix}, \quad B=\begin{pmatrix} 399 & 149 \\ 199 & 70 \\ 299 & 110 \end{pmatrix}.$$

两家平台销售额及总利润:

平台1的销售额:$100 \times 399 + 450 \times 199 + 200 \times 299 = 189250$;

平台 1 的总利润：100×149+450×70+200×110=68400；
平台 2 的销售额：150×399+300×199+160×299=167390；
平台 2 的总利润：150×149+300×70+160×110=60950.
销售额及总利润用表 34-3 来表示：

表 34-3　　　　　　　　　　（单位：元）

平　台	销　售　额	总　利　润
平台 1	189250	68400
平台 2	167390	60950

将表 34-3 用矩阵 C 来表示，则有如下形式：

$$C=\begin{pmatrix} 189250 & 68400 \\ 167390 & 60950 \end{pmatrix},$$

可以看出，矩阵 C 由矩阵 A 和矩阵 B 决定，并且矩阵 C 中的元素是由矩阵 A 每一行的元素和矩阵 B 每一列的元素按顺序相乘求和所得．我们就把矩阵 A 和矩阵 B 的元素间的这种运算方式称为矩阵的乘法．

一、矩阵的乘法

▸ **定义 34.1** ▸ 设矩阵 $A=(a_{ij})_{m\times s}$，$B=(b_{ij})_{s\times n}$，则由元素

$$c_{ij}=a_{i1}b_{1j}+a_{i2}b_{2j}+\cdots+a_{is}b_{sj}=\sum_{k=1}^{s}a_{ik}b_{kj},\ i=1,2,\cdots,m;j=1,2,\cdots,n$$

构成的 $m\times n$ 矩阵 $C=(c_{ij})_{m\times n}$ 称为矩阵 A 与矩阵 B 的乘积，记作 $C=AB$，即

$$C=AB=\begin{pmatrix} \cdots & \cdots & \cdots & \cdots \\ a_{i1} & a_{i2} & \cdots & a_{is} \\ \cdots & \cdots & \cdots & \cdots \end{pmatrix}\begin{pmatrix} \vdots & b_{1j} & \vdots \\ \vdots & b_{2j} & \vdots \\ \vdots & \vdots & \vdots \\ \vdots & b_{sj} & \vdots \end{pmatrix}=\begin{pmatrix} \cdots & \cdots & \cdots \\ \cdots & c_{ij} & \cdots \\ \cdots & \cdots & \cdots \end{pmatrix}.$$

说明

(1) 当且仅当左边矩阵 A 的列数与右边矩阵 B 的行数相等时，A 与 B 才能作乘法运算；

(2) 矩阵 C 中第 i 行第 j 列的元素 c_{ij} 为矩阵 A 的第 i 行元素与矩阵 B 的第 j 列的对应元素乘积之和；

(3) C 为 $m×n$ 矩阵，它的行数等于 A 的行数，列数等于 B 的列数.

例 34.1 设 $A = \begin{pmatrix} 1 & 2 & 3 \\ 2 & -3 & 4 \end{pmatrix}$，$B = \begin{pmatrix} -1 & 2 \\ 5 & 4 \\ 3 & 6 \end{pmatrix}$，求 AB.

【解】 $AB = \begin{pmatrix} 1 & 2 & 3 \\ 2 & -3 & 4 \end{pmatrix} \begin{pmatrix} -1 & 2 \\ 5 & 4 \\ 3 & 6 \end{pmatrix}$

$= \begin{pmatrix} 1×(-1)+2×5+3×3 & 1×2+2×4+3×6 \\ 2×(-1)+(-3)×5+4×3 & 2×2+(-3)×4+4×6 \end{pmatrix}$

$= \begin{pmatrix} 18 & 28 \\ -5 & 16 \end{pmatrix}$.

例 34.2 设 $A = \begin{pmatrix} 0 & 1 \\ 0 & 0 \end{pmatrix}$，$B = \begin{pmatrix} 3 & 2 \\ 0 & 0 \end{pmatrix}$，验证：$AB \ne BA$.

【解】因为 $AB = \begin{pmatrix} 0 & 1 \\ 0 & 0 \end{pmatrix} \begin{pmatrix} 3 & 2 \\ 0 & 0 \end{pmatrix} = \begin{pmatrix} 0 & 0 \\ 0 & 0 \end{pmatrix}$，$BA = \begin{pmatrix} 3 & 2 \\ 0 & 0 \end{pmatrix} \begin{pmatrix} 0 & 1 \\ 0 & 0 \end{pmatrix} = \begin{pmatrix} 0 & 3 \\ 0 & 0 \end{pmatrix}$，所以 $AB \ne BA$.

例 34.3 设 $A = \begin{pmatrix} 3 & 1 \\ 4 & 0 \end{pmatrix}$，$B = \begin{pmatrix} 2 & 1 \\ 4 & 0 \end{pmatrix}$，$C = \begin{pmatrix} 0 & 0 \\ 1 & 1 \end{pmatrix}$，求 AC，BC.

【解】$AC = \begin{pmatrix} 3 & 1 \\ 4 & 0 \end{pmatrix} \begin{pmatrix} 0 & 0 \\ 1 & 1 \end{pmatrix} = \begin{pmatrix} 1 & 1 \\ 0 & 0 \end{pmatrix}$，$BC = \begin{pmatrix} 2 & 1 \\ 4 & 0 \end{pmatrix} \begin{pmatrix} 0 & 0 \\ 1 & 1 \end{pmatrix} = \begin{pmatrix} 1 & 1 \\ 0 & 0 \end{pmatrix}$.

从例 34.2 和例 34.3 可知：

(1) 矩阵乘法不满足交换律；

(2) 两个非零矩阵的乘积可能是零矩阵，即当 $AB = O$ 时，不一定有 $A = O$ 或 $B = O$；同样，当 $AB = AC$ 时，即使 $C \ne O$，也不一定有 $A = B$.

矩阵乘法满足如下运算规律：

(1) 结合律：$(AB)C = A(BC)$；

(2) 分配律：$A(B+C) = AB+AC$，$(B+C)A = BA+CA$；

(3) $AE = EA = A$；

(4) $A_{m×n} O_{n×s} = O_{m×s}$，$O_{m×n} B_{n×s} = O_{m×s}$；

(5) $k(AB) = (kA)B = A(kB)$.

▶ **性质 34.1** ▶ 设矩阵 A, B 为同阶方阵，则 $|AB| = |A| \cdot |B| = |B| \cdot |A| = |BA|$.

▶ **案例 34-1 的求解** ▶

【解】直播平台产品销售量 (见表 35-1)、单价与利润 (见表 35-2) 分别写成如下矩阵 A 和 B，即

$$A = \begin{pmatrix} 100 & 450 & 200 \\ 150 & 300 & 160 \end{pmatrix}, \quad B = \begin{pmatrix} 399 & 149 \\ 199 & 70 \\ 299 & 110 \end{pmatrix}.$$

销售额及总利润记作矩阵 C，则有

$$C = AB = \begin{pmatrix} 100 & 450 & 200 \\ 150 & 300 & 160 \end{pmatrix} \begin{pmatrix} 399 & 149 \\ 199 & 70 \\ 299 & 110 \end{pmatrix} = \begin{pmatrix} 189250 & 68400 \\ 167390 & 60950 \end{pmatrix},$$

所以平台 1 的销售额为 189250 元，总利润为 68400 元；平台 2 的销售额为 167390 元，总利润为 60950 元．

对于线性方程组 $\begin{cases} a_{11}x_1 + a_{12}x_2 + \cdots + a_{1n}x_n = b_1 \\ a_{21}x_1 + a_{22}x_2 + \cdots + a_{2n}x_n = b_2 \\ \quad\quad\quad\quad\vdots \\ a_{m1}x_1 + a_{m2}x_2 + \cdots + a_{mn}x_n = b_n \end{cases}$，利用矩阵的乘法的定义，令

$$A = \begin{pmatrix} a_{11} & a_{12} & \cdots & a_{1n} \\ a_{21} & a_{22} & \cdots & a_{2n} \\ \vdots & \vdots & & \vdots \\ a_{m1} & a_{m2} & \cdots & a_{mn} \end{pmatrix}, \quad X = \begin{pmatrix} x_1 \\ x_2 \\ \vdots \\ x_n \end{pmatrix}, \quad B = \begin{pmatrix} b_1 \\ b_2 \\ \vdots \\ b_m \end{pmatrix},$$

则线性方程组可以写成

$$AX = B,$$

方程 $AX = B$ 称为线性方程组的矩阵形式，其中矩阵 A 称为方程组的 系数矩阵，X 称为 未知量矩阵，B 称为 常数项矩阵．

二、矩阵的幂

定义 34.2 设 A 为 n 阶方阵，k 为正整数，规定

$$A^1 = A, \quad A^2 = A^1 \cdot A^1, \cdots, A^k = A^{k-1} \cdot A^1,$$

则称 A^k 为 A 的 k 次幂．

当 k, l 都是正整数时，由矩阵乘法的结合律得：

(1) $A^{k+l} = A^k A^l$；　　　　(2) $(A^k)^l = A^{kl}$．

性质 34.2 设矩阵 A 为 n 阶方阵，k 是正整数，则 $|A^k| = |A|^k$．

例 34.4 计算 $\begin{pmatrix} 1 & 1 \\ 0 & 1 \end{pmatrix}^n$（$n$ 是正整数）．

【解】 $\begin{pmatrix} 1 & 1 \\ 0 & 1 \end{pmatrix}^2 = \begin{pmatrix} 1 & 1 \\ 0 & 1 \end{pmatrix} \begin{pmatrix} 1 & 1 \\ 0 & 1 \end{pmatrix} = \begin{pmatrix} 1 & 2 \\ 0 & 1 \end{pmatrix},$

$$\begin{pmatrix} 1 & 1 \\ 0 & 1 \end{pmatrix}^3 = \begin{pmatrix} 1 & 1 \\ 0 & 1 \end{pmatrix}^2 \begin{pmatrix} 1 & 1 \\ 0 & 1 \end{pmatrix} = \begin{pmatrix} 1 & 2 \\ 0 & 1 \end{pmatrix} \begin{pmatrix} 1 & 1 \\ 0 & 1 \end{pmatrix} = \begin{pmatrix} 1 & 3 \\ 0 & 1 \end{pmatrix},$$

依次类推，可得 $\begin{pmatrix} 1 & 1 \\ 0 & 1 \end{pmatrix}^n = \begin{pmatrix} 1 & n \\ 0 & 1 \end{pmatrix}$.

三、矩阵的转置

★ **定义 34.3** ▶ 将 $m \times n$ 矩阵

$$A = \begin{pmatrix} a_{11} & a_{12} & \cdots & a_{1n} \\ a_{21} & a_{22} & \cdots & a_{2n} \\ \vdots & \vdots & & \vdots \\ a_{m1} & a_{m2} & \cdots & a_{mn} \end{pmatrix}$$

的行、列互换得到的 $n \times m$ 矩阵称为矩阵 A 的 **转置矩阵**，记作 A^T，即

$$A^T = \begin{pmatrix} a_{11} & a_{21} & \cdots & a_{m1} \\ a_{12} & a_{22} & \cdots & a_{m2} \\ \vdots & \vdots & & \vdots \\ a_{1n} & a_{2n} & \cdots & a_{mn} \end{pmatrix}.$$

例如 设 $A = \begin{pmatrix} 1 & 2 & 3 \\ 2 & 8 & 5 \end{pmatrix}$，则 A 的转置矩阵为 $A^T = \begin{pmatrix} 1 & 2 \\ 2 & 8 \\ 3 & 5 \end{pmatrix}$.

矩阵的转置满足以下运算规律：

(1) $(A^T)^T = A$；　　　　　　　　(2) $(A+B)^T = A^T + B^T$；

(3) $(\lambda A)^T = \lambda A^T$；（$\lambda$ 为实数）　(4) $(AB)^T = B^T A^T$.

★ **性质 34.3** ▶ 设矩阵 A 为 n 阶方阵，则 $|A^T| = |A|$.

例 34.5 设 $A = \begin{pmatrix} -2 & 0 & 1 \\ 3 & 2 & 2 \end{pmatrix}$，$B = \begin{pmatrix} 1 & 0 & 2 \\ -1 & 2 & 3 \\ 1 & 1 & 0 \end{pmatrix}$，求 $(AB)^T$，$B^T A^T$.

【解】因为 $AB = \begin{pmatrix} -2 & 0 & 1 \\ 3 & 2 & 2 \end{pmatrix} \begin{pmatrix} 1 & 0 & 2 \\ -1 & 2 & 3 \\ 1 & 1 & 0 \end{pmatrix} = \begin{pmatrix} -1 & 1 & -4 \\ 3 & 6 & 12 \end{pmatrix}$，所以 $(AB)^T = \begin{pmatrix} -1 & 3 \\ 1 & 6 \\ -4 & 12 \end{pmatrix}$；

$$B^T A^T = \begin{pmatrix} 1 & -1 & 1 \\ 0 & 2 & 1 \\ 2 & 3 & 0 \end{pmatrix} \begin{pmatrix} -2 & 3 \\ 0 & 2 \\ 1 & 2 \end{pmatrix} = \begin{pmatrix} -1 & 3 \\ 1 & 6 \\ -4 & 12 \end{pmatrix}.$$

练一练

拓展练习

❶ 设矩阵 $C = (c_{ij})_{m \times n}$，矩阵 A，B 满足 $AC = CB$，则 A 与 B 分别是 _____ 矩阵．

A. $m \times n$，$n \times m$； B. $n \times m$，$m \times n$；
C. $n \times n$，$m \times m$； D. $m \times m$，$n \times n$．

❷ 设矩阵 $A = (a_{ij})_{s \times n}$ $(s \neq n)$，则下列运算不可进行的是 _____．

A. AA； B. $A+A$；
C. AA^{T}； D. $A^{\mathrm{T}} + A^{\mathrm{T}}$．

❸ 若 A，B 均为 n 阶方阵，且 $|A| = 3$，$|B| = -4$，则 $|AB| = $ _____．

❹ 计算：

(1) $(3 \quad 2 \quad 1) \begin{pmatrix} 1 \\ 2 \\ 3 \end{pmatrix}$；

(2) $\begin{pmatrix} -1 \\ 2 \\ 1 \end{pmatrix} (1 \quad 2 \quad -1)$；

(3) $\begin{pmatrix} 0 & 1 \\ 1 & 0 \end{pmatrix} \begin{pmatrix} 1 & 2 \\ -1 & 1 \end{pmatrix}$；

(4) $\begin{pmatrix} 1 & 2 & -1 \\ 2 & 1 & 1 \\ 1 & -1 & 2 \end{pmatrix} \begin{pmatrix} 0 & 0 & 1 \\ 0 & 1 & 0 \\ 1 & 0 & 0 \end{pmatrix}$；

(5) $\begin{pmatrix} 2 & -1 & 1 \\ 1 & 0 & 2 \end{pmatrix} \begin{pmatrix} 1 & 3 & 1 \\ 2 & -2 & 3 \\ 0 & 1 & 1 \end{pmatrix}$．

❺ 设 $A = \begin{pmatrix} 1 & 2 & -1 \\ 0 & -1 & 2 \end{pmatrix}$，$B = \begin{pmatrix} 1 & 0 & 3 \\ 2 & 1 & -1 \end{pmatrix}$，$C = \begin{pmatrix} 1 & -1 & 4 \\ 0 & 0 & 2 \end{pmatrix}$，求 $(2A + B)C^{\mathrm{T}}$．

模块三十五　逆矩阵

想一想

在数的运算中,当数 $a \neq 0$ 时,$aa^{-1}=a^{-1}a=1$,其中 a^{-1} 称为 a 的倒数;在矩阵的乘法运算中,对于一个矩阵 A,是否存在一个矩阵 A^{-1},使得 $AA^{-1}=A^{-1}A=E$ 呢?本模块我们引入逆矩阵的概念,并研究矩阵可逆条件以及逆矩阵的求法.

案例 35-1　某公司有两个工厂,生产甲、乙两种产品,每天生产两种产品的产量及每天总收入见表 35-1:

表 35-1

工厂	产量及总收入		
	甲(单位:件)	乙(单位:件)	总收入(单位:元)
工厂 1	500	700	29000
工厂 2	600	300	24000

问甲、乙两种产品的单位售价是多少?

分析　设甲、乙两种产品单位售价分别为 x_1,x_2,令 $X=\begin{pmatrix} x_1 \\ x_2 \end{pmatrix}$,每天生产的产品产量记作矩阵 $A=\begin{pmatrix} 500 & 700 \\ 600 & 300 \end{pmatrix}$,总收入记作矩阵 $B=\begin{pmatrix} 29000 \\ 24000 \end{pmatrix}$,根据题意有 $AX=B$,通过求解矩阵方程 $AX=B$,可求得两种产品的单位售价 $X=\begin{pmatrix} x_1 \\ x_2 \end{pmatrix}$.

学一学

一、逆矩阵的概念

▸ **定义 35.1** ▸ 设 A 为 n 阶方阵,如果存在一个 n 阶方阵 B,使得

$$AB = BA = E,$$

则称方阵 A 是可逆的,此时,称 B 为 A 的逆矩阵,记作 A^{-1},即

$$AA^{-1} = A^{-1}A = E.$$

例如 设 $A = \begin{pmatrix} 1 & -1 \\ 1 & 1 \end{pmatrix}$,$B = \begin{pmatrix} \frac{1}{2} & \frac{1}{2} \\ -\frac{1}{2} & \frac{1}{2} \end{pmatrix}$,因为

$$AB = \begin{pmatrix} 1 & -1 \\ 1 & 1 \end{pmatrix}\begin{pmatrix} \frac{1}{2} & \frac{1}{2} \\ -\frac{1}{2} & \frac{1}{2} \end{pmatrix} = \begin{pmatrix} 1 & 0 \\ 0 & 1 \end{pmatrix},\quad BA = \begin{pmatrix} \frac{1}{2} & \frac{1}{2} \\ -\frac{1}{2} & \frac{1}{2} \end{pmatrix}\begin{pmatrix} 1 & -1 \\ 1 & 1 \end{pmatrix} = \begin{pmatrix} 1 & 0 \\ 0 & 1 \end{pmatrix},$$

所以 $AB = BA = E$,因此 A 是可逆的,其逆矩阵 $A^{-1} = B$.

■ **性质 35.1** ▸ 若 n 阶方阵 A 是可逆矩阵,则 A 的逆矩阵 A^{-1} 是唯一的.

证明 设 B 和 C 是 A 的逆矩阵,则有 $AB = BA = E$,$AC = CA = E$,从而有

$$B = EB = (CA)B = C(AB) = CE = C,$$

所以 A 的逆矩阵 A^{-1} 是唯一的.

二、逆矩阵的存在性

■ **定义 35.2** ▸ 设 n 阶方阵 $A = \begin{pmatrix} a_{11} & a_{12} & \cdots & a_{1n} \\ a_{21} & a_{22} & \cdots & a_{2n} \\ \vdots & \vdots & & \vdots \\ a_{n1} & a_{n2} & \cdots & a_{nn} \end{pmatrix}$,则由方阵 A 的行列式中的各个元素的代数余子式 A_{ij} 所构成的 n 阶矩阵

$$\begin{pmatrix} A_{11} & A_{21} & \cdots & A_{n1} \\ A_{12} & A_{22} & \cdots & A_{n2} \\ \vdots & \vdots & & \vdots \\ A_{1n} & A_{2n} & \cdots & A_{nn} \end{pmatrix}$$

称为矩阵 A 的伴随矩阵,记为 A^*,即

$$A^* = \begin{pmatrix} A_{11} & A_{21} & \cdots & A_{n1} \\ A_{12} & A_{22} & \cdots & A_{n2} \\ \vdots & \vdots & & \vdots \\ A_{1n} & A_{2n} & \cdots & A_{nn} \end{pmatrix}.$$

■ **性质 35.2** ▸ 设 A 为 n 阶方阵,A^* 为矩阵 A 的伴随矩阵,则 $AA^* = A^*A = |A|E$.

■ **定理** ▸ n 阶方阵 A 可逆的充要条件是 $|A| \neq 0$,且 $A^{-1} = \dfrac{1}{|A|}A^*$.

例 35.1 设 2 阶方阵 $A = \begin{pmatrix} 2 & 1 \\ 5 & 3 \end{pmatrix}$,判断 A 是否可逆,若可逆,求逆矩阵 A^{-1}.

【解】因为 $|A| = \begin{vmatrix} 2 & 1 \\ 5 & 3 \end{vmatrix} = 1 \neq 0$，所以 A 是可逆矩阵．又因为

$$A_{11} = 3, \quad A_{12} = -5; \quad A_{21} = -1, \quad A_{22} = 2;$$

从而有 $A^* = \begin{pmatrix} 3 & -1 \\ -5 & 2 \end{pmatrix}$，所以 $A^{-1} = \frac{1}{|A|} A^* = \begin{pmatrix} 3 & -1 \\ -5 & 2 \end{pmatrix}$．

> **案例 35-1 的求解**

【解】设甲、乙两种产品单位售价分别为 x_1，x_2，令 $X = \begin{pmatrix} x_1 \\ x_2 \end{pmatrix}$，每天生产的产品数量记作矩阵 $A = \begin{pmatrix} 500 & 700 \\ 600 & 300 \end{pmatrix}$，总收入记作矩阵 $B = \begin{pmatrix} 29000 \\ 24000 \end{pmatrix}$，根据题意有 $AX = B$，即

$$\begin{pmatrix} 500 & 700 \\ 600 & 300 \end{pmatrix} X = \begin{pmatrix} 29000 \\ 24000 \end{pmatrix},$$

因为 $|A| = \begin{vmatrix} 500 & 700 \\ 600 & 300 \end{vmatrix} = -270000 \neq 0$，所以 A 是可逆的．又因为

$$A_{11} = 300, \quad A_{12} = -600; \quad A_{21} = -700, \quad A_{22} = 500;$$

从而有 $A^* = \begin{pmatrix} 300 & -700 \\ -600 & 500 \end{pmatrix}$，

所以 $X = A^{-1} B = -\frac{1}{270000} \begin{pmatrix} 300 & -700 \\ -600 & 500 \end{pmatrix} \begin{pmatrix} 29000 \\ 24000 \end{pmatrix} = \begin{pmatrix} 30 \\ 20 \end{pmatrix}$，即甲、乙两种产品单位售价分别为 30 元、20 元．

例 35.2 设 3 阶方阵 $A = \begin{pmatrix} 1 & 2 & 3 \\ 2 & 2 & 1 \\ 3 & 4 & 3 \end{pmatrix}$，判断 A 是否可逆，若可逆，求逆矩阵 A^{-1}．

【解】因为 $|A| = \begin{vmatrix} 1 & 2 & 3 \\ 2 & 2 & 1 \\ 3 & 4 & 3 \end{vmatrix} = 2 \neq 0$，所以 A^{-1} 存在．

$$A_{11} = \begin{vmatrix} 2 & 1 \\ 4 & 3 \end{vmatrix} = 2, \quad A_{12} = -\begin{vmatrix} 2 & 1 \\ 3 & 3 \end{vmatrix} = -3, \quad A_{13} = \begin{vmatrix} 2 & 2 \\ 3 & 4 \end{vmatrix} = 2;$$

$$A_{21} = -\begin{vmatrix} 2 & 3 \\ 4 & 3 \end{vmatrix} = 6, \quad A_{22} = \begin{vmatrix} 1 & 3 \\ 3 & 3 \end{vmatrix} = -6, \quad A_{23} = -\begin{vmatrix} 1 & 2 \\ 3 & 4 \end{vmatrix} = 2;$$

$$A_{31} = \begin{vmatrix} 2 & 3 \\ 2 & 1 \end{vmatrix} = -4, \quad A_{32} = -\begin{vmatrix} 1 & 3 \\ 2 & 1 \end{vmatrix} = 5, \quad A_{33} = \begin{vmatrix} 1 & 2 \\ 2 & 2 \end{vmatrix} = -2;$$

所以 $A^{-1} = \frac{1}{|A|} A^* = \frac{1}{2} \begin{pmatrix} 2 & 6 & -4 \\ -3 & -6 & 5 \\ 2 & 2 & -2 \end{pmatrix} = \begin{pmatrix} 1 & 3 & -2 \\ -\frac{3}{2} & -3 & \frac{5}{2} \\ 1 & 1 & -1 \end{pmatrix}$．

例 35.3 设 $A = \begin{pmatrix} 1 & 2 & 3 \\ 2 & 2 & 1 \\ 3 & 4 & 3 \end{pmatrix}$, $B = \begin{pmatrix} 2 & 1 \\ 5 & 3 \end{pmatrix}$, $C = \begin{pmatrix} 1 & 3 \\ 2 & 0 \\ 3 & 1 \end{pmatrix}$, 求满足条件 $AXB = C$ 的 X.

【解】 由前面例 35.1 和例 35.2 可知, A, B 可逆, 且逆矩阵分别为

$$A^{-1} = \begin{pmatrix} 1 & 3 & -2 \\ -\frac{3}{2} & -3 & \frac{5}{2} \\ 1 & 1 & -1 \end{pmatrix}, \quad B^{-1} = \begin{pmatrix} 3 & -1 \\ -5 & 2 \end{pmatrix};$$

又因为 $AXB = C$, 从而有 $A^{-1}AXBB^{-1} = A^{-1}CB^{-1}$, 即 $X = A^{-1}CB^{-1}$, 所以

$$X = A^{-1}CB^{-1} = \begin{pmatrix} 1 & 3 & -2 \\ -3/2 & -3 & 5/2 \\ 1 & 1 & -1 \end{pmatrix} \begin{pmatrix} 1 & 3 \\ 2 & 0 \\ 3 & 1 \end{pmatrix} \begin{pmatrix} 3 & -1 \\ -5 & 2 \end{pmatrix} = \begin{pmatrix} -2 & 1 \\ 10 & -4 \\ -10 & 4 \end{pmatrix}.$$

三、逆矩阵的性质

性质 35.3 若 n 阶方阵 A 可逆, 则 A^{-1} 可逆, 且 $(A^{-1})^{-1} = A$.

性质 35.4 若 n 阶方阵 A 可逆, 则 A^{T} 可逆, 且 $(A^{\mathrm{T}})^{-1} = (A^{-1})^{\mathrm{T}}$.

性质 35.5 若 n 阶方阵 A, B 可逆, 则 AB 可逆, 且 $(AB)^{-1} = B^{-1}A^{-1}$.

证明 因为 $(AB)(B^{-1}A^{-1}) = A(BB^{-1})A^{-1} = AEA^{-1} = AA^{-1} = E$, 所以 AB 为可逆矩阵且 $(AB)^{-1} = B^{-1}A^{-1}$.

性质 35.6 若 n 阶方阵 A 可逆, 数 $\lambda \neq 0$, 则 λA 可逆且 $(\lambda A)^{-1} = \dfrac{1}{\lambda} A^{-1}$.

性质 35.7 若 n 阶方阵 A 可逆, 则有 $|A^{-1}| = \dfrac{1}{|A|}$.

练一练

拓展练习

① 设 A、B 均为 n 阶方阵, 则满足 AB 可逆的条件是_____.
  A. $|A| \neq 0$;   B. $|B| \neq 0$;
  C. $AB \neq O$;   D. $|AB| \neq 0$.

② 求下列矩阵的逆矩阵.

(1) $\begin{pmatrix} 1 & 2 \\ 3 & 4 \end{pmatrix}$;   (2) $\begin{pmatrix} 1 & 1 & 2 \\ 0 & 1 & 2 \\ 0 & 0 & 1 \end{pmatrix}$.

③ 解矩阵方程 $\begin{pmatrix} 1 & 1 & 2 \\ 1 & 2 & 2 \\ 1 & 2 & 3 \end{pmatrix} X = \begin{pmatrix} 2 & 0 \\ -1 & 1 \\ 0 & 3 \end{pmatrix}$.

模块三十六 矩阵的初等行变换

想一想

许多科学技术领域中的实际问题往往涉及求解很多未知量的线性方程组，因此对于一般的线性方程组的研究，在理论和实际中都具有重要的意义，其本身也是线性代数的主要内容之一，从本模块开始我们以矩阵作为工具，讨论线性方程组解的判定及求解方法.

对于 n 个未知量、m 个方程的线性方程组

$$\begin{cases} a_{11}x_1 + a_{12}x_2 + \cdots + a_{1n}x_n = b_1, \\ a_{21}x_1 + a_{22}x_2 + \cdots + a_{2n}x_n = b_2, \\ \vdots \\ a_{m1}x_1 + a_{m2}x_2 + \cdots + a_{mn}x_n = b_m, \end{cases}$$

由该方程组的系数矩阵和常数项矩阵构成一个新的矩阵 $\begin{pmatrix} a_{11} & a_{12} & \cdots & a_{1n} \vdots b_1 \\ a_{21} & a_{22} & \cdots & a_{2n} \vdots b_2 \\ \vdots & \vdots & & \vdots \vdots \vdots \\ a_{m1} & a_{m2} & \cdots & a_{mn} \vdots b_m \end{pmatrix}$，则称该矩阵为线性方程组的**增广矩阵**，记作 $\tilde{A}$，即

$$\tilde{A} = \begin{pmatrix} a_{11} & a_{12} & \cdots & a_{1n} \vdots b_1 \\ a_{21} & a_{22} & \cdots & a_{2n} \vdots b_2 \\ \vdots & \vdots & & \vdots \vdots \vdots \\ a_{m1} & a_{m2} & \cdots & a_{mn} \vdots b_m \end{pmatrix}.$$

案例 36-1 某线上商城收到 A、B 两种产品的订单共计 7500 元，共需发货 300 件，已知 A 产品的售价为 5 元，B 产品的售价为 53 元，问 A、B 两种产品各需发货多少件？

分析 设 A、B 两种产品各需发货 x_1、x_2 件，根据题意，可建立如下方程组

$$\begin{cases} 5x_1 + 53x_2 = 7500 \\ x_1 + x_2 = 300 \end{cases}$$

则该方程组的增广矩阵为 $\tilde{A} = \begin{pmatrix} 5 & 53 \vdots 7500 \\ 1 & 1 \vdots 300 \end{pmatrix}$. 下面我们通过下表观察方程组消元的过程

与对应的增广矩阵变换过程的关系(见表36-1):

表 36-1

方程组的消元过程	增广矩阵变换过程
$\begin{cases} 5x_1 + 53x_2 = 7500 & (1) \\ x_1 + x_2 = 300 & (2) \end{cases}$	$\tilde{A} = \begin{pmatrix} 5 & 53 & \vdots & 7500 \\ 1 & 1 & \vdots & 300 \end{pmatrix}$
(1)和(2)对换 $\begin{cases} x_1 + x_2 = 300 & (3) \\ 5x_1 + 53x_2 = 7500 & (4) \end{cases}$	第一行、第二行互换 $\tilde{A} \to \begin{pmatrix} 1 & 1 & \vdots & 300 \\ 5 & 53 & \vdots & 7500 \end{pmatrix}$
(4)−5(3)对换 $\begin{cases} x_1 + x_2 = 300 & (5) \\ 48x_2 = 6000 & (6) \end{cases}$	第一行的 −5 倍加到第二行 $\tilde{A} \to \begin{pmatrix} 1 & 1 & \vdots & 300 \\ 0 & 48 & \vdots & 6000 \end{pmatrix}$
$\frac{1}{48} \times (6)$ $\begin{cases} x_1 + x_2 = 300 & (7) \\ x_2 = 125 & (8) \end{cases}$	$\frac{1}{48}$ 乘以第二行 $\tilde{A} \to \begin{pmatrix} 1 & 1 & \vdots & 300 \\ 0 & 1 & \vdots & 125 \end{pmatrix}$
(7)−(8) $\begin{cases} x_1 = 175 \\ x_2 = 125 \end{cases}$	第二行的 −1 倍加到第一行 $\tilde{A} \to \begin{pmatrix} 1 & 0 & \vdots & 175 \\ 0 & 1 & \vdots & 125 \end{pmatrix}$

从上表 36-1 可以看出,线性方程组的消元过程等同于对该方程组的增广矩阵实施行变换,本模块中我们学习矩阵的初等行变换.

一、矩阵的初等行变换

定义 36.1 对矩阵实施以下三种变换,称为**矩阵的初等行变换**.

(1) 对换矩阵两行的位置,记作 $r_i \leftrightarrow r_j$ (表示第 i 行和第 j 行对换);

(2) 用一个非零数 k 乘以某一行的每个元素,记作 kr_i (表示用 k 乘以第 i 行的每个元素);

(3) 将矩阵某一行每个元素乘以数 k 加到另一行的每个元素,记作 $r_i + kr_j$ (表示把第 j 行每个元素乘以数 k 加到第 i 行的每个元素上).

例如 $A = \begin{pmatrix} 0 & 0 & 0 \\ 2 & 2 & 4 \\ 1 & 2 & 1 \end{pmatrix} \xrightarrow{r_1 \leftrightarrow r_3} \begin{pmatrix} 1 & 2 & 1 \\ 2 & 2 & 4 \\ 0 & 0 & 0 \end{pmatrix} \xrightarrow{r_2 - 2r_1} \begin{pmatrix} 1 & 2 & 2 \\ 0 & -2 & 2 \\ 0 & 0 & 0 \end{pmatrix} \xrightarrow{\frac{1}{2}r_2} \begin{pmatrix} 1 & 2 & 2 \\ 0 & -1 & 1 \\ 0 & 0 & 0 \end{pmatrix}$.

定义 36.2 若一个矩阵满足以下两个条件,则称该矩阵为**行阶梯形矩阵**:

(1) 矩阵的零行(元素全为零的行)位于最下方或无零行;

(2) 首非零元(即非零行的第一个不为零的元素)的列下标随着行下标的递增而严格增大.

例如 矩阵

模块三十六　矩阵的初等行变换

$$\begin{pmatrix} 1 & 0 & 0 & 0 & 5 \\ 0 & 1 & 1 & 0 & -1 \\ 0 & 0 & 0 & 1 & 2 \\ 0 & 0 & 0 & 0 & 0 \end{pmatrix} \quad \begin{pmatrix} 1 & 2 & 2 \\ 0 & -1 & 1 \\ 0 & 0 & 0 \end{pmatrix}$$

都是行阶梯形矩阵，虚线比较形象地表示出它们的"阶梯形".

若行阶梯形矩阵中各非零行的首非零元皆为1，且所在列的其余元素全为0，称这样的矩阵为**行最简形矩阵**.

例如　矩阵 $\begin{pmatrix} 1 & 0 & 0 & 0 & 5 \\ 0 & 1 & 1 & 0 & -1 \\ 0 & 0 & 0 & 1 & 2 \\ 0 & 0 & 0 & 0 & 0 \end{pmatrix}$ 是行最简形矩阵，但 $\begin{pmatrix} 1 & 2 & 2 \\ 0 & -1 & 1 \\ 0 & 0 & 0 \end{pmatrix}$ 不是行最简形矩阵.

例 36.1　设 $A = \begin{pmatrix} 1 & -1 & 0 \\ 2 & -1 & 1 \\ 1 & 0 & 1 \end{pmatrix}$，对 A 实施初等行变换化为行最简形矩阵.

【解】 $A = \begin{pmatrix} 1 & -1 & 0 \\ 2 & -1 & 1 \\ 1 & 0 & 1 \end{pmatrix} \xrightarrow[r_3-r_1]{r_2-2r_1} \begin{pmatrix} 1 & -1 & 0 \\ 0 & 1 & 1 \\ 0 & 1 & 1 \end{pmatrix} \xrightarrow{r_3-r_2} \begin{pmatrix} 1 & -1 & 0 \\ 0 & 1 & 1 \\ 0 & 0 & 0 \end{pmatrix} \xrightarrow{r_1+r_2} \begin{pmatrix} 1 & 0 & 1 \\ 0 & 1 & 1 \\ 0 & 0 & 0 \end{pmatrix}$.

二、初等行变换求逆矩阵

定理　设 A 为 n 阶可逆方阵，E 为 n 阶单位矩阵，若对 $n \times 2n$ 矩阵 $(A \vdots E)$ 作一系列初等行变换，使得 $(A \vdots E)$ 变成 $(E \vdots B)$，则 $B = A^{-1}$.

步骤：(1) 在 n 阶方阵 A 的右端接一个 n 阶的单位矩阵 E 构成一个 $n \times 2n$ 矩阵 $(A \vdots E)$；

(2) 对 $(A \vdots E)$ 实施初等行变换化为行最简形矩阵，则 E 就化成了 A^{-1}，即 $(A \vdots E) \to (E \vdots A^{-1})$.

例 36.2　已知 $A = \begin{pmatrix} 1 & -1 & 0 \\ 2 & 2 & 3 \\ -1 & 2 & 1 \end{pmatrix}$ 可逆，用矩阵的初等行变换求 A 的逆矩阵 A^{-1}.

【解】 $(A \vdots E) = \begin{pmatrix} 1 & -1 & 0 & \vdots & 1 & 0 & 0 \\ 2 & 2 & 3 & \vdots & 0 & 1 & 0 \\ -1 & 2 & 1 & \vdots & 0 & 0 & 1 \end{pmatrix} \xrightarrow[r_3+r_1]{r_2-2r_1} \begin{pmatrix} 1 & -1 & 0 & \vdots & 1 & 0 & 0 \\ 0 & 4 & 3 & \vdots & -2 & 1 & 0 \\ 0 & 1 & 1 & \vdots & 1 & 0 & 1 \end{pmatrix}$

$\xrightarrow{r_2 \leftrightarrow r_3} \begin{pmatrix} 1 & -1 & 0 & \vdots & 1 & 0 & 0 \\ 0 & 1 & 1 & \vdots & 1 & 0 & 1 \\ 0 & 4 & 3 & \vdots & -2 & 1 & 0 \end{pmatrix} \xrightarrow{r_3-4r_2} \begin{pmatrix} 1 & -1 & 0 & \vdots & 1 & 0 & 0 \\ 0 & 1 & 1 & \vdots & 1 & 0 & 1 \\ 0 & 0 & -1 & \vdots & -6 & 1 & -4 \end{pmatrix}$

$\xrightarrow{r_2+r_3} \begin{pmatrix} 1 & -1 & 0 & \vdots & 1 & 0 & 0 \\ 0 & 1 & 0 & \vdots & -5 & 1 & -3 \\ 0 & 0 & -1 & \vdots & -6 & 1 & -4 \end{pmatrix} \xrightarrow[-r_3]{r_1+r_2} \begin{pmatrix} 1 & 0 & 0 & \vdots & -4 & 1 & -3 \\ 0 & 1 & 0 & \vdots & -5 & 1 & -3 \\ 0 & 0 & 1 & \vdots & 6 & -1 & 4 \end{pmatrix}$

所以 A 的逆矩阵 $A^{-1} = \begin{pmatrix} -4 & 1 & -3 \\ -5 & 1 & -3 \\ 6 & -1 & 4 \end{pmatrix}$.

练一练

拓展练习

❶ 利用初等行变换将下列矩阵化为行最简形矩阵.

(1) $\begin{pmatrix} 1 & 0 & 0 & 1 \\ 1 & 2 & 0 & -1 \\ 3 & -1 & 0 & 4 \\ 1 & 4 & 5 & 7 \end{pmatrix}$;   (2) $\begin{pmatrix} 1 & 2 & 1 & 0 \\ 2 & 1 & 5 & -3 \\ -1 & 1 & -4 & 3 \\ 3 & 0 & 9 & -6 \end{pmatrix}$.

❷ 应用矩阵的初等行变换，求下列可逆方阵的逆矩阵.

(1) $\begin{pmatrix} 1 & 2 & 1 \\ 1 & 1 & 2 \\ 1 & 2 & 2 \end{pmatrix}$;   (2) $\begin{pmatrix} 0 & 1 & 2 \\ 1 & 1 & 4 \\ 2 & -1 & 0 \end{pmatrix}$.

模块三十七 矩阵的秩

学一学

矩阵的"秩"是矩阵理论中具有重要意义的概念,下面我们来学习这方面的相关知识.

▸ **定义 37.1** ▸ 设 A 是一个 $m \times n$ 矩阵,在 A 中任取 k 行、k 列,按原来的次序组成一个 k 阶行列式,称为矩阵 A 的一个 k **阶子式**.

例如 设矩阵

$$A = \begin{pmatrix} 2 & 2 & 3 & 1 \\ 0 & -1 & 0 & 2 \\ 0 & 0 & -2 & 1 \\ 0 & 0 & 0 & 0 \\ 0 & 0 & 0 & 0 \end{pmatrix},$$

取 A 的第 1、2、3 行,第 1、2、3 列相交处的元素可以组成 A 的一个三阶子式

$$\begin{vmatrix} 2 & 2 & 3 \\ 0 & -1 & 0 \\ 0 & 0 & -2 \end{vmatrix} = 4,$$

取 A 的第 2、3、4、5 行,第 1、2、3、4 列相交处的元素可以组成 A 的一个四阶子式

$$\begin{vmatrix} 0 & -1 & 0 & 2 \\ 0 & 0 & -2 & 1 \\ 0 & 0 & 0 & 0 \\ 0 & 0 & 0 & 0 \end{vmatrix} = 0,$$

不难发现,矩阵 A 存在一阶子式、二阶子式、三阶子式、四阶子式,且所有四阶子式皆为零,一阶子式、二阶子式、三阶子式中至少有一个不为零,三阶是矩阵 A 中非零子式的最高阶数.

▸ **定义 37.2** ▸ 设 A 是一个 $m \times n$ 矩阵,称矩阵 A 中所有非零子式的最高阶数为矩阵 A 的秩,记为 $R(A)$.

因为三阶子式是矩阵 $A = \begin{pmatrix} 2 & 2 & 3 & 1 \\ 0 & -1 & 0 & 2 \\ 0 & 0 & -2 & 1 \\ 0 & 0 & 0 & 0 \\ 0 & 0 & 0 & 0 \end{pmatrix}$ 所有的非零子式的最高阶数，所以矩阵 A 的秩等于 3，即 $R(A) = 3$.

例 37.1 求矩阵 $A = \begin{pmatrix} 2 & 1 & 3 & 2 & 0 \\ 0 & 1 & 2 & 3 & 1 \\ 0 & 0 & 3 & 2 & 1 \\ 0 & 0 & 0 & 0 & 0 \end{pmatrix}$ 的秩 $R(A)$.

【解】因为矩阵 A 的三阶子式

$$\begin{vmatrix} 2 & 1 & 3 \\ 0 & 1 & 2 \\ 0 & 0 & 3 \end{vmatrix} = 6 \neq 0,$$

又因为矩阵 A 的第四行的所有元素均为零，从而矩阵 A 所有四阶子式皆为零，所以 $R(A) = 3$.

◢ **定理 37.1** ▶ 行阶梯形矩阵 A 的秩等于矩阵 A 中非零行的行数 r，即 $R(A) = r$.

◢ **定理 37.2** ▶ 矩阵施行初等行变换后，所得矩阵与原矩阵有相同的秩.

由定理 37.1 和定理 37.2 可知，若求矩阵的秩，只需对矩阵实施初等行变换，将其化为行阶梯矩阵，则行阶梯矩阵中非零行的行数就是矩阵的秩.

例 37.2 求矩阵 $A = \begin{pmatrix} 1 & 2 & 1 & 0 \\ 2 & 1 & 5 & -3 \\ -1 & 1 & -4 & 3 \\ 3 & 0 & 9 & -6 \end{pmatrix}$ 的秩 $R(A)$.

【解】对矩阵 A 实施初等行变换，将其化为行阶梯形矩阵，即

$$A = \begin{pmatrix} 1 & 2 & 1 & 0 \\ 2 & 1 & 5 & -3 \\ -1 & 1 & -4 & 3 \\ 3 & 0 & 9 & -6 \end{pmatrix} \xrightarrow[\substack{r_2 - 2r_1 \\ r_3 + r_1 \\ r_4 - 3r_1}]{} \begin{pmatrix} 1 & 2 & 1 & 0 \\ 0 & -3 & 3 & -3 \\ 0 & 3 & -3 & 3 \\ 0 & -6 & 6 & -6 \end{pmatrix} \xrightarrow[\substack{r_3 + r_2 \\ r_4 - 2r_2}]{} \begin{pmatrix} 1 & 2 & 1 & 0 \\ 0 & -3 & 3 & -3 \\ 0 & 0 & 0 & 0 \\ 0 & 0 & 0 & 0 \end{pmatrix},$$

所以 $R(A) = 2$.

例 37.3 设矩阵 $A = \begin{pmatrix} 1 & -1 & 1 & 2 \\ 3 & \lambda & -1 & 2 \\ 5 & 3 & \mu & 6 \end{pmatrix}$，若 $R(A) = 2$，求 λ, μ 的值.

【解】对矩阵 A 实施初等行变换，将其化为行阶梯形矩阵，即

$$A = \begin{pmatrix} 1 & -1 & 1 & 2 \\ 3 & \lambda & -1 & 2 \\ 5 & 3 & \mu & 6 \end{pmatrix} \xrightarrow[r_3 - 5r_1]{r_2 - 3r_1} \begin{pmatrix} 1 & -1 & 1 & 2 \\ 0 & 3+\lambda & -4 & -4 \\ 0 & 8 & \mu-5 & -4 \end{pmatrix},$$

因为 $R(A) = 2$，所以 $\dfrac{3+\lambda}{8} = \dfrac{-4}{\mu-5} = \dfrac{-4}{-4}$，从而有 $\lambda = 5, \mu = 1$.

◆ **定义 37.3** ▸ 设矩阵 A 为 n 阶方阵，若矩阵 A 的秩 $R(A) = n$，则称 A 为<u>满秩矩阵</u>；若矩阵 A 的秩 $R(A) < n$，则称 A 为<u>降秩矩阵</u>.

由定义 37.3 可知：满秩矩阵一定是可逆矩阵(非奇异矩阵)，降秩矩阵一定是不可逆矩阵(奇异矩阵).

◆ **定理 37.3** ▸ 设矩阵 A 为 n 阶方阵，则 A 为满秩矩阵的充要条件是 $|A| \neq 0$.

例 37.4 设 $A = \begin{pmatrix} 1 & 1 & 3 \\ 2 & 3 & 7 \\ 3 & 4 & 9 \end{pmatrix}$，判断 A 是否为满秩矩阵.

【解】因为

$$|A| = \begin{vmatrix} 1 & 1 & 3 \\ 2 & 3 & 7 \\ 3 & 4 & 9 \end{vmatrix} = -1 \neq 0$$

所以矩阵 A 是满秩矩阵.

◆ **定理 37.4** ▸ 设矩阵 A 为 n 阶满秩矩阵，则 A 能经过一系列的初等行变换化成 n 阶单位矩阵.

练一练

拓展练习

1 求下列矩阵的秩.

(1) $\begin{pmatrix} 2 & 2 & 0 \\ 2 & 1 & 3 \\ 0 & 1 & 0 \end{pmatrix}$；　　(2) $\begin{pmatrix} 1 & -3 & 4 & 5 \\ 2 & -2 & 7 & 9 \\ 1 & 1 & 3 & 4 \end{pmatrix}$；　　(3) $\begin{pmatrix} 1 & -1 & 3 & -4 & 3 \\ 3 & -3 & 5 & -4 & 1 \\ 2 & -2 & 3 & -2 & 0 \\ 3 & -3 & 4 & -2 & -1 \end{pmatrix}$.

2 设矩阵 $A = \begin{pmatrix} 1 & 0 & -2 & 1 \\ 0 & 2 & 3 & 0 \\ -1 & 2 & 5 & x \end{pmatrix}$，若 $R(A) = 2$，试求 x 的值.

模块三十八 线性方程组的解

想一想

线性方程组是线性代数中重要的内容之一，它在数学的许多分支及科学实践中都有着广泛的应用．在前面的模块中，讨论了用克拉默法则求解 n 个未知量、n 个线性方程的方程组，不难发现，克拉默法则要求方程的个数和未知量的个数相等，而且还要求方程组的系数行列式不等于零，当系数行列式等于零时，方程组解的情况无法判断．

案例38-1

解线性方程组
$$\begin{cases} x_1 + x_2 + x_3 = 3, \\ x_1 - x_3 = 2, \\ x_1 + 2x_2 + 3x_3 = 6. \end{cases}$$

分析 因为线性方程组的系数行列式 $|A| = \begin{vmatrix} 1 & 1 & 1 \\ 1 & 0 & -1 \\ 1 & 2 & 3 \end{vmatrix} = 0$，故克拉默法则无法判断该方程组解的情况．由案例36-1可知，方程组的消元过程可归纳为对增广矩阵的初等行变换，因此我们可以运用矩阵的初等行变换，将方程组的增广矩阵化为行最简形矩阵来研究线性方程组解的问题．

学一学

一、高斯消元法

矩阵初等行变换求解线性方程组，就是将其增广矩阵通过初等行变换化为行最简形矩阵的过程，这种借助初等行变换求解线性方程组的方法称为**高斯消元法**．

例 38.1 求解线性方程组：$\begin{cases} x_1 + 2x_2 + x_3 = 0, \\ 3x_2 + 2x_3 = -1, \\ 2x_1 + x_2 + 2x_3 = 3. \end{cases}$

【解】对增广矩阵 $\tilde{A}$ 实施初等行变换，将其化为行最简形矩阵，即

$$\tilde{A} = \begin{pmatrix} 1 & 2 & 1 & \vdots & 0 \\ 0 & 3 & 2 & \vdots & -1 \\ 2 & 1 & 2 & \vdots & 3 \end{pmatrix} \xrightarrow{r_3 - 2r_1} \begin{pmatrix} 1 & 2 & 1 & \vdots & 0 \\ 0 & 3 & 2 & \vdots & -1 \\ 0 & -3 & 0 & \vdots & 3 \end{pmatrix} \xrightarrow{r_3 + r_2} \begin{pmatrix} 1 & 2 & 1 & \vdots & 0 \\ 0 & 3 & 2 & \vdots & -1 \\ 0 & 0 & 2 & \vdots & 2 \end{pmatrix}$$

$$\xrightarrow{\frac{1}{2}r_3} \begin{pmatrix} 1 & 2 & 1 & \vdots & 0 \\ 0 & 3 & 2 & \vdots & -1 \\ 0 & 0 & 1 & \vdots & 1 \end{pmatrix} \xrightarrow{\substack{r_1 - r_3 \\ r_2 - 2r_3}} \begin{pmatrix} 1 & 2 & 0 & \vdots & -1 \\ 0 & 3 & 0 & \vdots & -3 \\ 0 & 0 & 1 & \vdots & 1 \end{pmatrix} \xrightarrow{\frac{1}{3}r_2} \begin{pmatrix} 1 & 2 & 0 & \vdots & -1 \\ 0 & 1 & 0 & \vdots & -1 \\ 0 & 0 & 1 & \vdots & 1 \end{pmatrix}$$

$$\xrightarrow{r_1 - 2r_2} \begin{pmatrix} 1 & 0 & 0 & \vdots & 1 \\ 0 & 1 & 0 & \vdots & -1 \\ 0 & 0 & 1 & \vdots & 1 \end{pmatrix},$$

所以线性方程组的解 $\begin{cases} x_1 = 1 \\ x_2 = -1 \\ x_3 = 1 \end{cases}$.

例 38.2 求解线性方程组：$\begin{cases} x_1 + 2x_2 + x_3 + x_4 = 1, \\ 3x_2 + 2x_4 = -1, \\ 2x_1 + x_2 + 2x_3 = 3. \end{cases}$

【解】对增广矩阵 $\tilde{A}$ 实施初等行变换，将其化为行最简形矩阵，即

$$\tilde{A} = \begin{pmatrix} 1 & 2 & 1 & 1 & \vdots & 1 \\ 0 & 3 & 0 & 2 & \vdots & -1 \\ 2 & 1 & 2 & 0 & \vdots & 3 \end{pmatrix} \xrightarrow{r_3 - 2r_1} \begin{pmatrix} 1 & 2 & 1 & 1 & \vdots & 1 \\ 0 & 3 & 0 & 2 & \vdots & -1 \\ 0 & -3 & 0 & -2 & \vdots & 1 \end{pmatrix} \xrightarrow{r_3 + r_2} \begin{pmatrix} 1 & 2 & 1 & 1 & \vdots & 1 \\ 0 & 3 & 0 & 2 & \vdots & -1 \\ 0 & 0 & 0 & 0 & \vdots & 0 \end{pmatrix}$$

$$\xrightarrow{\frac{1}{3}r_2} \begin{pmatrix} 1 & 2 & 1 & 1 & \vdots & 1 \\ 0 & 1 & 0 & \frac{2}{3} & \vdots & -\frac{1}{3} \\ 0 & 0 & 0 & 0 & \vdots & 0 \end{pmatrix} \xrightarrow{r_1 - 2r_2} \begin{pmatrix} 1 & 0 & 1 & -\frac{1}{3} & \vdots & \frac{5}{3} \\ 0 & 1 & 0 & \frac{2}{3} & \vdots & -\frac{1}{3} \\ 0 & 0 & 0 & 0 & \vdots & 0 \end{pmatrix}$$

从而可得同解线性方程组

即 $\begin{cases} x_1 + x_3 - \frac{1}{3}x_4 = \frac{5}{3}, \\ x_2 + \frac{2}{3}x_4 = -\frac{1}{3}, \end{cases}$

$\begin{cases} x_1 = -x_3 + \frac{1}{3}x_4 + \frac{5}{3}, \\ x_2 = -\frac{2}{3}x_4 - \frac{1}{3}. \end{cases}$

称非零首元所在列对应的变量 x_1 和 x_2 为<u>基本变量</u>，其他变量称为<u>自由变量</u>，如 x_3，x_4. 自由变量 x_3，x_4 取定一组值，则可确定 x_1 和 x_2 一组对应的值，从而也就确定了方程组的一组解；当自由变量 x_3 和 x_4 分别取任意实数 c_1 和 c_2 时，则有

$$\begin{cases} x_1 = -c_1 + \dfrac{1}{3}c_2 + \dfrac{5}{3}, \\ x_2 = -\dfrac{2}{3}c_2 - \dfrac{1}{3}, \\ x_3 = c_1, \\ x_4 = c_2. \end{cases}$$

▶ **案例 38-1 的求解**

【解】对增广矩阵 $\tilde{A}$ 实施初等行变换，将其化为行最简形矩阵，即

$$\tilde{A} = \begin{pmatrix} 1 & 1 & 1 & \vdots & 3 \\ 1 & 0 & -1 & \vdots & 2 \\ 1 & 2 & 3 & \vdots & 6 \end{pmatrix} \xrightarrow[r_3-r_1]{r_2-r_1} \begin{pmatrix} 1 & 1 & 1 & \vdots & 3 \\ 0 & -1 & -2 & \vdots & -1 \\ 0 & 1 & 2 & \vdots & 3 \end{pmatrix} \xrightarrow{r_3+r_2} \begin{pmatrix} 1 & 1 & 1 & \vdots & 3 \\ 0 & -1 & -2 & \vdots & -1 \\ 0 & 0 & 0 & \vdots & 2 \end{pmatrix}$$

$$\xrightarrow{-r_2} \begin{pmatrix} 1 & 1 & 1 & \vdots & 3 \\ 0 & 1 & 2 & \vdots & 1 \\ 0 & 0 & 0 & \vdots & 2 \end{pmatrix} \xrightarrow{r_1-r_2} \begin{pmatrix} 1 & 0 & -1 & \vdots & 2 \\ 0 & 1 & 2 & \vdots & 1 \\ 0 & 0 & 0 & \vdots & 2 \end{pmatrix}$$

从而可得同解线性方程组
$$\begin{cases} x_1 - x_3 = 2, \\ x_2 + 2x_3 = 1, \\ 0x_3 = 2, \end{cases}$$

显然上述同解线性方程组中 $0x_3 = 2$ 不成立，所以原方程组无解.

二、线性方程组解的判定

从上述例 38.1、例 38.2 及案例 38-1 不难发现，有下列定理成立：

■ **定理** ▶ n 元非齐次线性方程组 $AX = b$ 有解的充要条件是线性方程组的系数矩阵 A 与其增广矩阵 $\tilde{A}$ 有相同的秩 r，即 $R(A) = R(\tilde{A}) = r$，且

(1) 若 $r = n$，则 $AX = b$ 有唯一解；

(2) 若 $r < n$，则 $AX = b$ 有无穷多解.

例 38.3 确定 a,b 为何值时，线性方程组 $\begin{cases} x_1 + x_2 + x_3 + x_4 + x_5 = 2, \\ 3x_1 + 2x_2 + x_3 + x_4 - 3x_5 = a, \\ x_2 + 2x_3 + 2x_4 + 6x_5 = 3, \\ 5x_1 + 4x_2 + 3x_3 + 3x_4 - x_5 = b \end{cases}$ 存在无穷多解.

【解】对增广矩阵 $\tilde{A}$ 实施初等行变换，将其化为行最简形矩阵，即

$$\tilde{A} = \begin{pmatrix} 1 & 1 & 1 & 1 & 1 & \vdots & 2 \\ 3 & 2 & 1 & 1 & -3 & \vdots & a \\ 0 & 1 & 2 & 2 & 6 & \vdots & 3 \\ 5 & 4 & 3 & 3 & -1 & \vdots & b \end{pmatrix} \xrightarrow[r_4-5r_1]{r_2-3r_1} \begin{pmatrix} 1 & 1 & 1 & 1 & 1 & \vdots & 2 \\ 0 & -1 & -2 & -2 & -6 & \vdots & a-6 \\ 0 & 1 & 2 & 2 & 6 & \vdots & 3 \\ 0 & -1 & -2 & -2 & -6 & \vdots & b-10 \end{pmatrix}$$

$$\xrightarrow[r_4+r_3]{r_2+r_3}\begin{pmatrix} 1 & 1 & 1 & 1 & 1 & \vdots & 2 \\ 0 & 0 & 0 & 0 & 0 & \vdots & a-3 \\ 0 & 1 & 2 & 2 & 6 & \vdots & 3 \\ 0 & 0 & 0 & 0 & 0 & \vdots & b-7 \end{pmatrix}\xrightarrow[r_3\leftrightarrow r_2]{r_1-r_3}\begin{pmatrix} 1 & 0 & -1 & -1 & -5 & \vdots & -1 \\ 0 & 1 & 2 & 2 & 6 & \vdots & 3 \\ 0 & 0 & 0 & 0 & 0 & \vdots & a-3 \\ 0 & 0 & 0 & 0 & 0 & \vdots & b-7 \end{pmatrix}$$

因为 $R(A)=2$，所以当满足

$$a-3=0, \quad b-7=0, \quad 即 a=3, b=7 \text{ 时}, \quad R(A)=R(\tilde{A})=2<4.$$

此时，方程组有无穷多解.

对于齐次线性方程组 $\begin{cases} a_{11}x_1+a_{12}x_2+\cdots+a_{1n}x_n=0, \\ a_{21}x_1+a_{22}x_2+\cdots+a_{2n}x_n=0, \\ \vdots \\ a_{m1}x_1+a_{m2}x_2+\cdots+a_{mn}x_n=0 \end{cases}$ 有如下推论：

★ **推论** ▶ 设 n 元齐次线性方程组 $AX=0$ 的系数矩阵 A 的秩 $R(A)=r$，则有

(1) 若 $r=n$，则 $AX=0$ 只有零解；

(2) 若 $r<n$，则 $AX=0$ 有无穷多解.

例38.4 判断齐次线性方程组 $\begin{cases} x_1+2x_2+2x_3=0, \\ 2x_1+x_2-2x_3=0, \\ x_1-x_2-4x_3=0 \end{cases}$ 是否存在无穷多解，若存在，求其解.

【解】对系数矩阵实施初等行变换，将其化为行最简形矩阵，即

$$A=\begin{pmatrix} 1 & 2 & 2 \\ 2 & 1 & -2 \\ 1 & -1 & -4 \end{pmatrix}\xrightarrow[r_3-r_1]{r_2-2r_1}\begin{pmatrix} 1 & 2 & 2 \\ 0 & -3 & -6 \\ 0 & -3 & -6 \end{pmatrix}\xrightarrow{r_3-r_2}\begin{pmatrix} 1 & 2 & 2 \\ 0 & -3 & -6 \\ 0 & 0 & 0 \end{pmatrix}\xrightarrow{-\frac{1}{3}r_2}\begin{pmatrix} 1 & 2 & 2 \\ 0 & 1 & 2 \\ 0 & 0 & 0 \end{pmatrix}$$

$$\xrightarrow{r_1-2r_2}\begin{pmatrix} 1 & 0 & -2 \\ 0 & 1 & 2 \\ 0 & 0 & 0 \end{pmatrix}$$

因为 $R(A)=2$ 小于未知量的个数 3，所以方程组存在无穷多解，从而可得原齐次线性方程组的同解方程组为 $\begin{cases} x_1-2x_3=0, \\ x_2+2x_3=0, \end{cases}$

即 $\begin{cases} x_1=2x_3, \\ x_2=-2x_3, \end{cases}$

自由变量 x_3 取任意实数 c_1，则有 $\begin{cases} x_1=2c_1, \\ x_2=-2c_1, \\ x_3=c_1. \end{cases}$

练一练

拓展练习

❶ 判别下列线性方程组 $\begin{cases} x_1 + 2x_2 - 3x_3 = 6, \\ 2x_1 - x_2 + 4x_3 = 2, \\ 4x_1 + 3x_2 - 2x_3 = 14 \end{cases}$ 是否有解，若有解，求解线性方程组.

❷ 判别齐次线性方程组 $\begin{cases} x_1 + x_2 - x_3 = 0, \\ 2x_1 - x_2 - 3x_4 = 0, \\ x_1 + 2x_2 + x_3 - x_4 = 0, \\ 4x_1 + 2x_2 - 4x_4 = 0 \end{cases}$ 是否有无穷多解，若有解，求解线性方程组.

❸ 当 a 取何值时，线性方程组 $\begin{cases} x_1 + x_2 + x_3 + x_4 = 3, \\ 3x_1 + 2x_2 + x_3 - 3x_4 = a, \\ x_1 + x_2 + 6x_4 = 3 \end{cases}$ 有解，并求出它的解.

模块三十九 向量组的线性相关性

想一想

向量是线性代数中最基本的概念,也是线性代数讨论的最重要的对象之一,本模块我们将讨论向量的线性相关性、线性表示和向量组的极大线性无关组等概念.同时,向量在许多实际问题中有着广泛的应用.

案例 39-1 设三种食物每 100g 中蛋白质、碳水化合物和脂肪的含量如表 39-1 所示,表 39-1 给出了某医学院的简捷减肥营养配方.如果用这三种食物作为每天的食物搭配,能否实现这个营养配方?

表 39-1

营养	每100g可食物所含营养(g)			减肥所要求的每日营养量
	脱脂牛奶	大豆粉	乳清	
蛋白质	36	54	18	30
碳水化合物	51	34	68	47.6
脂肪	0	5	0.9	3

分析 每 100g 中蛋白质、碳水化合物和脂肪的含量及减肥所要求的每日营养量分别用向量表示为

$$\alpha_1 = \begin{pmatrix} 36 \\ 51 \\ 0 \end{pmatrix}, \quad \alpha_2 = \begin{pmatrix} 54 \\ 34 \\ 5 \end{pmatrix}, \quad \alpha_3 = \begin{pmatrix} 18 \\ 68 \\ 0.9 \end{pmatrix}, \quad \beta = \begin{pmatrix} 30 \\ 47.6 \\ 3 \end{pmatrix},$$

则这三种食物作为每天的食物搭配,能否实现这个营养配方,取决于是否存在 k_1, k_2, k_3 使得

$$\beta = k_1 \alpha_1 + k_2 \alpha_2 + k_3 \alpha_3.$$

学一学

一、n 维向量

▸ **定义 39.1** ▸ n 个数 $a_1, a_2, \cdots, a_n$ 所组成的有序数组称为 n 维向量，这 n 个数称为该向量的 n 个分量，第 i 个数 a_i 称为第 i 个分量.

n 维向量写成行的形式时称为 n 维行向量，记作 $\boldsymbol{\alpha} = (a_1, a_2, \cdots, a_n)$；

n 维向量写成列的形式时称为 n 维列向量，记作

$$\boldsymbol{\alpha} = \begin{pmatrix} a_1 \\ a_2 \\ \vdots \\ a_n \end{pmatrix} \quad \text{或} \quad \boldsymbol{\alpha} = (a_1, a_2, \cdots, a_n)^{\mathrm{T}}.$$

行向量和列向量统称为向量.

分量全为零的向量称为零向量，记作 $\boldsymbol{0} = (0, 0, \cdots, 0)$.

n 维行向量和 n 维列向量就是行矩阵和列矩阵，因此，n 维向量按矩阵的运算规则进行运算.

▸ **例 39.1** ▸ 设 $\alpha_1 = (-1, 0, 2, 4, -2), \alpha_2 = (1, 1, -3, 0, 6), \alpha_3 = (0, 1, 3, 1, 2)$，求 $2\alpha_1 + \alpha_2 - 4\alpha_3$.

【解】因为 $2\alpha_1 = (-2, 0, 4, 8, -4)$，$4\alpha_3 = (0, 4, 12, 4, 8)$，所以

$$2\alpha_1 + \alpha_2 - 4\alpha_3 = (-2, 0, 4, 8, -4) + (1, 1, -3, 0, 6) - (0, 4, 12, 4, 8) = (-1, -3, -11, 4, -6).$$

事实上，对于 n 元线性方程组

$$\begin{cases} a_{11}x_1 + a_{12}x_2 + \cdots + a_{1n}x_n = b_1, \\ a_{21}x_1 + a_{22}x_2 + \cdots + a_{2n}x_n = b_2, \\ \qquad \vdots \\ a_{m1}x_1 + a_{m2}x_2 + \cdots + a_{mn}x_n = b_m, \end{cases}$$

令

$$\boldsymbol{\alpha}_1 = \begin{pmatrix} a_{11} \\ a_{21} \\ \vdots \\ a_{m1} \end{pmatrix}, \boldsymbol{\alpha}_2 = \begin{pmatrix} a_{12} \\ a_{22} \\ \vdots \\ a_{m2} \end{pmatrix}, \cdots, \boldsymbol{\alpha}_n = \begin{pmatrix} a_{1n} \\ a_{2n} \\ \vdots \\ a_{mn} \end{pmatrix}, \boldsymbol{\beta} = \begin{pmatrix} b_1 \\ b_2 \\ \vdots \\ b_m \end{pmatrix},$$

则 n 元线性方程组的向量形式可表示为

$$\begin{pmatrix} a_{11} \\ a_{21} \\ \vdots \\ a_{m1} \end{pmatrix} x_1 + \begin{pmatrix} a_{12} \\ a_{22} \\ \vdots \\ a_{m2} \end{pmatrix} x_2 + \cdots + \begin{pmatrix} a_{1n} \\ a_{2n} \\ \vdots \\ a_{mn} \end{pmatrix} x_n = \begin{pmatrix} b_1 \\ b_2 \\ \vdots \\ b_m \end{pmatrix}$$

即
$$\alpha_1 x_1 + \alpha_2 x_2 + \cdots + \alpha_n x_n = \beta,$$
其中 $\alpha_1, \alpha_2, \cdots, \alpha_n$ 称为 系数列向量，β 称为 常数项向量.

▶ **定义 39.2** ▶ 若干个同维数的列向量（同维数的行向量）所组成的集合叫作列（行）向量组.

对于 $m \times n$ 矩阵
$$A = \begin{pmatrix} a_{11} & a_{12} & \cdots & a_{1n} \\ a_{21} & a_{22} & \cdots & a_{2n} \\ \vdots & \vdots & & \vdots \\ a_{m1} & a_{m2} & \cdots & a_{mn} \end{pmatrix}.$$

将矩阵的每一行看成 n 维行向量，即
$$\alpha_i = (a_{i1}, a_{i2}, \cdots, a_{in}), \quad i = 1, 2, \cdots, m$$
则矩阵可看成由 $\alpha_1, \alpha_2, \cdots, \alpha_m$ 组成的行向量组，该向量组 $\alpha_1, \alpha_2, \cdots, \alpha_m$ 称为矩阵 A 的行向量组，此时矩阵 A 可表示为
$$A = \begin{pmatrix} \alpha_1 \\ \alpha_2 \\ \vdots \\ \alpha_m \end{pmatrix};$$

将矩阵的每一列看成 m 维列向量，即 $\beta_j = \begin{pmatrix} a_{1j} \\ a_{2j} \\ \vdots \\ a_{mj} \end{pmatrix}$，$j = 1, 2, \cdots, n$，则矩阵可看成由 $\beta_1, \beta_2, \cdots, \beta_n$ 组成的列向量组，该向量组 $\beta_1, \beta_2, \cdots, \beta_n$ 称为矩阵 A 的列向量组，此时矩阵 A 可表示为
$$A = (\beta_1, \beta_2, \cdots, \beta_n).$$

二、线性组合与线性表示

▶ **定义 39.3** ▶ 设 $\alpha_1, \alpha_2, \cdots, \alpha_m$ 为 n 维向量组，对于任意一组数 $k_1, k_2, \cdots, k_m$，称
$$k_1 \alpha_1 + k_2 \alpha_2 + \cdots + k_m \alpha_m$$
为向量组 $\alpha_1, \alpha_2, \cdots, \alpha_m$ 的一个线性组合，$k_1, k_2, \cdots, k_m$ 称为这个线性组合的系数.

▶ **定义 39.4** ▶ 设给定的一个 n 维向量组 $\alpha_1, \alpha_2, \cdots, \alpha_m$ 和向量 β，若存在一组数 $k_1, k_2, \cdots, k_m$，使得
$$\beta = k_1 \alpha_1 + k_2 \alpha_2 + \cdots + k_m \alpha_m,$$
则称向量 β 可由向量组 $\alpha_1, \alpha_2, \cdots, \alpha_m$ 线性表示.

例如 设 $\alpha_1=(1,1,2)$，$\alpha_2=(3,7,0)$，$\beta=(-2,-6,2)$，因为 $\alpha_1-\alpha_2=\beta$，所以 β 可由 α_1,α_2 线性表示．

例如 任意三维向量 $\begin{pmatrix}x\\y\\z\end{pmatrix}$ 可以由 $\begin{pmatrix}1\\0\\0\end{pmatrix}$，$\begin{pmatrix}0\\1\\0\end{pmatrix}$，$\begin{pmatrix}0\\0\\1\end{pmatrix}$ 线性表示，因为

$$\begin{pmatrix}x\\y\\z\end{pmatrix}=x\begin{pmatrix}1\\0\\0\end{pmatrix}+y\begin{pmatrix}0\\1\\0\end{pmatrix}+z\begin{pmatrix}0\\0\\1\end{pmatrix}.$$

▸ **定理 39.1** ▸ 向量 β 可以由向量组 $\alpha_1,\alpha_2,\cdots,\alpha_m$ 线性表示的充分必要条件是：以 $\alpha_1,\alpha_2,\cdots,\alpha_m$ 为系数列向量，β 为常数项向量的线性方程组有解．

▸ **推论 39.1** ▸ 向量 β 可以由向量组 $\alpha_1,\alpha_2,\cdots,\alpha_m$ 线性表示的充分必要条件是：$\alpha_1,\alpha_2,\cdots,\alpha_m$ 构成的矩阵的秩与 $\alpha_1,\alpha_2,\cdots,\alpha_m,\beta$ 构成的矩阵的秩相等．

例 39.2 设

$$\alpha_1=\begin{pmatrix}3\\1\\2\end{pmatrix},\alpha_2=\begin{pmatrix}1\\2\\3\end{pmatrix},\alpha_3=\begin{pmatrix}2\\3\\1\end{pmatrix},\beta=\begin{pmatrix}2\\0\\4\end{pmatrix},$$

判断向量 β 是否可由向量组 $\alpha_1,\alpha_2,\alpha_3$ 线性表示？

【解】向量 $\alpha_1,\alpha_2,\alpha_3,\beta$ 构成矩阵 $(\alpha_1,\alpha_2,\alpha_3,\beta)$，并对其实施初等行变换，即

$$(\alpha_1,\alpha_2,\alpha_3,\beta)=\begin{pmatrix}3&1&2&2\\1&2&3&0\\2&3&1&4\end{pmatrix}\xrightarrow{r_1\leftrightarrow r_2}\begin{pmatrix}1&2&3&0\\3&1&2&2\\2&3&1&4\end{pmatrix}\xrightarrow[r_3-2r_1]{r_2-3r_1}\begin{pmatrix}1&2&3&0\\0&-5&-7&2\\0&-1&-5&4\end{pmatrix}$$

$$\xrightarrow[r_3-5r_2]{r_2\leftrightarrow r_3}\begin{pmatrix}1&2&3&0\\0&-1&-5&4\\0&0&18&-18\end{pmatrix}.$$

因为 $R(\alpha_1,\alpha_2,\alpha_3)=R(\alpha_1,\alpha_2,\alpha_3,\beta)$，所以向量 β 可由向量组 $\alpha_1,\alpha_2,\alpha_3$ 线性表示．

▸ **案例 39-1 的求解**

【解】每 100g 中蛋白质、碳水化合物和脂肪的含量及减肥所要求的每日营养量分别用向量表示为

$$\alpha_1=\begin{pmatrix}36\\51\\0\end{pmatrix},\alpha_2=\begin{pmatrix}54\\34\\5\end{pmatrix},\alpha_3=\begin{pmatrix}18\\68\\0.9\end{pmatrix},\beta=\begin{pmatrix}30\\47.6\\3\end{pmatrix},$$

因为 $(\alpha_1,\alpha_2,\alpha_3,\beta)=\begin{pmatrix}36&54&18&30\\51&34&68&47.6\\0&5&0.9&3\end{pmatrix}\xrightarrow[\frac{1}{17}r_2]{\frac{1}{6}r_1}\begin{pmatrix}6&9&3&5\\3&2&4&2.8\\0&5&0.9&3\end{pmatrix}$

$$\xrightarrow{r_1 \leftrightarrow r_2} \begin{pmatrix} 3 & 2 & 4 & \vdots & 2.8 \\ 6 & 9 & 3 & \vdots & 5 \\ 0 & 5 & 0.9 & \vdots & 3 \end{pmatrix} \xrightarrow{r_2 - 2r_1} \begin{pmatrix} 3 & 2 & 4 & \vdots & 2.8 \\ 0 & 5 & -5 & \vdots & -0.6 \\ 0 & 5 & 0.9 & \vdots & 3 \end{pmatrix},$$

因为 $R(\alpha_1, \alpha_2, \alpha_3) = R(\alpha_1, \alpha_2, \alpha_3, \beta)$，故向量 β 可由向量组 $\alpha_1, \alpha_2, \alpha_3$ 线性表示，所以用这三种食物作为每天的食物搭配，能实现这个营养配方.

例 39.3 证明向量组 $\alpha_1, \alpha_2, \cdots, \alpha_n$ 中任一向量 $\alpha_i (i = 1, 2\cdots, n)$ 都可以由向量组 $\alpha_1, \alpha_2, \cdots, \alpha_n$ 线性表示.

证明 因为 $\alpha_i = 0 \cdot \alpha_1 + 0 \cdot \alpha_2 + \cdots + 0 \cdot \alpha_{i-1} + 1 \cdot \alpha_i + 0 \cdot \alpha_{i+1} + \cdots + 0 \cdot \alpha_n$，所以 $\alpha_i (i = 1, 2, \cdots, n)$ 可以由向量组 $\alpha_1, \alpha_2, \cdots, \alpha_n$ 线性表示.

三、线性相关性

定义 39.5 设 $\alpha_1, \alpha_2, \cdots, \alpha_m$ 为 n 维向量组，若存在 m 个不全为零的数 $k_1, k_2, \cdots, k_m$，使得

$$k_1 \alpha_1 + k_2 \alpha_2 + \cdots + k_m \alpha_m = \mathbf{0}$$

则称向量组 $\alpha_1, \alpha_2, \cdots, \alpha_m$ 线性相关；否则称向量组 $\alpha_1, \alpha_2, \cdots, \alpha_m$ 线性无关.

例如 例 39.2 中的向量组 $\alpha_1, \alpha_2, \alpha_3, \beta$ 是线性相关的，因为存在一组不全为零的数，$k_1 = 1, k_2 = 1, k_3 = -1, k_4 = -1$，使得 $\alpha_1 + \alpha_2 - \alpha_3 - \beta = \mathbf{0}$.

定理 39.2 向量组 $\alpha_1, \alpha_2, \cdots, \alpha_m$ 线性无关的充分必要条件是：$\alpha_1, \alpha_2, \cdots, \alpha_m$ 为系数列向量的齐次线性方程组只有零解.

推论 39.2 n 维列向量组 $\alpha_1, \alpha_2, \cdots, \alpha_m$ 线性无关的充分必要条件是：$\alpha_1, \alpha_2, \cdots, \alpha_m$ 构成的矩阵 $(\alpha_1, \alpha_2, \cdots, \alpha_m)$ 的秩 $R(\alpha_1, \alpha_2, \cdots, \alpha_m) = m$.

推论 39.3 n 维列向量组 $\alpha_1, \alpha_2, \cdots, \alpha_m$ 线性相关的充分必要条件是：$\alpha_1, \alpha_2, \cdots, \alpha_m$ 构成的矩阵 $(\alpha_1, \alpha_2, \cdots, \alpha_m)$ 的秩 $R(\alpha_1, \alpha_2, \cdots, \alpha_m) < m$.

例 39.4 已知 $\alpha_1 = \begin{pmatrix} 1 \\ -1 \\ 2 \end{pmatrix}, \alpha_2 = \begin{pmatrix} 2 \\ 1 \\ 1 \end{pmatrix}, \alpha_3 = \begin{pmatrix} -3 \\ 1 \\ -4 \end{pmatrix}, \alpha_4 = \begin{pmatrix} 1 \\ 2 \\ -1 \end{pmatrix}$，判断向量组 $\alpha_1, \alpha_2, \alpha_3, \alpha_4$ 的线性相关性.

【解】 对向量组 $\alpha_1, \alpha_2, \alpha_3, \alpha_4$ 构成矩阵 $(\alpha_1, \alpha_2, \alpha_3, \alpha_4)$ 实施初等行变换，即

$$(\alpha_1, \alpha_2, \alpha_3, \alpha_4) = \begin{pmatrix} 1 & 2 & -3 & 1 \\ -1 & 1 & 1 & 2 \\ 2 & 1 & -4 & -1 \end{pmatrix} \xrightarrow[r_3 - 2r_1]{r_2 + r_1} \begin{pmatrix} 1 & 2 & -3 & 1 \\ 0 & 3 & -2 & 3 \\ 0 & -3 & 2 & -3 \end{pmatrix} \xrightarrow{r_3 + r_2} \begin{pmatrix} 1 & 2 & -3 & 1 \\ 0 & 3 & -2 & 3 \\ 0 & 0 & 0 & 0 \end{pmatrix}$$

因为 $R(\alpha_1,\alpha_2,\alpha_3,\alpha_4)=2<4$,所以 $\alpha_1,\alpha_2,\alpha_3,\alpha_4$ 线性相关.

▶ **推论 39.4** ▶ n 维向量组 $\alpha_1,\alpha_2,\cdots,\alpha_n$ 线性无关的充分必要条件是:$\alpha_1,\alpha_2,\cdots,\alpha_n$ 构成的方阵行列式 $|\alpha_1,\alpha_2,\cdots,\alpha_n|\neq 0$.

▶ **推论 39.5** ▶ n 维向量组 $\alpha_1,\alpha_2,\cdots,\alpha_n$ 线性相关的充分必要条件是:$\alpha_1,\alpha_2,\cdots,\alpha_n$ 构成的方阵行列式 $|\alpha_1,\alpha_2,\cdots,\alpha_n|=0$.

例 39.5 已知 $\alpha_1=(2,1,1,1),\alpha_2=(1,2,1,1),\alpha_3=(1,1,2,1),\alpha_4=(1,1,1,2)$,试判定向量组 $\alpha_1,\alpha_2,\alpha_3,\alpha_4$ 的线性相关性.

【解】因为向量组 $\alpha_1^T,\alpha_2^T,\alpha_3^T,\alpha_4^T$ 构成的方阵的行列式

$$\left|\alpha_1^T,\alpha_2^T,\alpha_3^T,\alpha_4^T\right|=\begin{vmatrix}2&1&1&1\\1&2&1&1\\1&1&2&1\\1&1&1&2\end{vmatrix}=5\neq 0,$$

所以向量组 $\alpha_1,\alpha_2,\alpha_3,\alpha_4$ 线性无关.

四、向量组的秩

▶ **定义 39.6** ▶ 设有向量组 A,如果向量组 A 中能选出 r 个向量 $\alpha_1,\alpha_2,\cdots,\alpha_r$ 满足下列条件:

(1) 向量组 $\alpha_1,\alpha_2,\cdots,\alpha_r$ 线性无关;

(2) 对于任意向量 $\alpha\in A$,向量 α 都可由向量组 $\alpha_1,\alpha_2,\cdots,\alpha_r$ 线性表示,

则称向量组 $\alpha_1,\alpha_2,\cdots,\alpha_r$ 为向量组 A 的一个最大线性无关向量组,简称最大无关组. 最大无关组所含的向量个数称为向量组 A 的秩,记为 $R(A)$.

例如 任意三维向量 $\begin{pmatrix}x\\y\\z\end{pmatrix}$ 可以由 $\begin{pmatrix}1\\0\\0\end{pmatrix},\begin{pmatrix}0\\1\\0\end{pmatrix},\begin{pmatrix}0\\0\\1\end{pmatrix}$ 线性表示,又因为 $\begin{pmatrix}1\\0\\0\end{pmatrix},\begin{pmatrix}0\\1\\0\end{pmatrix},\begin{pmatrix}0\\0\\1\end{pmatrix}$ 线性无关,所以 $\begin{pmatrix}1\\0\\0\end{pmatrix},\begin{pmatrix}0\\1\\0\end{pmatrix},\begin{pmatrix}0\\0\\1\end{pmatrix}$ 是三维向量组的一个最大无关组.

▶ **定理 39.3** ▶ 设列向量组 $\alpha_1,\alpha_2,\cdots,\alpha_s$ 构成矩阵 $(\alpha_1,\alpha_2,\cdots,\alpha_s)$,则向量组 $\alpha_1,\alpha_2,\cdots,\alpha_s$ 的秩与矩阵 $(\alpha_1,\alpha_2,\cdots,\alpha_s)$ 的秩相等.

求向量组 $\alpha_1,\alpha_2,\cdots,\alpha_s$ 的秩和最大无关组的步骤如下:

(1) 由向量组 $\alpha_1,\alpha_2,\cdots,\alpha_s$ 构成矩阵 $(\alpha_1,\alpha_2,\cdots,\alpha_s)$;

(2) 对矩阵 $(\alpha_1,\alpha_2,\cdots,\alpha_s)$ 实施初等行变换化为行阶梯形矩阵,则向量组 $\alpha_1,\alpha_2,\cdots,\alpha_s$ 的秩等于行阶梯形矩阵非零行的行数;

(3) 行阶梯形矩阵的非零行第一个非零元素所在列对应的矩阵 $(\alpha_1,\alpha_2,\cdots,\alpha_s)$ 的列向量组，即为向量组 $\alpha_1,\alpha_2,\cdots,\alpha_s$ 的一个最大无关组.

例 39.6 求向量组 $\alpha_1=\begin{pmatrix}1\\0\\-1\end{pmatrix},\alpha_2=\begin{pmatrix}1\\1\\1\end{pmatrix},\alpha_3=\begin{pmatrix}3\\1\\-1\end{pmatrix},\alpha_4=\begin{pmatrix}5\\3\\1\end{pmatrix}$ 的秩，并求一个最大无关组.

【解】向量组 $\alpha_1,\alpha_2,\alpha_3,\alpha_4$ 构成矩阵 $(\alpha_1,\alpha_2,\alpha_3,\alpha_4)$，对 $(\alpha_1,\alpha_2,\alpha_3,\alpha_4)$ 实施初等行变换，即

$$(\alpha_1,\alpha_2,\alpha_3,\alpha_4)=\begin{pmatrix}1&1&3&5\\0&1&1&3\\-1&1&-1&1\end{pmatrix}\xrightarrow{r_3+r_1}\begin{pmatrix}1&1&3&5\\0&1&1&3\\0&2&2&6\end{pmatrix}\xrightarrow{r_3-2r_2}\begin{pmatrix}1&1&3&5\\0&1&1&3\\0&0&0&0\end{pmatrix}$$

所以向量组 $\alpha_1,\alpha_2,\alpha_3,\alpha_4$ 的秩为 2，向量组 α_1,α_2 是 $\alpha_1,\alpha_2,\alpha_3,\alpha_4$ 的一个最大无关组.

例 39.7 求向量组 $\alpha_1=(1,-2,2,3)$，$\alpha_2=(-2,4,-1,3)$，$\alpha_3=(-1,2,0,3)$，$\alpha_4=(0,6,2,3)$ 的秩，并求一个最大无关组.

【解】由向量组 $\alpha_1,\alpha_2,\alpha_3,\alpha_4$ 构成矩阵 $(\alpha_1^T,\alpha_2^T,\alpha_3^T,\alpha_4^T)$，对 $(\alpha_1^T,\alpha_2^T,\alpha_3^T,\alpha_4^T)$ 实施初等行变换，即

$$A=\begin{pmatrix}1&-2&-1&0\\-2&4&2&6\\2&-1&0&2\\3&3&3&3\end{pmatrix}\xrightarrow[r_3-2r_1]{r_2+2r_1}_{r_4-3r_1}\begin{pmatrix}1&-2&-1&0\\0&0&0&6\\0&3&2&2\\0&9&6&3\end{pmatrix}\xrightarrow{r_2\leftrightarrow r_4}\begin{pmatrix}1&-2&-1&0\\0&9&6&3\\0&3&2&2\\0&0&0&6\end{pmatrix}$$

$$\xrightarrow{\frac{1}{3}r_2}\begin{pmatrix}1&-2&-1&0\\0&3&2&1\\0&3&2&2\\0&0&0&6\end{pmatrix}\xrightarrow{r_3-r_2}\begin{pmatrix}1&-2&-1&0\\0&3&2&1\\0&0&0&1\\0&0&0&6\end{pmatrix}\xrightarrow{r_4-6r_3}\begin{pmatrix}1&-2&-1&0\\0&3&2&1\\0&0&0&1\\0&0&0&0\end{pmatrix},$$

所以向量组 $\alpha_1,\alpha_2,\alpha_3,\alpha_4$ 的秩为 3，向量组 $\alpha_1,\alpha_2,\alpha_4$ 是 $\alpha_1,\alpha_2,\alpha_3,\alpha_4$ 的一个最大无关组.

练一练

拓展练习

1 判断向量 β 能否由向量组 α_i 线性表示.

(1) $\beta=\begin{pmatrix}3\\1\\7\end{pmatrix}$，$\alpha_1=\begin{pmatrix}1\\2\\4\end{pmatrix}$，$\alpha_2=\begin{pmatrix}2\\-1\\3\end{pmatrix}$；

(2) $\beta = \begin{pmatrix} 1 \\ 2 \\ 1 \\ 1 \end{pmatrix}$, $\alpha_1 = \begin{pmatrix} 1 \\ 1 \\ 1 \\ 1 \end{pmatrix}$, $\alpha_2 = \begin{pmatrix} 1 \\ 1 \\ -1 \\ -1 \end{pmatrix}$, $\alpha_3 = \begin{pmatrix} 1 \\ -1 \\ -1 \\ -1 \end{pmatrix}$, $\alpha_4 = \begin{pmatrix} 1 \\ -1 \\ -1 \\ 1 \end{pmatrix}$.

❷ 判断下列向量组是否线性相关.

(1) $\alpha_1 = \begin{pmatrix} 1 \\ 2 \\ 1 \end{pmatrix}$, $\alpha_2 = \begin{pmatrix} 1 \\ 3 \\ 2 \end{pmatrix}$, $\alpha_3 = \begin{pmatrix} 1 \\ 0 \\ 3 \end{pmatrix}$;

(2) $\alpha_1 = \begin{pmatrix} 1 \\ 1 \\ 3 \\ 1 \end{pmatrix}$, $\alpha_2 = \begin{pmatrix} -1 \\ 1 \\ -1 \\ 3 \end{pmatrix}$, $\alpha_3 = \begin{pmatrix} 5 \\ -2 \\ 8 \\ -9 \end{pmatrix}$, $\alpha_4 = \begin{pmatrix} -1 \\ 3 \\ 1 \\ 7 \end{pmatrix}$.

❸ 求下列向量组的秩及一个最大无关组.

(1) $\alpha_1 = \begin{pmatrix} 1 \\ 3 \\ 0 \end{pmatrix}$, $\alpha_2 = \begin{pmatrix} 1 \\ 2 \\ 1 \end{pmatrix}$, $\alpha_3 = \begin{pmatrix} 1 \\ 1 \\ 2 \end{pmatrix}$, $\alpha_4 = \begin{pmatrix} 1 \\ -3 \\ 6 \end{pmatrix}$;

(2) $\alpha_1 = \begin{pmatrix} 1 \\ 2 \\ 1 \\ 4 \end{pmatrix}$, $\alpha_2 = \begin{pmatrix} 1 \\ -1 \\ 2 \\ 2 \end{pmatrix}$, $\alpha_3 = \begin{pmatrix} -1 \\ 0 \\ 1 \\ 0 \end{pmatrix}$, $\alpha_4 = \begin{pmatrix} 0 \\ -3 \\ -1 \\ -4 \end{pmatrix}$.

模块四十 线性方程组解的结构

想一想

前面研究了线性方程组解的存在性问题,当线性方程组有无穷多解时,我们通过自由变量和基本变量来表示该线性方程组的所有解. 下面我们来研究线性方程组解与解之间的关系.

案例 40-1 某物流公司接到一张订单,将 240 件物品 A、350 件物品 B 和 235 件物品 C 运送到外地. 该公司现有甲乙丙三种车型,在保证满载的情况下,三种车型的运力如下:

甲:4 件物品 A、15 件物品 B 和 3 件物品 C;

乙:4 件物品 A、5 件物品 B 和 4 件物品 C;

丙:8 件物品 A、10 件物品 B 和 8 件物品 C.

调度员根据订单给出了三种运输方案,具体如下:

方案 1:车型甲 5 辆,车型乙 21 辆,车型丙 17 辆;

方案 2:车型甲 5 辆,车型乙 15 辆,车型丙 20 辆;

方案 3:车型甲 15 辆,车型乙 20 辆,车型丙 18 辆.

在保证满载的条件下,上述三个方案哪些可行,是否还有其他方案?

分析 设需要车型甲 x_1 辆,车型乙 x_2 辆,车型丙 x_3 辆,根据题意,可建立如下方程组

$$\begin{cases} 4x_1 + 4x_2 + 8x_3 = 240 \\ 15x_1 + 5x_2 + 10x_3 = 350 \\ 3x_1 + 4x_2 + 8x_3 = 235 \end{cases},$$

三种运输方案分别用向量表示为 $\begin{pmatrix} 5 \\ 21 \\ 17 \end{pmatrix}$,$\begin{pmatrix} 5 \\ 15 \\ 20 \end{pmatrix}$,$\begin{pmatrix} 15 \\ 20 \\ 18 \end{pmatrix}$,则方案是否可行取决于 $\begin{pmatrix} 5 \\ 21 \\ 17 \end{pmatrix}$,$\begin{pmatrix} 5 \\ 15 \\ 20 \end{pmatrix}$,$\begin{pmatrix} 15 \\ 20 \\ 18 \end{pmatrix}$ 是否是该方程的解,是否还有其他方案只需分析该方程组是否还有其他的解.

一、齐次线性方程组解的结构

对于齐次线性方程组

$$\begin{cases} a_{11}x_1 + a_{12}x_2 + \cdots + a_{1n}x_n = 0, \\ a_{21}x_1 + a_{22}x_2 + \cdots + a_{2n}x_n = 0, \\ \vdots \\ a_{m1}x_1 + a_{m2}x_2 + \cdots + a_{mn}x_n = 0, \end{cases} \tag{40-1}$$

若 $x_1 = \lambda_1, x_2 = \lambda_2, \cdots, x_n = \lambda_n$ 为齐次线性方程组的解，则列向量 $\begin{pmatrix} \lambda_1 \\ \lambda_2 \\ \vdots \\ \lambda_n \end{pmatrix}$ 称为齐次线性方程组的 解向量.

齐次线性方程组解的性质：

性质 40.1 若 ξ_1, ξ_2 是齐次线性方程组 (40-1) 的解，则 $\xi_1 + \xi_2$ 是齐次线性方程组 (40-1) 的解.

性质 40.2 若 ξ 是齐次线性方程组 (40-1) 的解，k 是实数，则 $X = k\xi$ 是齐次线性方程组 (40-1) 的解.

推论 如果 $\xi_1, \xi_2, \cdots, \xi_s$ 是齐次线性方程组 (40-1) 的解，则 $\xi_1, \xi_2, \cdots, \xi_s$ 的线性组合

$$c_1\xi_1 + c_2\xi_2 + \cdots + c_s\xi_s$$

是齐次线性方程组 (40-1) 的解，其中 $c_1, c_2, \cdots, c_s$ 是实数.

当齐次线性方程组有无穷个解时，如何表示该方程组全部的解？

定义 设 $\xi_1, \xi_2, \cdots, \xi_s$ 是齐次线性方程组 (40-1) 解集的一个最大无关组，则 $\xi_1, \xi_2, \cdots, \xi_s$ 称为齐次线性方程组 (40-1) 的一个 基础解系.

此时，$\xi_1, \xi_2, \cdots, \xi_s$ 的线性组合

$$X = c_1\xi_1 + c_2\xi_2 + \cdots + c_s\xi_s$$

称为齐次线性方程组 (40-1) 的 通解，其中 $c_1, c_2, \cdots, c_s$ 是任意实数.

对于齐次线性方程组 (40-1)，当方程组的系数矩阵的秩小于未知量的个数时，即 $R(A) = r < n$，则齐次线性方程组 (40-1) 的解可表示为

$$\begin{cases} x_1 = -h_{1,r+1}c_1 - h_{1,r+2}c_2 - \cdots - h_{1n}c_{n-r}, \\ x_2 = -h_{2,r+1}c_1 - h_{2,r+2}c_2 - \cdots - h_{2n}c_{n-r}, \\ \vdots \\ x_r = -h_{r,r+1}c_1 - h_{r,r+2}c_2 - \cdots - h_{rn}c_{n-r}, \\ x_{r+1} = c_1, \\ x_{r+2} = c_2, \\ \vdots \\ x_n = c_{n-r}. \end{cases}$$

记 $X = \begin{pmatrix} x_1 \\ x_2 \\ \vdots \\ x_r \\ x_{r+1} \\ x_{r+2} \\ \vdots \\ x_n \end{pmatrix}$, $\xi_1 = \begin{pmatrix} -h_{1,r+1} \\ -h_{2,r+1} \\ \vdots \\ -h_{r,r+1} \\ 1 \\ 0 \\ \vdots \\ 0 \end{pmatrix}$, $\xi_2 = \begin{pmatrix} -h_{1,r+2} \\ -h_{2,r+2} \\ \vdots \\ -h_{r,r+2} \\ 0 \\ 1 \\ \vdots \\ 0 \end{pmatrix}$, $\cdots$, $\xi_{n-r} = \begin{pmatrix} -h_{1n} \\ -h_{2n} \\ \vdots \\ -h_{rn} \\ 0 \\ 0 \\ \vdots \\ 1 \end{pmatrix}$,

不难验证 $\xi_1, \xi_2, \cdots, \xi_{n-r}$ 是齐次线性方程组全体解的一个基础解系，则方程组 (40-1) 的任一解向量都可由基础解系 $\xi_1, \xi_2, \cdots, \xi_{n-r}$ 线性表示，即

$$X = c_1\xi_1 + c_2\xi_2 + \cdots + c_{n-r}\xi_{n-r}.$$

▸ 定理 40.1 ◂ 设齐次线性方程组 $AX = 0$ 的系数矩阵的秩 $R(A) = r$，则基础解系中含有 $n - r$ 个解向量.

例 40.1 求齐次线性方程组 $\begin{cases} x_1 - x_2 - x_3 + x_4 = 0, \\ x_1 - x_2 + x_3 - 3x_4 = 0, \\ x_1 - x_2 - 2x_3 + 3x_4 = 0 \end{cases}$ 的一个基础解系及通解.

【解】对系数矩阵 A 实施初等行变换，将其化为行最简形矩阵，即

$$A = \begin{pmatrix} 1 & -1 & -1 & 1 \\ 1 & -1 & 1 & -3 \\ 1 & -1 & -2 & 3 \end{pmatrix} \xrightarrow[r_3-r_1]{r_2-r_1} \begin{pmatrix} 1 & -1 & -1 & 1 \\ 0 & 0 & 2 & -4 \\ 0 & 0 & -1 & 2 \end{pmatrix} \xrightarrow[\frac{1}{2}r_2]{r_3+\frac{1}{2}r_2} \begin{pmatrix} 1 & -1 & -1 & 1 \\ 0 & 0 & 1 & -2 \\ 0 & 0 & 0 & 0 \end{pmatrix}$$

$$\xrightarrow{r_1+r_2} \begin{pmatrix} 1 & -1 & 0 & -1 \\ 0 & 0 & 1 & -2 \\ 0 & 0 & 0 & 0 \end{pmatrix}$$

得同解线性方程组 $\begin{cases} x_1 - x_2 - x_4 = 0, \\ x_3 - 2x_4 = 0, \end{cases}$

从而有 $\begin{cases} x_1 = x_2 + x_4, \\ x_3 = 2x_4, \end{cases}$

自由变量 x_2, x_4 分别取任意实数 c_1, c_2,则有 $\begin{cases} x_1 = c_1 + c_2, \\ x_2 = c_1, \\ x_3 = 2c_2, \\ x_4 = c_2, \end{cases}$

令 $\xi_1 = \begin{pmatrix} 1 \\ 1 \\ 0 \\ 0 \end{pmatrix}, \xi_2 = \begin{pmatrix} 1 \\ 0 \\ 2 \\ 1 \end{pmatrix}$

不难验证,ξ_1 和 ξ_2 都是原方程的解向量,且 ξ_1 和 ξ_2 线性无关,从而可知 ξ_1 和 ξ_2 是该方程组的一个基础解系,此时方程组的通解可表示为 $X = c_1 \xi_1 + c_2 \xi_2$,其中 c_1, c_2 为任意实数.

例 40.2 求齐次线性方程组 $\begin{cases} 2x_1 + x_2 - x_3 + 3x_4 + x_5 = 0, \\ 4x_1 + 2x_2 - x_3 + 2x_4 = 0, \\ 2x_1 + x_2 - x_3 + 4x_4 + 2x_5 = 0, \\ 6x_1 + 3x_2 - 3x_3 + 10x_4 + 4x_5 = 0 \end{cases}$ 的一个基础解系及通解.

【解】对系数矩阵 A 实施初等行变换,将其化为行最简形矩阵,即

$A = \begin{pmatrix} 2 & 1 & -1 & 3 & 1 \\ 4 & 2 & -1 & 2 & 0 \\ 2 & 1 & -1 & 4 & 2 \\ 6 & 3 & -3 & 10 & 4 \end{pmatrix} \xrightarrow[r_3 - r_1]{r_2 - 2r_1} \begin{pmatrix} 2 & 1 & -1 & 3 & 1 \\ 0 & 0 & 1 & -4 & -2 \\ 0 & 0 & 0 & 1 & 1 \\ 0 & 0 & 0 & 1 & 1 \end{pmatrix} \xrightarrow{r_4 - r_3} \begin{pmatrix} 2 & 1 & -1 & 3 & 1 \\ 0 & 0 & 1 & -4 & -2 \\ 0 & 0 & 0 & 1 & 1 \\ 0 & 0 & 0 & 0 & 0 \end{pmatrix}$

$\xrightarrow[r_1 - 3r_3]{r_2 + 4r_3} \begin{pmatrix} 2 & 1 & -1 & 0 & -2 \\ 0 & 0 & 1 & 0 & 2 \\ 0 & 0 & 0 & 1 & 1 \\ 0 & 0 & 0 & 0 & 0 \end{pmatrix} \xrightarrow{r_1 + r_2} \begin{pmatrix} 2 & 1 & 0 & 0 & 0 \\ 0 & 0 & 1 & 0 & 2 \\ 0 & 0 & 0 & 1 & 1 \\ 0 & 0 & 0 & 0 & 0 \end{pmatrix} \xrightarrow{\frac{1}{2}r_1} \begin{pmatrix} 1 & \frac{1}{2} & 0 & 0 & 0 \\ 0 & 0 & 1 & 0 & 2 \\ 0 & 0 & 0 & 1 & 1 \\ 0 & 0 & 0 & 0 & 0 \end{pmatrix}$

得同解线性方程组 $\begin{cases} x_1 + \frac{1}{2}x_2 = 0, \\ x_3 + 2x_5 = 0, \\ x_4 + x_5 = 0, \end{cases}$

从而有 $\begin{cases} x_1 = -\frac{1}{2}x_2, \\ x_3 = -2x_5, \\ x_4 = -x_5, \end{cases}$

自由变量 x_2、x_5 分别取任意实数 c_1, c_2,则有

$$\begin{cases} x_1 = -\dfrac{1}{2}c_1, \\ x_2 = c_1, \\ x_3 = -2c_2, \\ x_4 = -c_2, \\ x_5 = c_2. \end{cases}$$

令 $\xi_1 = \begin{pmatrix} -\dfrac{1}{2} \\ 1 \\ 0 \\ 0 \\ 0 \end{pmatrix}, \quad \xi_2 = \begin{pmatrix} 0 \\ 0 \\ -2 \\ -1 \\ 1 \end{pmatrix}$

可知 ξ_1 和 ξ_2 是方程组的一个基础解系, 此时方程组的通解可表示为 $X = c_1\xi_1 + c_2\xi_2$, 其中 c_1, c_2 为任意实数.

二、非齐次线性方程组解的结构

对于非齐次线性方程组

$$\begin{cases} a_{11}x_1 + a_{12}x_2 + \cdots + a_{1n}x_n = b_1, \\ a_{21}x_1 + a_{22}x_2 + \cdots + a_{2n}x_n = b_2, \\ \quad\vdots \\ a_{m1}x_1 + a_{m2}x_2 + \cdots + a_{mn}x_n = b_m. \end{cases} \tag{40-2}$$

当方程组的系数矩阵的秩等于其增广矩阵的秩且 $R(A) = R(\tilde{A}) = r < n$ 时, 可得非齐次线性方程组 (40-2) 的解

$$\begin{cases} x_1 = -h_{1,r+1}c_1 - h_{1,r+2}c_2 - \cdots - h_{1n}c_{n-r} + d_1, \\ x_2 = -h_{2,r+1}c_1 - h_{2,r+2}c_2 - \cdots - h_{2n}c_{n-r} + d_2, \\ \quad\vdots \\ x_r = -h_{r,r+1}c_1 - h_{r,r+2}c_2 - \cdots - h_{rn}c_{n-r} + d_r, \\ x_{r+1} = c_1, \\ x_{r+2} = c_2, \\ \quad\vdots \\ x_n = c_{n-r}. \end{cases}$$

记 $X = \begin{pmatrix} x_1 \\ x_2 \\ \vdots \\ x_r \\ x_{r+1} \\ x_{r+2} \\ \vdots \\ x_n \end{pmatrix}$, $\xi_1 = \begin{pmatrix} -h_{1,r+1} \\ -h_{2,r+1} \\ \vdots \\ -h_{r,r+1} \\ 1 \\ 0 \\ \vdots \\ 0 \end{pmatrix}$, $\xi_2 = \begin{pmatrix} -h_{1,r+2} \\ -h_{2,r+2} \\ \vdots \\ -h_{r,r+2} \\ 0 \\ 1 \\ \vdots \\ 0 \end{pmatrix}$, $\cdots$, $\xi_{n-r} = \begin{pmatrix} -h_{1n} \\ -h_{2n} \\ \vdots \\ -h_{rn} \\ 0 \\ 0 \\ \vdots \\ 1 \end{pmatrix}$, $\eta = \begin{pmatrix} d_1 \\ d_2 \\ \vdots \\ d_r \\ 0 \\ 0 \\ \vdots \\ 0 \end{pmatrix}$,

则非齐次线性方程组 (40-2) 的通解可表示为

$$X = c_1 \xi_1 + c_2 \xi_2 + \cdots + c_{n-r} \xi_{n-r} + \eta .\tag{40-3}$$

当 $c_1 = c_2 = \cdots = c_{n-r} = 0$ 时，η 是非齐次线性方程组 (40-2) 的解，称为**特解**；向量组 $\xi_1, \xi_2, \cdots, \xi_{n-r}$ 是该方程组 (40-2) 对应的齐次线性方程组 (40-1) 的一个基础解系.

▶ **定理 40.2** ▶ 设 η 是非齐次线性方程组 (40-2) 的特解，$c_1 \xi_1 + c_2 \xi_2 + \cdots + c_{n-r} \xi_{n-r}$ 是齐次线性方程组 (40-1) 的通解，则 $X = c_1 \xi_1 + c_2 \xi_2 + \cdots + c_{n-r} \xi_{n-r} + \eta$ 是非齐次线性方程组 (40-2) 的通解.

例 40.3 求非齐次线性方程组 $\begin{cases} x_1 - x_2 + x_3 - x_4 = 1, \\ x_1 - x_2 - x_3 + x_4 = 0, \\ 2x_1 - 2x_2 - 4x_3 + 4x_4 = 1 \end{cases}$ 的通解.

【解】 对增广矩阵 $\tilde{A}$ 实施初等行变换，将其化为行最简形矩阵，即

$$\tilde{A} = \begin{pmatrix} 1 & -1 & 1 & -1 & \vdots & 1 \\ 1 & -1 & -1 & 1 & \vdots & 0 \\ 2 & -2 & -4 & 4 & \vdots & -1 \end{pmatrix} \xrightarrow[r_3 - 2r_1]{r_2 - r_1} \begin{pmatrix} 1 & -1 & 1 & -1 & \vdots & 1 \\ 0 & 0 & -2 & 2 & \vdots & -1 \\ 0 & 0 & -6 & 6 & \vdots & -3 \end{pmatrix}$$

$$\xrightarrow[-\frac{1}{2}r_2]{r_3 - 3r_2} \begin{pmatrix} 1 & -1 & 1 & -1 & \vdots & 1 \\ 0 & 0 & 1 & -1 & \vdots & \frac{1}{2} \\ 0 & 0 & 0 & 0 & \vdots & 0 \end{pmatrix} \xrightarrow{r_1 - r_2} \begin{pmatrix} 1 & -1 & 0 & 0 & \vdots & \frac{1}{2} \\ 0 & 0 & 1 & -1 & \vdots & \frac{1}{2} \\ 0 & 0 & 0 & 0 & \vdots & 0 \end{pmatrix}$$

得同解线性方程组 $\begin{cases} x_1 - x_2 = \dfrac{1}{2}, \\ x_3 - x_4 = \dfrac{1}{2}, \end{cases}$

从而有
$$\begin{cases} x_1 = x_2 + \dfrac{1}{2}, \\ x_3 = x_4 + \dfrac{1}{2}, \end{cases}$$

自由变量 x_2, x_4 分别取任意实数 c_1, c_2，得方程组的解为

$$\begin{cases} x_1 = c_1 + \dfrac{1}{2}, \\ x_2 = c_1, \\ x_3 = c_2 + \dfrac{1}{2}, \\ x_4 = c_2. \end{cases} \quad (c_1, c_2 \text{ 为任意常数})$$

令 $c_1 = c_2 = 0$，则方程组的特解为 $\boldsymbol{\eta} = \begin{pmatrix} \dfrac{1}{2} \\ 0 \\ \dfrac{1}{2} \\ 0 \end{pmatrix}$；再令 $\boldsymbol{\xi}_1 = \begin{pmatrix} 1 \\ 1 \\ 0 \\ 0 \end{pmatrix}$，$\boldsymbol{\xi}_2 = \begin{pmatrix} 0 \\ 0 \\ 1 \\ 1 \end{pmatrix}$，则 $\boldsymbol{\xi}_1, \boldsymbol{\xi}_2$ 是对应齐次线性方程组的一个基础解系，方程组的通解为 $\boldsymbol{X} = c_1 \boldsymbol{\xi}_1 + c_2 \boldsymbol{\xi}_2 + \boldsymbol{\eta}$，其中 c_1, c_2 为任意常数.

➤ **案例 40-1 的求解**

【解】设需要车型甲 x_1 辆，车型乙 x_2 辆，车型丙 x_3 辆，根据题意，可建立如下方程组

$$\begin{cases} 4x_1 + 4x_2 + 8x_3 = 240, \\ 15x_1 + 5x_2 + 10x_3 = 350, \\ 3x_1 + 4x_2 + 8x_3 = 235, \end{cases}$$

对增广矩阵 $\tilde{\boldsymbol{A}}$ 实施初等行变换，将其化为行最简形矩阵，即

$$\tilde{\boldsymbol{A}} = \begin{pmatrix} 4 & 4 & 8 & \vdots & 240 \\ 15 & 5 & 10 & \vdots & 350 \\ 3 & 4 & 8 & \vdots & 235 \end{pmatrix} \xrightarrow{\frac{1}{4}r_1} \begin{pmatrix} 1 & 1 & 2 & \vdots & 60 \\ 15 & 5 & 10 & \vdots & 350 \\ 3 & 4 & 8 & \vdots & 235 \end{pmatrix} \xrightarrow[r_3 - 3r_1]{r_2 - 15r_1} \begin{pmatrix} 1 & 1 & 2 & \vdots & 60 \\ 0 & -10 & -20 & \vdots & -550 \\ 0 & 1 & 2 & \vdots & 55 \end{pmatrix}$$

$$\xrightarrow{-\frac{1}{10}r_2} \begin{pmatrix} 1 & 1 & 2 & \vdots & 60 \\ 0 & 1 & 2 & \vdots & 55 \\ 0 & 1 & 2 & \vdots & 55 \end{pmatrix} \xrightarrow[r_3 - r_2]{r_1 - r_2} \begin{pmatrix} 1 & 0 & 0 & \vdots & 5 \\ 0 & 1 & 2 & \vdots & 55 \\ 0 & 0 & 0 & \vdots & 0 \end{pmatrix},$$

得同解线性方程组 $\begin{cases} x_1 = 5, \\ x_2 + 2x_3 = 55, \end{cases}$

从而有 $\begin{cases} x_1 = 5, \\ x_2 = -2x_3 + 55, \end{cases}$

自由变量 x_3 取任意实数 c,则有

$$\begin{cases} x_1 = 5, \\ x_2 = -2c + 55, \\ x_3 = c, \end{cases} (c\text{ 为任意常数})$$

令 $c = 0$,从而可知方程组的特解为 $\boldsymbol{\eta} = \begin{pmatrix} 5 \\ 55 \\ 0 \end{pmatrix}$;再令 $\boldsymbol{\xi} = \begin{pmatrix} 0 \\ -2 \\ 1 \end{pmatrix}$,则 $\boldsymbol{\xi}$ 是对应齐次线性方程组的一个基础解系,方程组的通解为 $\boldsymbol{X} = c\begin{pmatrix} 0 \\ -2 \\ 1 \end{pmatrix} + \begin{pmatrix} 5 \\ 55 \\ 0 \end{pmatrix}$.

因为当 $c = 17$ 时, $\boldsymbol{X} = \begin{pmatrix} 5 \\ 21 \\ 17 \end{pmatrix}$,故方案 1 可行;当 $c = 20$ 时, $\boldsymbol{X} = \begin{pmatrix} 5 \\ 15 \\ 20 \end{pmatrix}$,故方案 2 可行;

不存在 c 使得 $\boldsymbol{X} = \begin{pmatrix} 15 \\ 20 \\ 18 \end{pmatrix}$,故方案 3 不可行.

不难发现,当 c 取整数且 $0 \leqslant c \leqslant 27$ 时,满足 $\boldsymbol{X} = c\begin{pmatrix} 0 \\ -2 \\ 1 \end{pmatrix} + \begin{pmatrix} 5 \\ 55 \\ 0 \end{pmatrix}$ 的所有解皆为可行方案.

练一练

拓展练习

1 求下列齐次线性方程组的一个基础解系及通解.

(1) $\begin{cases} x_1 + x_2 - x_3 + x_4 = 0, \\ x_2 - x_3 + x_4 = 0, \\ x_1 + x_2 + 2x_4 = 0; \end{cases}$ (2) $\begin{cases} x_1 - 3x_2 + 2x_3 + x_4 = 0, \\ 2x_1 + 4x_2 - x_3 - 3x_4 = 0, \\ -x_1 - 7x_2 + 3x_3 + 4x_4 = 0, \\ 3x_1 + x_2 + x_3 - 2x_4 = 0. \end{cases}$

2 求下列非齐次线性方程组的通解.

(1) $\begin{cases} -3x_1 + 2x_2 + 2x_3 = -1, \\ -x_1 + x_2 + 3x_3 = -2, \\ -5x_1 + 3x_2 + x_3 = 0; \end{cases}$ (2) $\begin{cases} -x_1 + 2x_2 - 2x_3 + 3x_4 = -1, \\ -2x_1 + 3x_2 + 2x_3 - x_4 = 4, \\ -x_1 + x_2 - x_3 + x_4 = 0. \end{cases}$

参考文献

[1] 同济大学数学系. 高等数学：上册 [M]. 7 版. 北京：高等教育出版社，2014.

[2] 同济大学数学系. 高等数学：下册 [M]. 7 版. 北京：高等教育出版社，2014.

[3] 侯风波. 经济数学基础：上册 [M]. 2 版. 北京：高等教育出版社，2012.

[4] 尧青阳，高洁，徐雪群. 高等应用数学：微积分初步 [M]. 3 版. 北京：高等教育出版社，2021.

[5] 陈笑缘，刘萍. 经济数学：上册 [M]. 北京：北京交通大学出版社，2006.

[6] 李林曙，黎诣远. 经济数学基础：微积分 [M]. 北京：高等教育出版社，2004.

[7] 乔树文. 应用经济数学 [M]. 北京：北京交通大学出版社，2009.

[8] 同济大学数学系. 工程数学：线性代数 [M]. 6 版. 北京：高等教育出版社，2014.

[9] 康永强. 经济数学与数学文化 [M]. 北京：清华大学出版社，2011.